선맥·경전·훈붉학
— 훈붉 변찬린 단편선

한붉성경해석학 시리즈 5
선맥 · 경전 · 훈붉학 — 훈붉 변찬린 단편선

2023년 1월 15일 처음 펴냄

지은이 | 변찬린
엮은이 | 이호재
펴낸이 | 김영호
펴낸곳 | 도서출판 동연
등 록 | 제1-1383호(1992. 6. 12)
주 소 | 서울시 마포구 월드컵로 163-3
전 화 | (02)335-2630
전 송 | (02)335-2640
이메일 | yh4321@gmail.com
인스타그램 | http://www.instagram.com/dongyeon_press

ISBN 978-89-6447-851-6 93150
ISBN 978-89-6447-850-9 93150(한붉성경해석학 시리즈)

선맥
경전
훈붉학

변찬린 지음 — 이호재 엮음

◉ 훈붉 변찬린 단편선 ◉

동연

* 일러두기

1. 저자의 글은 원문을 그대로 보존한다.
2. 독자의 가독성을 고려하여 원문을 훼손하지 않는 범위 안에서 몇 가지 보완을 하였다.
   1) 오탈자를 포함한 명백한 오기는 바로잡았으며 불분명한 경우는 본문에 [ ]로 의견을 첨부하였다.
   2) 인명과 지명, 외래어 등은 특별한 사례를 제외하고는 한글맞춤법에 준하여 바로잡았다.
   3) 원문에는 별도의 구분이 없으나 책은 『 』, 논문, 신문, 잡지 등은 「 」으로 구분하여 표시하였다.
   4) 판독이 불가능한 글자는 □로 표시하였다.
   5) 원문의 한자에 윗첨자 한글을 첨가하였다.

머 리 말

　흔붉 변찬린(邊燦麟, 1934~1985)은 한국의 전통 도맥인 선맥(僊脈)의 창조적 계승자이다. 한국의 원형적 종교 영성인 '선맥'(僊脈)과 풍류를 역사적 화두로 삼아 동서고금의 난맥상을 본래 자리로 자리매김하려 한 문명혁명가였다. 그의 주저인 한밝성경해석학 시리즈 4부작이 그 좋은 예증이다. 한국에 그리스도교가 전래된 이래 선맥(僊脈)의 풍류성을 바탕으로 성서 전체를 "성경을 성경으로 해석한다"는 일관된 해석학적 원칙으로 저술한 독보적인 성서해석학이다. 일명 '흔붉 성경해석학'이라고 한다. 한편으로는 포스트 종교 운동의 일환으로 다양한 경전을 해석하며, 새 교회 운동을 전개한 종교개혁가이기도 하다.

　그럼에도 불구하고 그의 학술 성과와 종교 운동은 세간에 잊혀진 채 방치되었다. 그러나 최근 몇 년 동안 필자의 『흔붉 변찬린: 한국종교사상가』(2017)의 출간이 촉발되어 희귀본 절판이었던 그의 주저인 『성경의 원리』 사부작(한국신학연구소, 2019)과 구도유언록 『禪, 그 밭에서 주운 이삭들』(2022) 그리고 유언시집인 『禪房戀歌』(2022)가 재발간되어 변찬린에 대한 학계의 관심이 점점 높아지고 있다.

　이를 계기로 그동안 산재해 있던 그의 글들을 모아 '흔붉 변찬린 단편선'을 발간하게 되었다. 변찬린은 필명으로 '새붉', '선맥의 변화산' 등의 함의로 가진 玄黎民, 한백산, 한박산 등을 사용하였다. 이번에 발굴한 자료는 「씨올의 소리」 7편, 「증산사상연구」 5편, 「종교신문」12편, 「초교파」 7편, 「大巡會報」 1편이다.[1] 또한 그가 시감(詩感)에 만족하지 못하여 버린 것을 유족이 보관해 오던 시 두 수와 새로 발굴한 종교 에세이 한 편도 포함된다. 이외에 성경 강의에 참석하였던 사람들이 남긴 경전 해석 등 다양한 자료가 발굴되어 있다. 또한 다른 필명으로 발표한 글로 추정되는 글도 있으나 이번에는 포함시키지 않았다. 이 책에 수록된 글들은 다음과 같다.

---

1. 「씨올의 소리」 7편
   변찬린, "不二의 法門으로," 「씨올의 소리」 제13호(1972).

   _____, "산에 부치는 글," 「씨올의 소리」 제28호(1973).

   _____, "靈室日記," 「씨올의 소리」 제29호(1973).

   _____, "大夢歌," 「씨올의 소리」 제31호(1974).

   _____, "祈禱," 「씨올의 소리」 제35호(1974).

   _____, "진주와 다이아몬드," 「씨올의 소리」 제36호(1974).

   _____, "다시 산에게 부치는 글," 「씨올의 소리」 제61호(1977).

2. 「甑山思想研究」 5편
   변찬린, "甑山의 解寃思想," 「甑山思想研究」 1輯(1975).

   _____, "呪文攷(太乙呪와 侍天呪)," 「甑山思想研究」 3輯(1977).

   _____, "聖書와 易의 邂逅," 「甑山思想研究」 4輯(1978).

   _____, "僊(仙)攷," 「甑山思想研究」 5輯(1979).

   _____, "노스트라다무스의 豫言과 天地開闢," 「甑山思想研究」 7輯(1981).

3. 「종교신문」 12편
   玄黎民, "말의 洪水," 「종교신문」(1982년 2월 24일).

---

1 이 가운데 玄黎民, "眞珠", 「종교신문」(1982. 3. 24.)과 玄黎民, "眞珠", 「超教派」 84권(1985), 한박산, "바다의 心性", 「종교신문」(1982. 9. 29.)과 玄黎民, "順利가 江물처럼 흐르게", 「超教派」 68권(1983)은 동일 내용으로 본문에서는 미리 게재된 내용만 실었다. 또한 玄黎民, "乾卦로 본 예수小傳", 「超教派」 85권(1985. 4.): 46-54의 글이 발표되었으나 사후에 같은 제목으로 일부 내용이 수정된 채 「종교신문」 6면에도 실려 있다. 이 책에서는 생전에 기고한 전자의 글을 싣는다.

_____, "眞珠,"「종교신문」(1982년 3월 24일).

_____, "巫의 食性,"「종교신문」(1982년 4월 14일).

_____, "아니마와 아니머스,"「종교신문」(1982년 4월 21일).

_____, "三一神誥,"「종교신문」(1982년 5월 26일).

_____, "鏡虛法語를 읽고,"「종교신문」(1982년 6월 16일).

_____, "영혼의 傷痕,"「종교신문」(1982년 6월 23일).

한박산, "教派의 鑄型,"「종교신문」(1982년 9월 8일).

_____, "종교의 交響樂,"「종교신문」(1982년 9월 15일).

_____, "바다의 心性,"「종교신문」(1982년 9월 29일).

_____, "나의 祈禱,"「종교신문」(1982년 10월 6일).

_____, "聖經과 漢文,"「종교신문」(1993년 4월 7일).

4. 「超教派」7편

玄黎民, "한국인의 平和思想 ― 和諍思想의 기독교적 受容,"「超教派」72 권(1984년 1월호).

_____, "구도자에게 부치는 葉信,"「超教派」75권(1984년 4월호).

_____, "구도자에게 부치는 葉信,"「超教派」77권(1984년 6, 7월호).

_____, "가을을 思索한다,"「超教派」80권(1984년 10월호).

_____, "宗教地圖를 그려보며,"「超教派」82권(1984년 12월호).

_____, "乾卦로 본 예수小傳,"「超教派」85권(1985년 4월호).

_____, "聖書의 입장에서 본 韓國統一,"「超教派」87권(1985년 6월호).

5. 「大巡會報」 시 한 수

玄黎民, <乙丑年 頌詩>,「大巡會報」(1985年 7月 27日), 7면.

6. 미공개 시 두 수

변찬린, <구혼가>.

_____, <사랑>.

7. 종교 에세이 한 편

玄黎民, "似而非自由," 출처미상.

발표된 글은 나의 기도, 구도자에게 보내는 편지, 인간성의 회복과 영원의 모성, 한국의 종교도맥, 종교 간의 대화, 통일한국, 동서사유의 가교담론, 종교비평, 현대문명의 전망 등 여덟 개 주제로 구분하여 목차를 정하였다.

이 책의 발간으로 한국의 전통 도맥과 다른 문화권에서 형성되어 독자적인 해석학적 전통을 가진 세계 경전들 간의 대화 담론이 촉발되기를 기대한다. 자세한 사항은 해제로 갈음한다.

이 자리를 빌려 자료 발간에 흔쾌히 동의해 준 유족과 자료 수집에 도움을 준 장남에게 고마움을 전한다. 또한 이 책을 선뜻 출간해 준 도서출판 동연 김영호 대표와 편집진의 수고에 깊은 감사를 드린다.

2022년 10월

이호재

차 례

동방 르네상스와 흔붉학

1. 들어가며

흔붉 변찬린(1934~1985, 이하 '흔붉 선생')은 새 축 시대를 개명한 구도자이자 선각자이다. 그는 이북에서 태어나 1.4후퇴 때 남한으로 온 월남 종교인으로 한국 전통종교성인 선맥을 바탕으로 유교, 불교, 도교 등 전통종교, 근대의 민족종교와 외래 종교인 그리스도교를 포용하여 동방의 선맥 르네상스를 설계한 종교사상가이다. 그의 치열한 구도심과 경전 강의의 넓이와 폭과 높이는 누구와 견주어도 뒤떨어지지 않는 영원을 향한 구도자의 사표이다.

흔붉 선생은 아무도 모르고, 알아주지 않는 자리에서 구도의 길을 걸어간다. 흔적 없는 삶을 사는 풍류의 심성을 닮아 변변한 사진조차 몇 장 남아 있지 않다.

그는 1934년 함경남도 함남시에서 부친 변성명(邊星明)과 모친 김성숙(金星淑)의 2남 3녀 중 막내로 태어났다. 그는 장로교 계통의

주일학교와 해방 후 재건교회에서 종교 생활에 입문하였다. 젊은 시절부터 동양과 서양의 단절된 문화권을 소통시키는 데 관심을 가지고 있었다. 이를 위해 동서고금의 다양한 종교와 사상, 학문을 섭렵하였고, 그 바탕 위에 유교, 불교 그리고 도교, 그리스도교와 민족종교 등에 관련되는 직접적인 종교 체험과 남모르게 다양한 인사들과 교류를 하였다. 그의 생애는 1970년부터 비교적 알려져 있다. 당시에 그는 '새 교회'의 전신이랄 수 있는 성경 강의 모임과 「씨올의 소리」, 「증산사상연구」, 「종교신문」 등에 원고를 기고하고 있었다. 또한 1977년에 '새 교회'를 창립하여 7여 년에 걸쳐 종교개혁 운동을 전개한다.

그의 학술 여정은 "번개와 피와 아픔과 고독" 가운데서 한국의 역사적 학맥을 계승하여 한민족과 세계를 대상으로 한 저술 활동이라고 고백한다. 그의 방대한 사유 체계는 인류문명과 세계 종교와 사상, 한국의 종교 전통과 역사적 인물에 대한 정통한 지식을 가지고 절정의 종교 체험을 통해 내면화하였다. 따라서 그의 저술은 문명 교체기인 현대의 상황에서도 여전히 유효한 구도자적 생애 지도와 동방 르네상스의 설계도로서의 정보를 농축하고 있다고 할 수 있다.

2. 흔붉 선생 저술의 역사적 평가

흔붉 선생을 세간에 알린 한밝성경해석학 시리즈 사부작은 한국 그리스도교계의 목회 현장에는 널리 알려진 책이었지만, 학계의 시선에서는 거의 조명되지 않은 책이었다. 그러나 그의 사후 30여 년이 지난 시점에 필자에 의해 그의 생애와 사상을 조명한 『흔붉 변찬린:

한국종교사상가』(2017)가 출간되는 것을 계기로 학계의 평가가 이루어지고 있다.

김상일(전 한신대 교수)은 2017년 12월 18일 「교수신문」에 "한국의 선맥과 기독교의 부활 사상을 상호교차적이며, 융합적으로 이해한 것은 변찬린이 세계 종교계에서 최초라고 평가된다. 어느 누구도 변찬린과 같이 '성경은 선맥이다'라는 논지를 초지일관 주장하지 못했다"고 서평한다. 원로 신학자 서창원은 「기독교사상」 2018년 3월호에서 "동방 종교 심성에 근거한 변찬린의 '흔붉성경해석학'과 독자 반응 비평이 새롭게 주목받아 독창적 해석학으로 자리 잡기를 기대한다"고 논평한다. 성서학자인 조용식은 2020년 11월 10일 「에큐메니안」 대담에서 "변찬린의 성서해석이 '성서해석의 나침반'으로서의 가치를 가진다"고 강조하고 있다. 민중 신학자 김진호는 2019년 5월 15일 「제3세대」에 "인터컬처럴한 시각으로 개신교의 뿌리를 읽다"라는 제명의 서평에서 "한국 개신교의 뿌리를, 그 근본주의적 표상 체계로 인해 숨겨진, 하지만 신앙적 수행법에서는 기독교인들의 삶 속에 깊게 스며 있는 체험적 종교성을 해석한 책이다. 말할 수 없었던 것을 말한 셈이 되는 것이다"라고 말한다. 이외에도 '도의 신학자' 김흡영은 2022년에 변찬린의 선맥과 도맥을 『옥스퍼드 한국성서핸드북』(*The Oxford Handbook of the Bible in Korea*, Oxford Handbooks)에 소개하고 있다.

한국 교회사를 전공하고 한국문화신학회 회장을 역임한 박종현 교수는 한밝성경해석학 시리즈 4부작을 이렇게 평가한다.

그(변찬린)는 한국적 성서 이해를 통해 성서를 기독교의 전유물이 아닌

인류의 보편적 영적 유산으로 가는 길을 열려고 시도한다. 기독교가 가진 성서 이해의 한계를 지적하고 성서 전체를 한국 선맥(仙脈)의 관점에서 해석한다. 이러한 그의 시도는 성공적으로 이루어져 구약성서와 신약성서 전체를 선맥으로서 일관된 해석을 이루어내었다. 한국의 신학사상가 중에는 나름의 독창적 신학을 수립한 이들이 있지만 성서 전체를 하나의 관점에서 일관되게 해석한 경우는 변찬린이 처음이었다. 그의 이러한 성서 이해는 기독교를 서구의 역사적 전통에서 바라보는 것이 아니라 완전한 새로운 이해를 가능하게 한 탁월한 시도였다.[1]

한국교회의 평가뿐만이 아니라 '한국(민족)종교와 기독교'라는 관점에서 오랫동안 연구한 종교학자 윤승용의 평가는 상당히 인상적이다. 그는 「종교문화비평」 2022년 4월호에서 변찬린의 성서해석과 흔붉 사상에 대해 이렇게 평가한다.

제(윤승용)가 변찬린 선생에게 관심을 가지게 된 것은 풍류 도맥을 기초로 기독교의 새로운 해석 틀을 시도하고 있다는 점입니다. 한국 기독교계는 지금까지 대체로 세 가지 방향에서 토착화 내지 한국화 작업을 해왔습니다. 첫째는 성(誠)의 신학을 주창한 윤성범, 풍류 신학을 제기한 유동식, 불교와 화합한 변선환과 같은 문화 신학 또는 종교 신학 그룹입니다. 이들은 한국문화와 기독교의 만남과 화해를 추구하면서도 결과적으로는 온전한 만남은 아니었습니다. 한국문화를 점령하고자 하는 정복주의적인 신앙 형태를 가졌다는 점에서 그 한계가 분명합니다.

---

1 박종현, '현대기독교 강좌'(서강대학교 K종교확산연구소, 2022. 4.).

둘째, 류영모, 김교신, 함석헌 등과 같은 주체적인 성경해석 그룹입니다. 이들은 민족주의 바탕 위에서 기독교를 주체적으로 재해석하려고 합니다. 말하자면 서구의 패권적인 기독교에서 벗어나 자주적 민족적 기독교를 만들어 보려는 것입니다. (중략)

셋째는 주의 재림이라는 영통 계시에 의한 기독교계 신종교 지도자 그룹입니다. 1920~30년대 신령파들을 비롯해 통일교의 문선명, 전도관의 박태선, 용문산 기도원의 나운몽 등과 관련된 영통 계시파들입니다. (중략)

그런데 변찬린 선생의 성경해석학과 흔붉 사상은 이상의 '한국적 기독교'를 추구한 이들 모두의 문제의식을 함께 아우르는 신학 사상으로 또한 새 축(軸)의 시대 '한국적 기독교'의 해석 틀로 평가하고 싶습니다.

그러나 흔붉 선생은 '한국과 세계'라는 역사적 공간에서 자신의 학술 활동이 이루어진다는 점을 명확하게 천명하고 있다. 그는 "기독교의 원효, 기독교의 고운, 기독교의 퇴계와 율곡이 없는가"라는 명증한 역사적 사명을 가지고 "번개와 피와 아픔과 눈물과 고독 속에서 쓴 『성경의 원리』 상·중·하, 세 권은 두 사이비종교(기독교와 맑스교)의 괴뢰로 전락된 이 민족과 세계 앞에 제출한 나의 피 묻은 각서(覺書)이다"라고 선언한다.[2]

이 책은 동방의 선맥으로 '성서의 진리'를 새롭게 밝혀 세계 성서 해석의 패러다임을 전환시킨 기념비적인 저작이다. 마치 당나라의 종파 불교가 신라에 재현되자 화쟁사상으로 통불교의 운동을 전개

---

2 변찬린, 『聖經의 原理 下』(가나안, 1982), 2-3.

한 원효처럼 흔붉(변찬린)은 한국의 전통 도맥인 '선맥'(僊脈)이라는 종교적 기제로 위기에 봉착한 서구 신학의 한계적 사유를 극복하고, 세계 성서해석의 전통을 보편적인 경전 해석의 틀로 전환시킨 역사적 저서라고 감히 평가할 수 있다.

3. 한국종교의 도맥과 기독교 문화의 가교 담론인 '흔붉학'의 탄생

흔붉 선생을 세간에 알린 한밝성경해석학 시리즈 4부작으로 인해 그의 역사적 평가가 특정 종교의 인물로 평가하는 우를 범하여서는 안 된다. 그는 종교개혁가, 문명사가, 풍류학자 등 다양한 사회적 이미지를 가지고 있다.

경전 텍스트를 중심으로 사유를 전개한 이 책의 글들은 대부분 종교 관련 매체(신문, 잡지)와 학술지에 발표한 글들이다. 그는 당대의 집단지성이 참여한 「사상계」, 「씨올의 소리」, 「종교신문」, 「증산사상연구」 등의 전문가 집단에 대한 정보를 알 수 있는 자리에 직접 있었지만 그를 바르게 아는 사람은 드물었다. 그의 삶은 '피갈회옥'(被褐懷玉)의 자리에서 구도의 길을 가는 진리의 수행이었다. 그러나 구도의 저술 활동은 낡은 문명과 새 문명의 가교, 한국과 세계의 대화, '동'학과 '서'학의 소통, 시공 우주와 영성(靈聖) 우주를 교류시키는 경계인으로서 펼쳐진다.

낡은 世代세대와 새 世代세대를 잇는 架橋가교입니다.
역사 시대와 靈영의 시대를 잇는 大橋대교입니다.

마지막 때의 豫言者^{예언자}이며 새 시대의 傳道者^{전도자}입니다.

빛나는 後生^{후생}들이여.

나를 다리삼아 이 허무의 深淵^{심연}을 건너가십시오.[3]

그의 사유 공간의 중심축에는 인류 구원의 대도(大道)가 한국의 선맥에 있다고 확신한다. 선맥의 풍류도는 '천하(天下)의 신기(神器)'이다. 역사적 인간의 궁극적 인간상인 '풍류체'와 다양한 사유 체계를 수용하고 창발하는 '풍류심' 그리고 자유자재한 영성(靈聖) 생활인으로서 '풍류객'은 낡은 문명의 오메가이자 새 문명의 알파인 궁극적 영성(靈聖)이다. 그 핵심이 '선맥'(僊脈)이다. 선맥을 발견한 구도 여정은 '번개와 피와 아픔과 눈물과 고독'이라는 깨달음과 참회와 고난을 통한 극한의 고독 속에서 체험되는 영성의 절정이다. 따라서 그의 학문적 여정 가운데 표출되는 학문적 자부심은 풍류적 심성을 현대에 발현시킨 학술적 증언이다.

東洋^{동양}에서 發生^{발생}한 여러 고등종교를 分析^{분석}해 보면 長生不死^{장생불사} 換骨奪胎^{환골탈태} 天衣無縫^{천의무봉} 羽化登仙^{우화등선}의 秘義^{비의}를 알고 있는 百姓^{백성}은 東夷族^{동이족}뿐이었다.[4]

風流道^{풍류도}가 사라진 다음 못난 자손들이 형성한 心性^{심성}이 샤마니즘 곧 "巫^무의 心性^{심성}"이었다. 이 무명無明의 心靈^{심령}으로 奈落^{나락}된 다음 우리나라에 광명을 주기 위해 수입된 종교가 유교, 불교, 도교, 기독교였다.[5]

---

3 변찬린, "祈禱," 「씨올의 소리」 제35호(1974), 59.
4 변찬린, "僊(仙)攷," 「甑山思想研究」 5輯(1979), 187.

『聖書성서』를 모르면『易역』을 正解정해할 수 없고『易역』을 모르면『聖書성서』를 正讀정독할 수 없는 것이다.『聖書성서』와『易역』은 陰陽음양과 같고 男子남자와 女子여자와 같다.[6]

『正易정역』이 나온 艮方간방인 韓國人한국인의 智慧지혜가 아니면『聖書성서』도 正解정해되지 못할 것이다. 이처럼『聖書성서』와『正易정역』은 밀접한 관계를 지니고 있는 것이다.[7]

우리는 히브리語어, 헬라語어, 라틴語어를 알아야 성경의 바른 뜻을 알 수 있다고 이날까지 생각하고 있다. 수천 년 동안 漢字文化한자문화의 영향 속에서 길들여지고 형성된 東洋人동양인의 心性심성은 漢字한자의 語義어의를 통해 보다 성경의 깊은 뜻을 이해할 수 있을 것이다.[8]
세계를 건질 수 있는 종교와 사상이 있다면 "平和평화"의 두 글자뿐인데 이 사명을 받은 민족은 세계 역사를 조사해 보면 우리 민족의 風流道풍류도밖에는 없음을 깊이 명심해야 한다.[9]

고조선 문명, 신라의 풍류 정신, 근대의 민족종교 등을 포함한 그의 세계 경전의 연구 성과를 학문 제국주의와 화이 세계관과 그리스도교 세계관으로 왜곡시켜서는 절대 안 된다. 이 땅에 살고 있는 우리는 주체적인 역사적 삶의 정황을 인식하고, 이를 세계사적 안목

---

5 玄黎民, "한국인의 平和思想,"「超教派」72권(1984. 1.), 25.
6 변찬린, "聖書와 易의 邂逅,"「甑山思想研究」4輯(1978), 144.
7 변찬린, "聖書와 易의 邂逅,"「甑山思想研究」4輯(1978): 177-178.
8 한박산, "聖經과 漢文,"「종교신문」(1993. 4. 7.).
9 玄黎民, "한국인의 平和思想,"「超教派」72권(1984. 1.), 24.

에서 공유한다는 열린 시야를 가져야 한다. 역사적 사대주의와 사유의 식민주의는 오늘날 우리가 탈피하여야 할 학문의 두 장애 요인이다. 이런 측면에서 그의 저술 활동은 가장 한국적인 사상의 맥락을 발굴하고 이를 보편화하려 한 풍류학자로서의 면모를 보인다. 앞에서 잠시 언급했지만 인류의 경전인 '성서'를 한국의 정통 도맥인 '선맥'(僊脈)으로 성경전서를 일관된 관점으로 해석하였다는 것은 한국인의 사유의 포용성과 창발성을 잘 표현해주는 하나의 예증이라고 할 수 있다.

이 책의 저본이 되는 글들을 대략 살펴보면 다음과 같다. 그가 구도 생활을 끝낸 후 첫 사회적 활동무대는 「씨올의 소리」이다. 1970년 함석헌이 창간한 「씨올의 소리」는 장준하의 「사상계」와 더불어 당대 한국 지성의 향연이라고 할 수 있다. 1970~80년대 독재 권력에 저항하고 한국의 미래를 고민하던 지성인은 「씨올의 소리」의 필진이었거나 독자이기도 하였다. 함석헌 개인지로 시작하지만 이 잡지의 사회적 영향력은 그야말로 엄청났다. 유언 시집이라고도 할 수 있는 『禪房戀歌』(1972)도 「씨올의 소리」에서 수차례 광고를 한다. 이 때문에 함석헌 그룹에서는 흔붉 선생을 시인 정도로 생각할 수 있다. 함석헌은 이 시집의 제자(題字)를 직접 써주었다(사진 1 참고). 흔붉 선생은 이 잡지에 1972년부터 1974년까지 여섯 편의 글을 싣고, 1977년 "다시 산에게 부치는 글"(사진 2 참고)을 마지막 싣는다. 「씨올의 소리」의 필진은 당시 독재 권력의 감시 대상이자 거기 게재되는 글들은 엄격한 검열 대상이기도 하였다.

「씨올의 소리」에 게재된 글은 흔붉 선생의 사회적 관심사를 알 수 있는 지표 구실을 한다. 생전에 북에 계신 모친을 몹시 그리워했다

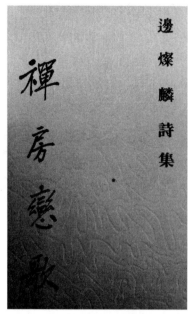
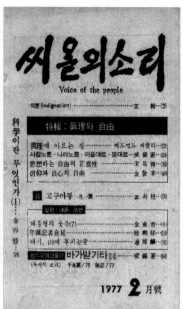

사진 1 변찬린의 『禪房戀歌』　　　사진 2 「씨올의소리」 1977년 2월호

는 그는 분단 조국의 아픔을 극복하고, 강대국의 간섭을 뿌리치고, '둘이 아닌 흔나라'를 세우자는 통일한국을 노래한 "不二^{불이}의 法門^{법} ^{문}으로"는 여전히 우리에게 남겨진 안타까운 현실이다. 구도자로서의 투철한 구도 정신을 밝히며 새 문명을 노래하기도 한다. 특히 수상록인 『진주와 다이아몬드』에서 변찬린은 영원한 모성에 대한 깊은 관심을 드러낸다. 그의 유언 시집인 『禪房戀歌』는 '선방연가'(僊房戀歌)이기도 하지만, 참 여성과 모성이 없으면 영의 시대의 개벽이 불가능하다는 기본적인 사상을 가지고 있다. 그 단초를 영혼의 고난의 흔적의 결정체인 진주 목걸이와 고난을 통한 빛나는 인격을 영원불변의 다이아몬드 반지라는 상징적 소재로서 영원한 모성을 그리는 마음을 묘사하고 있다.

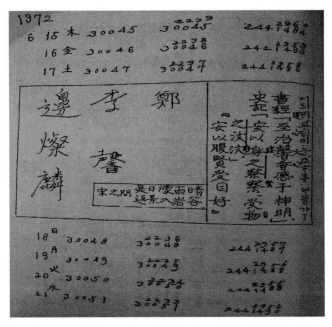

사진 3 『多夕日誌 第3卷』 1972년 6월 17일 유영모 방문 기록

당시에 변찬린은 서대문에 있는 현 종교친우회의 단칸방에 기거했다고 박재순은 회고한다. 그러나 함석헌 그룹에서는 변찬린의 구도 여정에 대해 거의 모르고 있다. 그의 첫 종교 모임도 이곳에서 시작하였다. 구도자로서 그는 1972년에 친구 이향과 함께 구기동에 있는 유영모를 두세 차례 방문한 적이 있었다(사진 3 참고).[10]

「씨올의 소리」에 실린 글에서 그의 구도의 지향점, 통일한국, 새 문명을 여는 단초의 정보를 얻을 수 있다면, 「증산사상연구」의 글은 한국 종교 전통의 원형을 밝히고 동아시아 종교 문화와 기독교 문화의 화해 담론에 집중한다. 1975년부터 1981년까지 「증산사상

---

10 이향 증언(2014. 2. 25.).

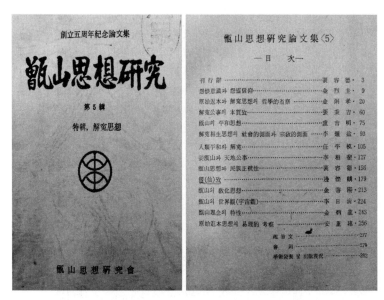

사진 4 「증산사상연구」 5집 및 그 목차

연구」 창간호부터 시작하여 다섯 편의 학술성 논문을 게재한다(사진 4 참고). 증산진법회의 배용덕 회장이 주관하던 이 학술지는 20집까지 출간되었다. 일제 강점기에 '유사종교', '사이비종교' 등으로 왜곡되어 일제의 종교 탄압으로 수백만의 신도를 가졌던 동학(천도교)과 증산교가 몰락하고, 해방 후에는 기독교에 의해 여전히 미신종교와 사이비종교라는 혐의에서 탈피하지 못하는 와중에 이 잡지는 민족종교의 회생을 알리는 현대화 학술 작업에서 중추적인 역할을 담당하였다.

1975년 발표한 "甑山^{증산}의 解冤思想^{해원사상}"은 증산 사상 연구에서 이 전공 영역의 최초의 논문이다. 1977년에 발표한 "呪文攷^{주문고}(太乙呪^{태을주}와 侍天呪^{시천주})"는 동학과 증산교에서 공용하는 시천주와 증산교의 태을주를 성서의 성령과 오순절 성령강림을 교차적으로 해석하면서 비교종교학적 관점에서 텍스트 분석을 하고 있다.

1979년에 발표된 "僊(仙)攷선(선)고"는 김상일,11 김홍철,12 유병덕13 등 한국종교에 관심 있는 연구자에 의해 인용되는 선구적인 논문이다. 선맥을 동이족 도맥의 원형으로서 선(僊)과 선(仙)의 차이, 풍류도와 화랑도의 차이, 선맥과 무맥의 차이를 논증하며, 성서의 거듭남(重生)과 부활 사건과 에녹과 엘리야의 변화 사건을 이해 지평에서 융합한 역작이다. 이 논문은『성경의 원리』(1979)가 세간에 공개되기 전에 이미 한국의 전통 도맥과 성서의 부활 사건을 포함한 세계 경전과 회통시키고 있다.

> 성경 속에 뻗어내린 대도(大道)의 정맥(正脈)은 선맥(僊[仙]脈)이었다. 경은 선(僊)을 은장(隱藏)한 문서이다. 에녹과 멜기세덱과 엘리야와 모세와 예수로 이어지는 도맥은 이날까지 미개발의 황금광맥이었다. 산자의 영맥(靈脈)인 선(僊)은 동방(東方)의 지혜가 아니면 해독할 수 없는 비의(秘義)이다.『성경의 원리』상·중·하, 삼권은 선맥(僊脈)을 따라 난삽(難澁)한 성경의 암호를 해독하였다.14

---

11 김상일은 1987년경에 유족으로부터 변찬린의 저술을 받았으며,『성경의 원리』와『선, 그 밭에서 주운 이삭들』을 탐독했다고 한다. 다음 책에서 변찬린의 僊과 仙의 개념 차이 그리고 성서의 존재 탈바꿈(重生)에 대한 내용까지 비교적 상세히 소개하고 있다. 다음을 참고할 것: 김상일,『한민족 의식 전개의 역사』(민족산업사, 1988), 206-208.

12 김홍철은 "증산 사상에서 선(仙)을 우위적으로 보는 학자는 필자 외에도 변찬린(邊燦麟)을 들 수 있다. 그는 열교(裂敎)로서의 유불선(儒佛仙) 이전에 대도(大道)인 선(僊)이 우리나라에 고래로부터 있었다고 주장한다. 이 선의 뿌리란 증산교라 했다"고 인용하고 있다. 金洪喆, "甑山敎思想史,"『韓國宗敎思想史 — 甑山敎·大倧敎·巫敎 篇』(延世大學校出版部, 1998).

13 류병덕은 변찬린을 인용하며 "풍류도는 신라시대에 일어났던 화랑도와 동일한 것이 아니라고 보는 경향도 있기도 하다"고 소개하고 있다. 柳炳德, "第3篇 統一新羅時代의 風流思想,"『韓國哲學史(上卷)』(韓國哲學會, 1987), 154.

옛날 원효와 고운(孤雲)과 퇴계와 율곡에게 지혜를 주셨던 아버지께서 제게 번갯불을 주셨고, 청자(靑磁)빛 비색(秘色)의 하늘을 향해 저를 개안시켜 주시고 본래의 대도(大道)인 풍류도(風流道)와 선맥(僊脈)의 하늘을 개천시켜 동방의 지혜(동양의 지혜가 아님)로『성경의 원리』라는 각서(覺書)를 쓰게 했음을 감사합니다.[15]

1978년에 발표한 "聖書성서와 易역의 邂逅해후"는 성서전서와 복희팔괘, 문왕팔괘, 정역팔괘까지 전면적으로 대화를 시킨다. 아직도 주역 연구가에 의해 수용되지 않는 정역을 포함하여 성서와 해석학적 만남을 시도했다는 것 자체만으로도 평가를 받을 만하다. 이 논문을 읽고 정역 연구가 이정호는『周易正義주역정의』등 책 3권을 자신의 며느리를 통해 변찬린에게 전해주었다(사진 5 참고). '역(易)의 지음(知音)'이다.

몇 년 전 한국홍역(洪易)학회장인 이찬구는 '성서와 역'의 간텍스트적인 해석학적 대화를 이렇게 평가한다.

변찬린은 "성서와 역(易)은 만날 수 없다"는 기존의 낡은 관념을 일거에 깨뜨리고 둘 사이를 해후시키고 중매시켰다. 역사적으로 역과 성서는 상고시대 동과 서를 대표하는 하나님의 진리 체계였다. 다만 그 표현 양식의 차이로 서로 다른 것으로 우리가 착각해온 것이고, 이것을 변찬린이 하나로 연결시켜 준 것이다. 특히 주역은 성언호간(成言乎艮)이라

---

14 변찬린,『聖經의 原理 上』(文岩社, 1979), 4; 변찬린,『성경의 원리 上』(한국신학연구소, 2019), 11.
15 변찬린,『聖經의 原理 下』(가나안출판사, 1982), 496; 변찬린,『성경의 원리 下』(한국신학연구소, 2019), 573.

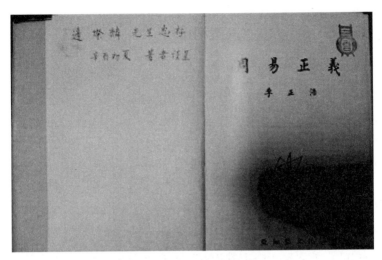

사진 5 이정호의 『주역정의』와 표제지(장녀 소장)

하여 이 간방(艮方)을 중요시하는데, 변찬린은 이 간방(=한국)에서 훌륭한 지혜가 나온다고 재해석했다. 이 말을 토대로 복희팔괘, 문왕팔괘에 이은 제3의 정역팔괘의 출현에 의미를 부여하였다. 성서에서도 이 3괘도는 아담, 노아에 이은 아브라함의 하나님으로 설명할 수 있다고 보았고, 이때부터 어머니(=땅)의 역할이 강조된다고 본 것이다.[16]

1981년 "노스트라다무스와 天地開闢^{천지개벽}"에서는 당시 유행하였던 노스트라다무스, 정감록 등에 기록된 예언의 허구성을 폭로한다. 그리스도교계의 종말 사상에 대해 성서적 준거를 들어 반박하고, 일부 증산교단에서 주장한 소강절의 12만6천 년 선후천년설을 칼 세이건의 우주력을 들어 비판하고 있다. 특히 변찬린의 독창적인 성

---

16 이호재, "건괘(乾卦)로 본 예수 소전(小傳)(하) — 역과 성서의 해석학적 해후(3)," 「에큐메니안」
   (2020. 6. 23.).

서해석의 도맥과 선맥이 특정 교단의 핵심적인 종교적 주장에 사용되고 있다.

한국의 신종교 연구에 한평생을 바치고 있는 이경우 원장(새종교연구원)은 최근 필자와의 만남에서 1970년대에 변찬린과의 만남을 증언해 주었다. 이 원장은 한국신종교학회와 국제신인류문화학회를 창립하고 주도한 큰 공로가 있는 신종교 연구의 산증인이다. 이 원장은 변찬린이 증산사상연구회의 창립을 주도한 이일청 교수(초대회장), 이경우 원장, 배용덕 회장과도 교분이 있었으며, 한국 신종교에 깊은 관심을 가지고 강증산의 유일한 친필 기록인 『현무경』으로 세미나를 한 적도 있다고 회고한다. 또한 이 원장한테 성서에 관심이 있으면 사해문서를 읽어보라고 하였다고도 한다. 이 원장에 의하면 '종교적 천재'라고 말할 수밖에 없을 정도로 민족종교 사상에 정통하였고, 폭넓은 종교계 인사와 교류하고 있었다고 증언한다. 그리고 한국종교 전통과 기독교사상의 가교적 역할을 담당한 사명자"로 평가하고 있다.17

흔붉 선생은 증산사상연구회 회장인 배용덕과 막역한 도반이었다. 서울대 종교학과 장병길 교수와는 한국 전통종교가 '유·불·도'인가, '유·불·선'인가라는 문제를 두고 토론을 하였다고 한다.18 무명의 인사가 서울대 교수와 토론했다는 것을 의아하게 생각한 적도 있었는데 이 원장의 증언을 통해 변찬린의 학문 세계를 다시 체감할 수 있는 좋은 기회가 되었다.

흔붉 선생은 방대한 동서고금의 자료를 섭렵하였지만 늘 현장

---

17 2022년 2월 8일 면담, 2022년 4월 29일 통화.
18 변찬린, '성경강의테이프' (1981. 11. 29.).

정보를 중요시하였다. 대중이 있는 자리에서 늘 자신을 드러내지 않고 조용히 있는 모습은 필자에게 상상이 잘 되지 않는다. 그가 성경 강의에서 자신을 '눌변'이라고 겸손하게 말하지만 건강할 때의 목소리는 천둥과 번개가 치며, 경전을 인용하며 말하는 모습은 폭풍이 휘몰아친다. 물론 상당수 성경 강의는 거친 숨을 몰아쉬면서 나직한 병색 짙은 목소리가 묻어나지만.

흔붉 선생은 민족종교 그룹뿐만이 아니라 폴 틸리히, 칼 바르트, 불트만, 알타이저, 하비 콕스, 유동식, 서남동, 안병욱, 최순직, 양도천 등을 포함한 국내외 신학자의 정보와 교회 정보도 충분히 가지고 있었다. 한마디로 말하면 흔붉 선생은 민족종교 그룹, 그리스도교 그룹, 함석헌 그룹, 유영모 그룹, 불교계 그룹 등등 집단지성계와는 밀접한 거리에 있으면서도 두루 아우를 수 있는 낮은 자리에서 통합적인 사유를 하고 있었던 것이다.

절체절명의 순간에 『성경의 원리』를 통전적으로 해석하겠다는 역사적 사명을 마무리하던 해인 1982년은 玄黎民현여민, 한박산, 한백산이라는 필명으로 「종교신문」의 '宗塔종탑'이라는 란에 11편의 단상을 게재한다. 이미 상당한 삶의 에너지를 소비한 허약해진 몸으로 긴 호흡의 글을 쓸 수가 없었다. 단편적으로 「삼일신고」에 함의된 경전의 특수성, 경허법사의 무애행, 구도의 지향점 등에 대해 짧은 글을 위주로 쓴다. 그의 사후에 공개된 "聖經성경과 漢文한문"은 각기 다른 문화권에서 독자적으로 형성된 문법 체계지만, 흔붉 선생은 이를 '상징적 해석'으로 이해 지평에서 융합시키고 있다. 심지어 한자 백자를 알면 성서를 이해할 수 있다고 하며 성경 강의에서 50여 자를 해석해 주었다고 한다.[19] 또한 "巫무의 食性식성", "敎派교파의 鑄

型^{주형}", "종교의 交響樂^{교향악}" 등에서 선맥(僊脈)과 풍류도를 상실한 후 다양한 종파 종교가 난립하였기에 조화로운 종교 세계는 '참 하나님'을 발견하는 데 있다고 역설한다. 당연하지만 흔붉 선생의 모든 저술에서 말하는 '하나님'은 그리스도교 신학에 의해 규정된 교리화된 유일신 '하나님'을 말하는 것은 절대 아니라는 점은 주의하여야 한다.

「종교신문」과 「초교파」의 초창기의 필진은 당대 종교계와 관련된 저명한 인사들이 참여한 종교 대화와 그리스도교 개혁을 위한 유일한 종교 연합, '기독교 초교파'를 지향하는 언론지였다. 여기에서 발표한 그의 글은 현재의 관점에서 본다면 비교종교학자의 면모가 엿보인다. 한국과 세계 경전, 구도자와 인간 혁명이라는 구도의 지향점을 실현하기 위해서는 새 시대에 새 종교가 필요하다는 것이며, 통일한국은 동방 르네상스를 상징하는 하나의 지표로서 그리고 있다. 세계 지도와 종교지도를 두고 한국의 세계사적 사명이 무엇인가를 고민하고 이를 구현하기 위해 7여 년 동안 포스트 종교 운동을 벌였던 그 종교적 지향점이 "宗敎地圖^{종교지도}를 그려보며"에서 엿볼 수 있다. 그의 마지막 글은 죽기 한 달 전인 「大巡會報^{대순회보}」에 실린 〈乙丑年 頌詩^{을축년 송시}〉이다.

흔붉 선생은 이 시대의 구도자로서 "마지막 때의 예언자이며 새 시대의 전도자"로서 신화적인 삶을 살았다. 죽음을 예감하고 "아직도 십여 년은 더 할 얘기가 있는데…"라며 세상을 떠났다. 그의 구도자적 삶에 대한 고백적 진술을 들어보는 것으로 글을 마무리한다.

---

19 필자는 이에 착안하여 "흔붉한자성경해석학"(가제)이라는 제명으로 한자와 성서의 해석학적 만남을 위한 연구를 진행하고 있다.

얼마나 많은 날과 밤을 진리를 찾아 비바람에 방황했고 무명(無明)의 심연에 곤두박질하여 고뇌의 독주를 마시며 절망과 무의미를 색임질하였습니까. 고독과 우수는 내 존재의 집이었고 병고와 좌절은 내 일용할 양식이었고 불안과 부조리는 내 일상의 동반자였습니다. 누구 한 사람도 이해하는 자 없이 고단히 행하는 길목마다 진한 객혈(喀血)의 장미꽃을 아름답게 피워 처절하도록 눈부신 화환을 엮어 저는 아버지의 제단에 바쳤습니다.

불안의 균이 전염시킨 공포의 병, 우수의 균(菌)이 감염시킨 고독의 병, 허무의 균이 오염시킨 절망의 병, 원죄의 균이 부식한 죽음의 병을 앓으면서 저는 순금빛 젊은 날을 몽땅 악마에게 빼앗겼지만 믿음의 품위와 구도자의 성실을 잃지 않기 위해 몸부림쳤습니다.

아버지께서 제 심전 안에 심어주신 "영원을 사모하는 마음" 때문에 저는 오늘도 신음하면서 십자가의 흔적을 지고 길을 가고 있습니다.[20]

> 우주를 순례하는 구도자.
> 잠시 지구별에 와서
> 하나님과 악마를 만나고
> 성인(聖人)들과 연인들을 만나고
> 비의(秘義)의 내면(內面)
> 성실과 고독으로 뭉친 핵
> 그 마음의 핵력(核力)을 개방하기 위하여
> 홀로 고행한 무명(無名)한 자각자(自覺者)

---

20 변찬린, 『성경의 원리 下』(한국신학연구소, 2019), 572.

여기 누워있다.[21]

4. 남겨진 과제

흔붉 선생의 사상은 영성 우주와 시공 우주의 경계인으로서 인류 문명을 조망하며 한국 종교문화와 그리스도교 사상의 창조적 만남이라는 학술의 장에서 펼쳐졌다. 아쉬운 점은 포스트 종교 운동을 전개하면서 '성경 강의'를 하였던 300여 개의 육성 강의 테이프에 담긴 종교 텍스트가 여전히 미공개 상태라는 것이다. 이 성경 강의는 말 그대로 다종교적 언어와 간텍스트적 회통, 학제적 방법이 총동원되어 '흔붉학'의 진수가 담겨있는 텍스트이다. 이 성경 강의의 녹취록과 아직도 산재되어 있는 글들이 정리되어 세상에 선보일 날이 빨리 오기를 기대한다.

5. 변찬린의 주요 저술 및 연구 자료

변찬린의 주요 저술

변찬린, "선방연가(禪房戀歌)," 「思想界」 1972(『선방연가(禪房戀歌)』, 문사철, 2022).

_____, 『聖經의 原理』, 文岩社, 1979(『성경의 원리 - 상』, 한국신학연구소, 2019).

_____, 『聖經의 原理』 中, 榮一文化社, 1980(『성경의 원리 - 중』, 한국신학연구소, 2019).

---

21 변찬린, 『선(禪), 그 밭에서 주운 이삭들』(문사철, 2022), 257.

_____,『聖經의 原理』下, 가나안, 1982(『성경의 원리 - 하』, 한국신학연구소, 2019).

_____,『요한계시록 신해』, 홍인문화사, 1986(『요한계시록 신해』, 한국신학연구소, 2019).

CHAN-LIN, BYUN, *Principles of the Bible*, Seoul Saechurch Bible Studies, 1995.

변찬린,『선(禪), 그 밭에서 주운 이삭들』, 가나안 出版社, 1988(『선(禪), 그 밭에서 주운 이삭들』, 문사철, 2022).

_____,『선맥 · 경전 · 흔붉학』, 동연, 2022.

주요 연구도서

이호재,『흔붉 변찬린(한국종교사상가)』, 문사철, 2017.

_____,『포스트종교운동: 자본신앙과 건물종교를 넘어』, 문사철, 2018.

_____,『선맥과 풍류해석학으로 본 한국 종교와 한국교회』, 동연, 2022.

1장

나의 기도

I. 祈禱기도*

1

내 뼈를 새 땅에 묻어 주십시요.

世界內세계내 시방 사람 없는 荒野황야에 나는 서 있습니다.

靈的영적 出埃及출애굽이후 假人가인들은 文明문명한 曠野路程광야노정을 방황하고 있으나 내 뼈는 요단江강 저편 젖과 꿀이 흐르는 가나안 땅에 묻어 주십시오.

나의 사명은 모세가 아닙니다.

패역한 무리와 더불어 쓰러질 낡은 世代세대가 아닙니다.

荒蕪地황무지에서 出生출생한 새 世代세대.

새 무리를 이끌고 靈영의 땅을 향하여 전진하는 여호수아的적 魂혼이 되게 하십시오.

강하고 담대하게 하여 주십시오.

모세는 광야에서 낡은 무리와 더불어 約束약속의 땅을 바라보면서 죽었습니다.

모세의 屍體시체를 가운데 두고 천사와 악마가 다투던 의미와 秘義비의

---

* 변찬린, "祈禱," 「씨올의 소리」제35호(1974): 59-67.

를 나는 알고 있습니다.

恨^한을 안고 現代^{현대} 광야에 쓰러질 저 허망한 무리들

진혼의 나팔을 불어 怨鬼^{원귀}들을 달래게 하여 주십시요.

위와 앞이 交叉^{교차}하는 座標^{좌표}에 나의 새像^상이 있게 하시고 뒤를

돌아보다가 소금 기둥이 되지 말게 하십시오.

나는 다리입니다.

낡은 世代^{세대}와 새 世代^{세대}를 잇는 架橋^{가교}입니다.

역사시대와 靈^영의 시대를 잇는 大橋^{대교}입니다.

마지막 때의 豫言者^{예언자}이며 새 시대의 傳道者^{전도자}입니다.

빛나는 後生^{후생}들이여.

나를 다리삼아 이 허무의 深淵^{심연}을 건너 가십시오.

2

새 地平^{지평}에 새 무리가 到來^{도래}하고 있습니다.

불꽃 같은 눈동자로 이 땅을 굽어보십시오.

지금 내 앞에서 위대한 하나님이 한떼의 新民^{신민}을 이끌고 당당하게

오고 있습니다.

부활한 古聖^{고성}들의 환한 얼굴을 보십시오.

그 아롱진 색동曼茶羅^{만다라} 가운데 내 얼굴도 있게 하십시오.

桃園^{도원}의 꽃비.

복사꽃 분분한 꽃비를 맞으면서 사랑의 共同體^{공동체}가 황금나팔을

불면서 到來^{도래}하고 있습니다.

古聖^{고성}들이 그 班列^{반열}을 거느리고 오고 있는 한 길에 주저앉아

老醜노추한 僧侶승려의 心術심술 老膾노회한 牧使목사의 方術방술로 宗敎
的老妄종교적노망을 부리지 말게 하십시오.

하루빨리 죽는 것만이 意味의미가 되는 낡은 무리.

저 종교의 여우들과 思想사상의 똥개들을 쫓아 버리게 하십시오.

나의 懊惱오뇌는 火山화산처럼 불타고 있습니다.

나의 말씀이 隱語은어가 아닌데 알아듣지 못하고 조롱하는 저 卑小비소
한 賤民천민들을 보십시요.

나의 內面내면은 지진이 터져 몸부림치고 있습니다.

신부를 찾아오는 신랑처럼 지금 새 사람이 오고 있는데 淫心음심으로
귀신들과 通婚통혼하며 交尾교미하는 저 知的지적 小人소인들과 오입장
이 神學者신학자들을 보십시오.

음산한 이 喪家상가에 혼인 잔치를 예비하기 위하여 靈영의 시대는
오고 있으나 喪紳상신한 심령들은 나의 증거를 비웃고 있습니다.

오늘도 고뇌로 포도주를 담그면서 홀로 길을 가고 있는 孤單고단한
나그네.

나는 한백년 앞서 왔습니까?

3

나를 종교에서 건져 주십시요.

우리 모두가 종교의 거미줄에 걸린 약하고 여린 나비입니다.

거미의 밥이 되지 말게 하십시오.

죄의식의 毒독거미가 염통의 피를 빨며 血食혈식을 즐기고 있습니다.

선악나무 가지 사이 겹겹한 거미줄을 돌파하여 靑磁청자빛 秘色비색

의 하늘로 깃을 칠 능력을 주십시오.

나를 神^신의 催眠^{최면}에서 구해 주십시오.

나는 讀心術^{독심술}에 걸린 순하고 착한 羊^양입니다.

神^신들의 피리에 춤추는 괴뢰가 되지 말게 하십시오.

배우들의 피 흘리는 비극을 諸神^{제신}들은 즐겨 감상하고 있습니다.

어릿광대의 衣裳^{의상}을 벗고 鬼氣^{귀기}가 꽉찬 허무의 劇場^{극장}을 탈출

한 秘義^{비의}의 出口^{출구}를 啓示^{계시}해 주십시오.

상징象徵의 숲, 신화神話의 오솔길에서 희뿌연 내 의식이 눈 뜨인 아침.

나는 이미 종교의 포로가 되었고 罪^죄의 囚人^{수인}이 되었습니다.

아, 이제는 종교에서 해탈할 때입니다.

아직도 미개한 내 理性^{이성}, 야만한 내 知性^{지성}이 한없이 부끄럽습니다.

幕^막이 내리기 전에,

神^신들의 박수갈채가 들리기 전에

나를 종교에서 건져 주십시오.

4

새 啓示^{계시}와 靈感^{영감}을 주십시오.

어제까지 나는 聖人交響曲^{성인교향곡}을 작곡하였으나 오늘부터 나는

新世界交響曲^{신세계교향곡}을 창작하고 싶습니다.

音階^{음계}에 흐르는 玄妙^{현묘}한 風流^{풍류}

谷神^{곡신}의 메아리, 不死^{불사}의 神韻^{신운}

線^선없는 五線紙^{오선지} 위에 "音符^{음부}의 靈^영들"을 配列^{배열}하겠습니다.

絃^현없는 줄 위에 "音色^{음색}의 靈^영들"을 춤추게 하겠습니다.

음악과 同氣^{동기}가 되어 交響^{교향}하여 共鳴^{공명}하며 律動^{율동}하게 하십시오.

웃는 귀.

主義^{주의}의 잡음에서 자유한 귀입니다.

思想^{사상}의 破裂音^{파열음}에서 해방된 귀입니다.

종교의 不協和音^{불협화음}에서 초극한 귀입니다.

고요에 秘藏^{비장}된 圓音^{원음}을 作曲^{작곡}하게 하십시오.

萬有^{만유}에 충만한 佛音^{불음}을 녹음하게 하십시오.

天下^{천하}에 흐르는 妙音^{묘음}을 創作^{창작}하게 하십시오.

음악이 아닌 다른 消息^{소식}은 모두가 거짓이며 가마귀의 울음이며 敵^적그리스도의 宣傳^{선전}입니다.

내가 作曲^{작곡}한 신세계교향곡을 聖人樂團^{성인악단}에서 初演^{초연}하는 날이 반드시 올 것입니다.

하나밖에 없는 地球村^{지구촌}으로 演奏旅行^{연주여행}을 오기 위하여 巫天^{무천}에 엉켜 있는 古聖^{고성}들은 "聖人總會^{성인총회}"를 개최하고 있음을 나에게 은밀하게 귀뜸해 주십시오.

5

나는 바람이 되고 싶습니다.

나를 마파람 하늬바람 소소리바람이 되게 하십시오.

風流^{풍류}의 멋장이가 되어 바람을 피우고 싶습니다.

나는 돌僧^승이 아닙니다.

나는 종교꾼이 아닙니다.

절로 부는 바람 어디서 왔다 어디로 가는지 알지 못하는 신령한
바람이 되게 하십시오.
바이 머므른 바 없는 마음을 내는 風流體풍류체가 되어 자연의 피리구
멍으로 나들이하는 가락이 되게 하십시오.
저 종교꾼 石頭석두들이 굳게 고집한 들 그 몸에 바늘귀만한 구멍이
없겠습니까?
그 구멍으로 흐르는 바람이 되어 피리 소리를 내겠습니다.
어느 곳에 가든지 피리를 부는 風流客풍류객이 되게 하십시오.
어느 곳에 있든지 거문고를 타는 閑良한량이 되게 하십시오.
天下천하는 신비한 교향악단입니다.
人心인심은 이상한 악기입니다.
몸마다 뚫린 구멍 마음마다 메운 거문고 줄.
橐籥탁약이 풍겨 내는 바람이 되어 신비한 악기를 연주하게 하십시오.
고요에 자리하신 고요시여,
숨결들이 뿜어내는 萬有만유의 합창과 교향악을 들으십시오.
岩穴암혈로부터 牝門빈문에 이르기까지
자유자재로 나들이하며 노래하는 風流體풍류체가 되어 天下천하를
周行주행하다 어느날 드디어 고요에 도달하게 하십시오.
오, 나에게 安息안식을 주십시오.

6

마지막때의 가을입니다.
지루한 여름날의 雨期우기.

진데 뿌리박은 나무도 多濕^{다습}하던 보라 빛 늪도 가을의 門^문을 열고 서늘한 自覺^{자각}의 乾期^{건기}를 맞이합니다.

끈끈한 肉液^{육액}의 역한 냄새

고뇌와 회한이 괴여 썩던 진수정

사랑과 미움이 엇갈리던 날들이 끝내 진한 血痕^{혈흔}과 얼룩진 상채기를 남겼습니다.

이제는 밝아질 때입니다.

습기를 증발시킬 新風^{신풍}을 보내주시고 영원을 사모하는 마음을 열어 주십시오.

빛나는 역사의 초가을, 그 맑은 風光^{풍광} 아래 곰팡이 낀 內面^{내면}을 열고 消毒^{소독}하게 하십시오.

당신의 無染^{무염}하신 心性^{심성}을 닮아 내 意識^{의식}의 가을 湖水^{호수}도 차분하게 가라앉습니다.

산그리며 머문 잔잔한 湖心^{호심}에 흐르는 한조각 白雲^{백운}

아, 이 交感^{교감}을 축복해 주십시오.

눅눅한 장마가 개인 靈^영의 立秋節^{입추절}

은혜로운 하늘이 열려 옵니다.

스슬한 바람, 찌는 쬐약볕

충실한 씨앗속에 값아지는 생명의 陽氣^{양기}를 주십시오.

당신이 園丁^{원정}이신 과수원에 나는 한그루 불붙는 果木^{과목}입니다.

더욱더 알찬 열매가 영글게 하십시오.

7

나는 韓國産種子^{한국산종자}입니다.

이 마지막 날에 "흔"의 껍질을 쓰고 고난의 역사를 십자가처럼 질머진 채 역사의 한 가운데 서 있습니다.

단군의 뿌리로부터 成長^{성장}한 生命樹^{생명수} 亭亭^{정정}한 神檀樹^{신단수}가지에 결실된 알찬 열매를 따먹어 주십시오.

이 신령한 나무에서 새날의 至人^{지인}은 꽃필 것입니다.

秘色^{비색}의 빛. 無^무의 하늘아래 漂白^{표백}된 白衣^{백의}의 조상들의 血脈^{혈맥}과 心脈^{심맥}에 開花^{개화}한 정신들이 어찌 이다지도 아름다운지요.

우러러 合掌^{합장}하고 至誠^{지성}을 드린 大功^{대공}으로 오늘의 우리는 존재합니다.

하나님으로부터 연쇄된 황금의 고리.

우리 안에 착하고 의롭고 순하고 슬기로운 조상들의 심정을 부활시켜 주십시요

世界心田^{세계심전}을 향해 한국은 무엇을 자랑하겠읍니까?

양키들은 자본주의를 수출하고 로스께는 붉은 黨^당을 密賣^{밀매}합니다.

되놈은 毛澤東主意^{모택동주의}를 떼버리고 왜놈들은 電子^{전자}제품을 팔아 치부합니다.

스위스 사람들이 시계를 만들고 아랍사람들은 石油^{석유}를 퍼냅니다.

오. 한국사람은 "흔사람"을 자랑하게 하여 주십시오.

神檀樹^{신단수}에서 참사람 至人^{지인}이 결실되면 이 씨올은 世界心田^{세계심전}에 파종하는 농부가 되게 하십시오.

이데올로기의 十字架^{십자가}를 지고 역사의 골고다에 달린 韓國^{한국}의

大苦像^{대고상}을 굽어보시고 무덤에서 부활할 능력을 주십시오.
참길은 中道^{중도}의 十字架^{십자가}를 지시고 가운데 달린 예수像^상임을
이 겨레가 大覺^{대각}할 수 있게 하여 주십시오.
새날 모든 길은 한국으로 통할 것을 나는 알고 있습니다.

8

"흔"그릇에 聖人^{성인}을 비벼 먹겠습니다.
오늘 저녁의 食單^{식단}은 비빔 밥으로 하여 주십시오.
松茸^{송이}구이 한접시에 한대접 農酒^{농주}도 곁들여 주십시오.
나는 食道樂家^{식도락가}는 아니지만 오묘한 道緣^{도연}으로 四海^{사해}의
珍味^{진미}를 두루 맛보았습니다.
철따라 "老子^{노자}의 골"과 "釋氏^{석씨}의 염통"과 "孔子^{공자}의 肝^간"이 料
理床^{요리상}에 오르더니 이 마지막 날에는 "共産^{공산}이란 이름의 뱀 膾^회"
까지 試食^{시식}했습니다.
역겹고 구역질 나는 狗^구 탕과 뱀 膾^회.
하나님께 공드려 낳은 자식이 무슨 八字^{팔자}로 이런 怪食^{괴식}을 먹어
야 합니까?
巫^무의 食性^{식성}. 내 밥통이 아니면 소화할 수 없는 요리들을 "흔"
그릇에 몽땅 비벼먹고 泰山^{태산}같은 똥을 시원하게 누겠습니다.
아. 이 밥통이 어찌 영생하겠습니까?
이 똥 만드는 기계가 어찌 不死^{불사}하겠습니까?
비린 이데올로기의 肉類^{육류}를 끊고 혓바닥 간사한 五味^{오미}를 잊고
우주에 가득 찬 생명의 眞氣^{진기}를 맛보게 하십시오.

빛의 滋養^{자양}을 먹고 살찌게 하십시오.

나는 생명의 비밀을 엿보았습니다.

어느 날엔가 나를 구성한 原素^{원소}들이 바람에 날려 氣化^{기화}되고 屍解仙^{시해선}될 때 드디어 인간은 自由化^{자유화} 되어 天長地久^{천장지구}할 것을….

나는 "새로운 實在^{실재}"로 변화 받을 것을 환히 알고 있습니다.

저 에녹과 멜기세덱과 엘리야와 예수 모양 羽化昇天^{우화승천}할 것을 환히 알고 있습니다.

9

나로 하여금 聖人^{성인}의 입에서 如意珠^{여의주}를 빼게 하십시오.

聖人^{성인}들은 옛 뱀의 입에서 구슬을 빼었으나 나는 聖人^{성인}의 입에서 그 核^핵을 坐奪^{좌탈}하게 하십시오.

나의 장애는 聖人^{성인}입니다.

飛躍^{비약}의 場^장에서 古聖^{고성}들은 내 발목을 꽉 틀어잡고 있습니다.

나를 掌握^{장악}하여 傀儡^{괴뢰}로 만든 古聖^{고성}들의 손을 火焰劍^{화염검}으로 내리치지 않으면 어찌 새 次元^{차원}이 열리겠습니까?

종교의 城^성을 훼파하고 古聖^{고성}들의 桎梏^{질곡}을 박차고 구름의 暗層^{암층}을 넘어 龍^용들의 권세를 깨트리게 하십시오.

예수의 如意珠^{여의주}인 사랑

老子^{노자}의 如意珠^{여의주}인 玄牝^{현빈}

釋氏^{석씨}의 如意珠^{여의주}인 자비

孔子^{공자}의 如意珠^{여의주}인 誠仁^{성인}

이 진주를 빼어서 한실로 꿰겠습니다.

저 아는 척 뽐내는 종교꾼들과 黨員^{당원}들은 모르고 있습니다.

"나에게 있어서 古聖^{고성}들은 감옥이다"라고 喝破^{갈파}하는 나의 말을
알아듣지 못하고 약한 나를 독성죄로 고발하며 돌을 들어 定罪^{정죄}하
며 파문을 신고하는 저 종교꾼들의 성난 아우성을 들어 보십시오.

聖人^{성인}의 머리를 디디고 그를 초극하지 못하면 어찌 새 하늘이
열리겠습니까.

예수를 만나면 예수를 잡아먹고

如來^{여래}를 만나면 如來^{여래}를 잡아먹고

老子^{노자}를 만나면 老子^{노자}를 잡아먹고

孔子^{공자}를 만나면 孔子^{공자}를 잡아먹을 때

새 땅에서 모든 古聖^{고성}들은 부활하여 한 兄弟^{형제}가 될 것입니다.

10

나는 大巫^{대무}입니다.

巫^무의 食性^{식성}으로 聖人^{성인}을 잡아먹는 大巫^{대무}입니다.

조무래기 사아만이 아닌, 뜨내기 무당이 아닌, 神接^{신접}한 새탄이가
아닌, 平和^{평화}의 사람 大巫^{대무}입니다.

이 나라에 玄妙^{현묘}한 道^도가 있으니 風流^{풍류}입니다.

風流體^{풍류체}가 되여 宗教^{종교}아비를 삼키고 한국 心性^{심성}의 奧地^{오지}
를 개발하여 이 시대의 고뇌를 초극하고 인류의 고난을 극복하고
역사의 물음에 대답하게 하십시오.

世界史^{세계사}의 네거리에서 煞^살풀이 굿을 하지 않으면 戰爭^{전쟁}은

끝나지 않습니다.

이데올로기의 골고다에서 解寃^{해원}굿을 하지 않으면 平和^{평화}는 없습니다.

殺人^{살인}한 형제들의 속죄굿을 하지 않으면 民族間^{민족간}의 理解^{이해}와 國家^{국가}사이의 和同^{화동}은 결코 없습니다.

저 허공에 戰雲^{전운}처럼 엉킨 怨鬼^{원귀}와 無主孤魂^{무주고혼}들의 恨^한을 풀어줄 자 그 누구입니까?

백악관에서, 크레믈린宮^궁에서, 紫禁城^{자금성}에서, 모란峰^봉에서, 부란덴부르크^門문에서, 예루살렘에서, 카이로에서, 베트남에서 惡靈^{악령}과 邪神^{사신}을 逐出^{축출}할 자 그 누구입니까?

唯一神^{유일신} 야웨와 唯一神^{유일신} 알라의 不和^{불화}를 제거하고 이삭과 이스마엘 사이에 살(煞)을 풀 자 그 누구입니까?

힌두교도와 모슬렘교도들의 殺氣^{살기}를 제거할 자 그 누구입니까?

자본주의와 공산주의 사이에 엉킨 증오를 없이할 자 그 누구입니까?

大巫^{대무}는 새날을 開明^{개명}하는 韓國人^{한국인}의 사명입니다.

和諍^{화쟁}은 한국 魂^혼의 底力^{저력}입니다.

내 祖國^{조국}은 더러운 世界史^{세계사}의 죄악을 속죄하기 위하여 지금 寶血^{보혈}을 흘리고 있지 않습니까?

나는 뜨거운 눈물과 깊은 신음과 淋漓^{임리}하는 피로서 大巫^{대무}의 굿을 하여 이땅에 平和^{평화}의 聖代^{성대}를 開天^{개천}하고 자유의 聖日^{성일}을 開明^{개명}하겠습니다.

11

靈^영의 原鑛^{원광}을 開發^{개발}할 능력을 주십시오.

이 心山^{심산}에 무진장으로 매장된 "로고스鑛"을 개발하여 영생의 불꽃을 點火^{점화}하게 하십시오.

聖人^{성인}들의 心脈^{심맥}은 이제 영험이 없습니다.

신약과 팔만대장경과 사서삼경과 無爲^{무위}의 말씀은 호리꾼들의 심한 盜掘^{도굴}로 인하여 바닥이 났고 靈^영의 眞珠^{진주}와 覺^각의 舍利^{사리}들은 종교꾼들이 매점하고 보석상인들이 독점하였습니다.

廢鑛^{폐광}은 여우의 굴이 되고 들개의 처소가 되고 뱀의 집이 되었습니다.

靑山^{청산}을 누비며 다니는 저 이데올로기 호리꾼들과 知性^{지성}의 심마니와 정치의 땅꾼들을 좀 보십시오.

坑^갱 속에서, 암혈 속에서, 토굴 속에서, 노다지꿈에 大醉^{대취}한 저 뜨내기 거짓 先知者^{선지자} 敵^적그리스도들을 보십시오.

靈感^{영감}을 잃은 靑山^{청산}.

高地^{고지}마다 硝煙^{초연}이 자욱하고, 계곡마다 녹쓴 階級章^{계급장}이 딩굴고 언덕마다 兵士^{병사}들의 軍靴^{군화}가 딩굴고 平野^{평야}마다 피 묻은 이데올로기의 깃발이 나붓낍니다.

김이 빠진 靈峰^{영봉}마다 펄럭거리는 軍旗^{군기}를 보십시오.

民衆^{민중}을 독점하려고 出願^{출원}한 자들이 피비린 "覺^각의 싸움"을 하다가 악령들에게 피살당하고 있습니다.

하나님이 鑛主^{광주}이신 로고스의 山^산.

그 靑脈^{청맥}을 개발하기 위하여 入山^{입산}한 나는 試掘^{시굴}의 첫 삽을 파헤쳤습니다.

山산을 사랑하고 山산에 소요하는 仙선.

로고스의 山산에서 예수가 승천하듯

나의 變化山변화산에서 나를 羽化우화시켜 주십시오.

12

내 임종은 황홀한 기쁨속에 있게 하여 주십시오.

찬란한 法悅법열이 넘치는 靈的영적 충만의 頂上정상에 누워 있게 하십시오.

열린 未來미래, 순결한 동정녀를 향해 빛나는 나의 頭像두상을 발기시켜 주십시요.

이 交感교감을 축복하여 주십시오.

이 사랑을 영원 속에 새겨 주십시오.

나는 청순한 내일의 소녀를 사랑합니다.

나는 성숙한 모레의 숙녀를 사랑합니다.

나는 영원한 그 글피의 母性모성을 사랑합니다.

淸淨청정한 당신과 만나기 위하여

오뇌하고 고행하고 구도한 나의 傷痕상흔과 血跡혈적과 가시冠관을 보십시오.

淸新청신의 힘을 다하여 覺각의 靈力영력을 발산하여 내가 죽어갈 때.

오, 로고스의 씨을 속에 내 의식의 전 역사와 내 정신의 전 진화사가

농축되어 거룩한 "하나님 어머니"와 만나게 하십시오.

연꽃바다에 회임하신 如來여래모양

백합바다에 秘入비입하신 예수모양

나를 영원한 母性^{모성} 속에 꼬옥 잉태시켜 주십시오.

잠시 후 나는 "올 者^자", "오고있는 者^자"가 되어 이 땅에 개선하겠습니다.

아멘.

II. 나의 祈禱기도*

1

나를 종교에서 건져 주십시요. 우리 모두가 종교의 거미줄에 걸린 약하고 여린 나비입니다. 거미의 밥이 되지 말게 하십시오. 죄의식의 毒독거미가 염통의 피를 빨며 血食혈식을 즐깁니다. 선악나무 가지 사이 겹겹한 거미줄을 돌파하여 無무의 하늘로 깃을 칠 능력을 주십시오.

나를 神신의 催眠최면에서 구해 주십시오. 나는 讀心術독심술에 걸린 순하고 착한 羊양입니다. 神신들의 피리에 춤추는 괴뢰가 되지 말게 하십시오. 죄인들의 피 흘리는 비극을 諸神제신들은 즐겨 감상하고 있습니다.

어릿광대의 衣裳의상을 벗고 鬼氣귀기가 꽉 찬 허무의 劇場극장을 탈출한 秘義비의의 出口출구를 啓示계시해 주십시오. 象徵상징의 숲 神話신화의 오솔길에서 희뿌연 내 의식이 눈 뜨인 아침. 나는 이미 종교의 포로가 되었고 罪죄의 囚人수인이 되었습니다.

아! 이제는 종교에서 해방될 때입니다.

---

* 한백산, "나의 祈禱,"「종교신문」(1982. 10. 6.).

아직도 미개한 내 理性^{이성} 야만스런 내 知性^{지성}이 한없이 부끄럽습니다.

幕^막이 내리기 전에 神^신들의 박수갈채가 들리기 전에 나를 종교에서 건져 주십시오.

2

나는 바람이 되고 싶습니다.

나는 새바람 하늬바람이 되게 하십시오. 風流^{풍류}의 멋장이가 되어 바람을 피우고 싶습니다.

나는 돌僧^승이 아닙니다.

나는 종교꾼이 아닙니다. 절로 부는 바람, 어디서 왔다 어데로 가는지 알지 못하는 神靈^{신령}한 바람이 되게 하십시오.

바람이 머므른 바 없는 마음을 내는 風流體^{풍류체}가 되어 피리구멍으로 나들이하는 가락이 되게 하십시오. 저 石頭^{석두}들이 굳게 고집한들 그 몸에 바늘만한 구멍이 없겠습니까? 그 구멍으로 흐르는 바람이 되어 피리 소리를 내겠습니다.

어느 곳에 가든지 피리를 부는 무애한 風流客^{풍류객}이 되게 하십시오.

어느 곳에 있든지 心琴^{심금}을 타는 閑良^{한량}이 되게 하십시오.

天下^{천하}는 신비한 교향악단입니다.

人心^{인심}은 이상한 악기입니다.

몸마다 뚫린 구멍. 마음마다 메운 거문고 줄. 槖籥^{탁약}이 풍겨 내는 바람이 되어 신비한 악기를 연주하게 하십시오.

고요에 자리하신 님이시여.

숨결들이 뿜어내는 萬有^{만유}의 합창과 교향악을 들어 주십시오.
岩血^{암혈}로 부터 牝門^{빈문}에 이르기까지 자유자재로 나들이하는 풍류체가 되어 天下^{천하}를 周行^{주행}하시다가 어느 날 드디어 고요에 도달하여 安息^{안식}하게 하십시오.

나는 절대 자유한 魂^혼 바람입니다.

신령한 바람이 되어 바람나게 하십시오.

아멘. 옴.

2장

구도자에게 보내는 편지

I. 山산에 부치는 글*
— 이 時代시대의 苦惱고뇌를 짊어진 아들에게

흔붉, 바람이 센 밤이다.

저 공중의 권세를 잡은 流滴유리하는 별을 보라.

假神가신이 뿜어내는 돌개바람에 지금 믿음의 魂혼들은 모진 毒感독감에 걸려 高熱고열을 내면서 신음하고 있다. 虛無허무의 뒤안에서 들려오는 기침소리를 들어 보아라.

정신적 早漏症조루증에 걸린 無力무력하고 卑怯비겁한 知性人지성인들의 기침소리…. 저 虛無허무한 소리는 宣傳선전과 騷音소음의 파도를 너머 네가 求道구도하고 苦行고행하고 있는 靈山영산의 隱溪은계까지 울릴 줄 안다. 양키와 로스께와 되놈과 쪽발이에게 당한 갈보리[갈보]¹의 나라.

더러운 世界史세계사의 네거리에 맺힌 "고루디우스의 매듭"을 풀기 위하여, 155마일 조국의 허리를 기어간 "이데올로기의 大蛇대사"를 잡기 위하여 菩薩보살의 大願대원을 말하고 네가 芝蘭지란, 싱그러운

---

* 변찬린, "산에 부치는 글," 「씨올의 소리」 제28호(1973): 50-52.

1 저자의 저술 맥락에서 보면 '갈보'일 것으로 추정되나 십자가의 처형장소인 '갈보리'로 보아도 문맥상 이해가 됨. '갈보'라고 한다면 '종교적인 간음', 즉 사대성과 식민성을 강조하는 의미로 자주 쓰임.

山谷^{산곡}으로 退修^{퇴수}한지도 아득한 날이 흘러갔다. 이 時代^{시대}의 苦惱^{고뇌}를 짊어진 아들로서 역사의 물음에 성실하게 대답하기 위하여 너는 재(灰)가 담긴 心器^{심기}를 이고 神靈^{신령}한 불을 얻으려 靈嶽妙峰^{영악묘봉}으로 물러갔다. 나는 世俗都市^{세속도시}에서 씨알의 누더기를 걸치고 煤煙^{매연}과 公害^{공해} 속에서 "維摩詰^{유마힐}의 病^병"을 앓고 있다.

"其以方便^{기이방편} 現身有疾^{현신유질}" 중생의 병을 뛰어난 方便^{방편}으로 앓은 維摩詰^{유마힐}은 빛나는 옛님이었지만 道力^{도력}과 靈驗^{영험}이 바이 없는 나 같은 씨알은 역사의 병, 그 자체를 깊이 앓으면서 무겁고 쓰라린 "中道^{중도}의 十字架^{십자가}"를 지고 血行^{혈행}하고 있다.

언 冬天^{동천}, 달빛 괴괴한 밤, 深山^{심산}의 草幕^{초막}속에서 孤單^{고단}히 跏趺坐^{가부좌}하여 고요히 自由^{자유}를 명상하고 있는 네 앞에도 無形^{무형}한 邪魔^{사마}들의 집요한 挑戰^{도전}이 있을테지만, 過密都市^{과밀도시}의 지붕밑 단간貰房^{세방} 속에서 絕對孤獨^{절대고독}을 앓으며 半跏思惟^{반가사유}하고 있는 내게도 敵^적그리스도의 傀儡^{괴뢰}와 走狗^{주구}들이 부릅뜬 눈깔로 은밀히 노려보고 있다.

흔붉, 저 闇雲^{암운}이 감도는 공중을 뚫어보아라. 숱한 惡靈^{악령}들이 씨알들을 향해 거짓 靈感^{영감}을 發信^{발신}하고 있지 않느냐. 지금 讀心鬼^{독심귀}들은 幾何學的^{기하학적} 定理^{정리}보다 더 정밀한 그물을 짜면서 은밀한 우리들의 염통을 겨냥하고 있다. 선량한 羊^양들의 內面^{내면}을 속속들이 감시하면서 깨끗한 良心^{양심}을 향해 催眠術^{최면술}을 걸고 淫女^{음녀}의 媚藥^{미약}을 뿌려 生命^{생명}의 核^핵을 파괴하려고 음모하고 있다.

저 幽神^{유신}이 자리한 허공에서 들려오는 靈的^{영적} 공갈과 心的^{심적} 협박 소리를 들어보아라. 不義^{불의}에 고문 당하는 正義^{정의}의 소리 없는 통곡을 들어보아라. 악마와 共謀^{공모}하고 邪神^{사신}과 野合^{야합}한 세상나라 黨員^{당원}들이 붉은 投網^{투망}을 던져 우리를 捕虜^{포로}하고 있다. 예리한 낚시바늘로 우리의 입을 꿰고 있는 천민들이 달팽이 뿔 위에 나라를 세운 觸氏^{촉씨}와 蠻氏^{만씨}의 지령을 받고 白晝^{백주}에 暗行^{암행}하고 있다.

E. 프롬이 말했듯이 自由^{자유}에서 逃避^{도피}한 비소한 인간들이 사이비 自由^{자유} 속에 安住^{안주}하여 되려 참 自由^{자유}를 定罪^{정죄}하며 罵倒^{매도}하고 있는 現代的^{현대적}인 情況^{정황} 속에서 우리에게 주어진 하늘의 명령은 무엇인가?

하이데거가 冷笑^{냉소}한 저 das Man들.

日常^{일상} 속에 자기 자신을 喪失^{상실}한 얼빠진 놈팽이들이 機構^{기구}와 組織^{조직} 속에 매몰당한 채 死者^{사자}에의 化石^{화석}이 되고 있는 역사적인 不條理^{부조리}한 狀況^{상황} 속에서 현실이 우리에게 지워준 사명이 무엇인가?

흔붉, 정신을 차리자, 붉은 催眠^{최면}에 걸려 졸고 있는 民衆^{민중}을. 정묘한 거미줄에 걸린 知性^{지성}의 나비들. 하나님을 배반한 바리새的^적 聖職者^{성직자} 當局者^{당국자}들. 권력의 줄을 타고 曲藝^{곡예}를 하고 있는 卑小^{비소}한 피에로들.

아, 假面^{가면}의 홍수다. 末人^{말인}들의 범람이다. 假裝行列^{가장행렬}이 死海^{사해}로 흘러가고 있는 역사의 여울목에서 우리는 불꽃 같은 炯眼^{형안}으로 먹밤 같은 虛無^{허무}의 深淵^{심연}을 의시하며 醒醒^{성성}하고 明澄^{명징}한 정신으로 사치아그라하의 깃빨을 게양하자. 富者^{부자}의 밥床^상에서 떨어지는 부스러기를 먹다 죽어서 천당에 간 나사로모양 역사의 成人^{성인}인 우리들도 "부스러기 自由^{자유}"를 얻어먹다 죽어서나 천당에 가야 할까? 깊이 自省^{자성}하라. 개들의 혓바닥이 自由^{자유}를 위해 피 흘리는 知性^{지성}들의 傷痕^{상흔}과 血跡^{혈적}을 핥아도 시대의 主人^{주인}인 너와 나는 弱者^{약자}의 奴隸道德^{노예도덕}을 찬미해야 하겠는가? 永遠回歸^{영원회귀}의 물결을 타고 오고 있는 超人^{초인} 차라투스트라의 숨결을 活火山^{활화산}처럼 내 뿜고 지금은 두더쥐의 나라 역사의 地層^{지층} 밑에서 곤히 잠들고 있는 니체가 우리들의 卑怯^{비겁}과 無力^{무력}과 倭小^{왜소}를 얼마나 비웃고 叱咤^{질타}할 것인가.

술먹는 自由^{자유}, 오입하는 自由^{자유}, 流行^{유행}에 들뜬 自由^{자유}, 이런 사이비 自由^{자유}와 부스러기 自由^{자유}를 참 자유로 착각하고 있는 賤民^{천민}들과 俗物^{속물}들과 假人^{가인}들과 末人^{말인}들이 진리를 十字架^{십자가}에 못박을지라도 우리는 復活^{부활}의 믿음을 굳게 가지고 이 병든 역사를 自由^{자유}와 平等^{평등}과 사랑의 方向^{방향}으로 進化^{진화}시켜 나갈 것을 創造的^{창조적} 小數者^{소수자}(Creative Minority)임을 깊이 명심하자. 많은 求道者^{구도자}가 거짓 靈感^{영감}에 기만당했고 거짓 豫言者^{예언자}들이 羊^양을 호도했고 小人輩^{소인배}와 學者^{학자}들은 曲士^{곡사}가 되어 권력의 侍女^{시녀}로 전락했다. 邪神^{사신}과 같이 黨^당이 군임하여 民衆^{민중}을 卑小化^{비소화}시켜도 너와 나의 心田^{심전}에는 大人^{대인}의 種子^{종자}, 至人^{지인}의 桃仁^{도인}이 싹트고 있음을 깊이 자각하자.

빛나는 古聖^{고성}들도 一大事因緣^{일대사인연}으로 이 세상에 오셨거던 일찌기 現代^{현대}처럼 할일 많은 때가 역사상에 있었던가?

見性^{견성}한 魂^혼이라면 고난의 시대에 태어난 意味^{의미}를 大覺^{대각}하고 역사의 물음에 당당하게 응답해야 한다.

보아라. 九萬里^{구만리} 長空^{장공}에 飛翔^{비상}하는 大鵬^{대붕}의 심정을 어찌 참새들이 알며 鵷雛^{원추}의 理想^{이상}을 썩은 쥐를 움켜쥐고 있는 惠子流^{혜자류}의 小人^{소인}들이 어찌 알겠는가?

날개를 고이 접어두자. 大鵬대붕의 날개를 고이 접어두자. 참새와 뱁새가 때까치 모양 함부로 跳躍도약하려다가 鳥網조망에 걸리지 말고 意態의태모양 扮扮狨狨분분질질하자.

双頭쌍두의 大蛇대사가 또아리 튼 이 나라.

"고루디우스의 매듭"이 엉킨 世界史세계사의 네거리.

큰 뜻을 품은 大人대인의 種子종자라면 大蛇대사의 머리를 짓밟고 번개의 火焰劍화염검으로 "고르디우스의 매듭"을 一刀兩斷일도양단할 만하지 않은가.

흰붉, 너는 大人대인으로 돌아오기 위하여 靑山청산에서 마음껏 浩然之氣호연지기를 기르라.

내 또한 世俗都市세속도시의 번잡 속에 묻혀 天地천지의 正氣정기를 養生양생할 것이다.

下山하산할 때는 번갯불을 안고 오라. 너와 내가 만나는 날, 우리는 "共同공동의 覺각"을 이루어 "사랑의 共同體공동체"를 형성하자. 그날 우리는 죄악의 세계를 구원하고 새 場장과 새 次元차원을 開明개명할 것이다.

열린 未來미래, 새로운 地平지평이 열려오고 있지 않느냐? 한때의 거룩한 親民친민들이 만다라꽃 마하 만다라꽃의 꽃비를 맞으면서 復活부활한 古聖고성들과 함께 合唱합창하며, 到來도래하고 있음을 나는 깊이 豫感예감하고 있다. 創造的進化창조적진화의 法輪법륜은 우리를 靈化영화된 至人지인으로 高揚고양하고 特化특화할 것이다.

혼돈과 공허와 흑암의 深淵심연 속에서 방황하고 있는 現代현대야말로 빛이 挑戰도전할 創世記창세기의 아침이 아닌가. "참사람"과 "참人類인류"가 탄생될 여섯째 날이 아닌가.

지금 역사는 큰 진통을 하며 脫탈이데올로기의 하늘 그 너머 聖次

元성차원 靈空間영공간을 향해 自由자유와 平和평화의 비둘기를 날려 보내고 있다. 낡은 新約신약의 하늘이 두루마리처럼 말려가고 깨어진 卵殼난각의 틈새로 새 하늘과 새 땅이 開明개명되고 있다.

또 은밀이 귀를 기울려 보아라.

世界心田세계심전에 번개는 울고 地震지진은 터지고 있지 않느냐? 새 정신의 火山화산은 폭발하고 靑山청산은 隆起융기되고 있지 않느냐?

저 神靈신령한 번갯불에 우리들의 낡은 머릿골을 洗腦세뇌하자. 鑄型주형에 굳어진 관념과 垂直的수직적인 思考사고를 洗心세심하자. 思想사상과 主義주의의 密封敎育밀봉교육을 받은 일곱 鬼神귀신을 쫓고 黨당이 注入주입시킨 惡靈악령들을 추방하자.

흔붉, 마음이 답답할 때면 네가 退修퇴수한 靈山영산을 멍하니 쳐다보는 버릇이 내게 있다. 바르게 하나님과 交通교통하거라.

언제 下山하산하겠느냐? 나의 道伴도반이여.

어서 오라. 역사의 한가운데로 날래오라. 陶淵明도연명과 慧遠大師혜원대사와 陸修靜육수정이 크게 웃으면서 넘어오던 虎溪橋호계교를 건너서 世俗都市세속도시로 속히 오라.

붉은 귀신을 쫓을 現代的현대적인 呪文주문을 解讀해독하고 흰 幽靈유령을 물리칠 超越的초월적인 眞言진언을 大覺대각하고 번개처럼 오라.

II. 구도자에게 부치는 葉信^{엽신}(1)*

1信^신

피 흘린 긴 고독이 다해 눈이 열리고 썻은 귀 고요히 소식이 들려오고
해 맑게 개인 첫 새벽 하늘에 萬善^{만선}의 층계와 萬德^{만덕}의 門^문이
환히 보여도 내 開眼^{개안}했거니 우쭐하지 말아라.
내 道通^{도통}했거니 뻐기지 말아라.
구도자들이여, 참 깨달은 자는 범용한 자리에서 하염없이 알아 신묘
한 언행과 기이한 呪術^{주술}과 황망한 巫事^{무사}가 없도다.
참 사람은 무명한 씨알로서 세속에 묻혀 바라지 문틈으로 내다보아
도 천하대세를 환하게 알며 세계심전의 가을 추수의 때를 조용히
기다린다.
이런 사람을 일러 역사의 한 가운데 선 成人^{성인}이라 한다.

2信^신

요한계시록을 해독한다고 금식하지 말아라.

---

* 玄黎民, "구도자에게 부치는 葉信," 「超教派」 75권(1984. 4.): 56-58.

『周易^{주역}』에 미쳐 그 數^수에 미혹 당하지 말아라. 『정감록』을 破字^파^자하여 헛된 꿈을 꾸지 말아라.

이사야와 예레미야와 에스겔을 흉내 내지 말아라.

묵시록과 예언서와 秘記^{비기}와 讖書^{참서}는 소인들을 미혹하여 이기적인 私心^{사심}을 발동케 한다.

붉은 영감과 음녀 媚藥^{미약}에 취하여 역사의 뜻을 正覺^{정각}한자 있었든가?

구도자들이여. 마음의 奧地^{오지}는 해골을 갈아먹는 핏길 가싯길이니 섣불리 입문하여 狂者^{광자}가 되지 말고 종교의 사기꾼이 되지 말고 사상의 허수아비가 되지 말고 정치의 앞잡이가 되지 말라.

개미(蟻)도 닥아올 태풍을 알고 거미(蜘蛛)도 하늘마음 조짐을 알아 風聲^{풍성} 우는 처마 끝에 도사려 숨고 과수원의 과일도 무심히 落果^{낙과}함이여.

오호라, 미물보다 못하고 초목보다 못한 사람의 無明^{무명}인저.

얼마나 많은 구도자들이 영적 건달로 타락되었고 道^도의 사기꾼으로 변신되었고 병든 허무주의자가 되었던가.

얼마나 많은 성도들이 미신과 광신과 맹신의 수렁에 빠져 정신적인 폐인이 되었던가.

청산과 광야와 숲길을 방황하다가 늑대와 독수리의 밥이 되었고 귀신들의 찬(饌)이 되었던가.

3 信^신

바람이 센 날이여.

곳곳에 자칭 지도자와 영웅과 혁명가와 구세주가 나타났다는 풍문이 들여온다. 그들이 뉘뇨?

귀신들과 밀통하여 주사위를 던지는 도박사들이 아닌가?

고성들이 한 얼굴로 和^화하여 대도의 法輪^{법륜}이 도래할 즈음이면 종교꾼들의 추태와 정상배들의 협잡과 무력한 지성인들의 假面劇^{가면극}이 있기 마련이다.

낡은 역사를 마무리하는 때에 무슨 노릇인들 없겠는가?

온갖 유형의 종파와 사상이 범람하고 百家爭鳴^{백가쟁명}하는 때.

정밀하게 위조된 하늘 신임장을 흔들면서 새 시대의 초대장을 마구 남발하면서 씨알을 투망질하는 개들을 삼가라.

구도자들이여. 저 소인들의 경륜은 화투꽃의 五光^{오광}.

섯다와 도리 지고땡을 하면서 역사를 창조하려 하는 불성실한 도박사를 고발하자. 정말 구경거리가 많은 시대에 우리는 살고 있다.

4信^신

구도자들이여. 그대 자각을 소인들이 오고 가는 路線^{노선} 위에 꽃 피우면 불량한 검은 손이 꺾어 버린다.

그대 大知^{대지}를 참새떼 속에 종알대면 뭇포수들의 겨냥을 받아 魔彈^{마탄}이 네 염통을 찢어 버린다.

얼마나 많은 구도자들이 사상을 꽃 피우다가 피살되었던가. 얼마나 많은 道歌^{도가}들이 까마귀의 잡음 속에 잦아들었던가.

구도자들이여. 그대 마음 은밀하게 도적질하는 저 讀心鬼^{독심귀}를 보아라.

그대 얼을 빼 먹으려는 저 영적 야바위를 좀 보아라.

놈들에게 잘못 걸리면 네 자유는 독거미의 밥이 되리.

아으, 무섭고녀. 악하고 음란한 이 세대여. 우리를 노려보고 감시하며 피살을 시도하는 저 邪魔^{사마}와 정보원들 앞에서 참 大知者^{대지자}는 痴呆^{치태}인 척한다.

오직 무심히 도통한 된 사람은 아는 체 똑똑한 체 약은 체 잘난 체 나서지 않는다.

저 아는 체 뽐내는 소인들 때문에 세상은 무명해졌고 똑똑한 체 거들거리는 知的賤民^{지적천민}과 속물들 때문에 道心^{도심}은 타락했고 약은 체 덤비는 성직자들 때문에 세태는 혼탁해졌다.

5信^신

구도자들이여.

그대 面壁^{면벽}한 동굴에서 나오라.

本明^{본명}의 빛을 등지고 앉아 土壁^{토벽}에다 "覺^각의 쐐기문자"를 血刻^{혈각}하던 고행자여.

습기 눅눅하고 곰팡이 핀 土幕^{토막}에서 나와 약동하는 대생명의 眞太陽^{진태양}을 보라.

독단과 편견과 아집을 버리고 절로 자율과 중용을 秘得^{비득}한 참 사람은 우주에 秘刻^{비각}된 不立文字^{불립문자}를 해독하고 만유를 관통하는 이성과 同氣^{동기}가 된다.

本明^{본명} 아래 而立^{이립}한 참 사람은 小成^{소성}의 누더기를 벗고 小知^{소지}의 독거미를 잡으며 少年^{소년}의 幻^환꿈을 깬다.

심성과 이성의 궤적위에 中道_{중도}의 聖輪_{성륜}을 운행하며 중용의 明白四達_{명백사달}한 德_덕으로 新民_{신민}과 대화하며 중화한 멋으로 풍류의 춤을 추며 中觀_{중관}한 미소로 새 날의 신부를 맞이한다.

毒_독거미를 잡자.

"실재의 誤謬_{오류}"와 "悟性_{오성}의 독단"과 "언어의 虛構_{허구}"와 "회의의 深淵_{심연}"과 "성격의 擁拙_{옹졸}"과 "선악의 懊惱_{오뇌}"와 "사고의 偏見_{편견}"과 "종교의 蠻地_{만지}"에서 거미를 잡자.

그러면 바른 지혜를 얻으리.

6信_신

강가에 앉아 河圖洛書_{하도낙서}가 떠오르기를 기다리지 말고, 神龜_{신귀}와 牛骨_{우골}을 태워 앞날을 問卜_{문복}하지 말고, 백운 자욱한 청산에서 天書_{천서}를 찾지 말아라.

지금은 성인이 없는 때, 허나 낙심하지 말아라. 씨알이 익어 成人_{성인}이 되었으니 이 誠人_{성인}이 곧 聖人_{성인}이 아니뇨.

도도히 흐르는 역사의 血河_{혈하}에서 易_역을 얻고, 龜裂_{귀열}된 砲身_{포신}, 녹쓴 병사의 철모에서 甲骨文_{갑골문}을 읽고 시대를 예견하며 屍山_{시산}의 골고다에서 기린을 보는 깨달은 자만이 역사의 뜻과 암호를 正覺_{정각}한 이 시대의 산 아들이다.

구도자들이여. 얼마나 많은 구도자들이 경서의 미로를 방황하다가 미쳐버렸고 거짓 예언자로 전락되었고 뜨내기 점쟁이로 퇴화했던가. 헛된 욕심으로 시운의 算_산가지를 잘못 놓고 혹세무민했던가. 퇴수한 산에서 부디 正覺_{정각}하고 불씨를 안고 山下_{산하}하거라.

III. 구도자에게 부치는 葉信^{엽신}(2)*

1信^신

山谷^{산곡}에 退修^{퇴수}한 구도자들.

더덕과 도라지 몇 뿌리 뽑아 들고 북 치며 나팔 불며 깃발을 날리면서 서둘러 바삐 하산하더라.

"무슨 뿌리인가?"

"山蔘^{산삼}이로다"

"내가 보니 그대 採根^{채근}한 뿌리는 더덕과 도라지로다"

"神^신과 党^당의 이름으로 맹세하노니 이 뿌리는 틀림없는 山蔘^{산삼}이로다. 나를 따르라"

"허허허"

보라. 靈山^{영산}에 아직 麒麟^{기린}이 나타나지 않았고 神檀樹^{신단수} 가지에 아직 鳳凰^{봉황}이 깃들지 않았거늘 산과 골 안에서 귀신들의 똥을 주워 먹던 조무라기 무당들이 앞질러 바삐 下山^{하산}하며 자칭 사명을 받았다고 선전하고 있다.

道人^{도인}은 盜人^{도인}이 된 말세

---

* 玄黎民, "구도자에게 부치는 葉信," 「超教派」 77권(1984. 6 · 7.): 78-80.

66 | 선맥 · 경전 · 흔 붉학

거짓 선지자와 巫堂道人^{무당도인}들을 삼가라.

2信^신

구도자들이여.

공중에서 海賊放送^{해적방송}을 하는 정체불명의 靈^영들이 많다.

간교한 옛 뱀의 혓바닥으로 계시의 亂數表^{난수표}를 지령하는 거짓말

쟁이 邪神^{사신}들을 "覺^각의 화살"로 射殺^{사살}하라.

하나님께서 오는 계시를 교란시키며 靈波^{영파}의 교신을 차단하려고

음모하는 不義^{불의}한 자들이 暗雲^{암운}의 電離層^{전리층}을 형성하여 거짓

靈感^{영감}을 放電^{방전}하고 있지 않느냐?

여름날 多發^{다발}하는 천궁 번개처럼 이즈음 하늘에서 거짓 靈感^{영감}

의 번갯불이 땅을 울리고 있다.

구도자들이여.

그대들 "覺^각의 안테나"에 受信^{수신}되는 소식과 기별을 몽땅 하나님

의 啓示^{계시}로 받아들이지 말아라.

열린 우주를 향해 그대 覺^각의 채널과 다이알을 돌릴 때 이상한

靈的^{영적} 영상과 道的^{도적} 잡음이 있지 않더냐?

참으로 大覺^{대각}한 이 시대의 사람은 안테나를 가설하지 않으며 채널

과 다이알을 돌리지 않나니 그대들도 참 사람의 차원으로 도약

비상하라.

일체 電波^{전파}와 靈波^{영파}와 心波^{심파}와 氣波^{기파}와의 교신을 끊고 고요

와 대면할 때 바르게 깨달아 正行^{정행}하리라.

無線^{무선}을 끊고 靈^영들을 분별하라.

허황한 靈的^{영적} 낭설과 心的^{심적} 유언비어에 현혹되지 말라.

3信^신

구도자들이여.

多宗教時代^{다종교시대} 하나님은 萬神^{만신}과 萬靈^{만령}들에게 잠시 "하늘 言論^{언론}"의 자유를 허락하였다.

제멋대로 떠벌리는 靈^영들과 야합공모한 사이비 覺者^{각자}들이 서투른 方言^{방언}을 지껄이며 은혜를 받았다고 선전하고 있다.

解寃^{해원}의 시대

萬神^{만신}들아 네 멋대로 해 보렴

萬靈^{만령}들아 네 멋대로 해 보렴

난장판을 이룬 覺^각의 마당에는 온갖 道的^{도적} 유언비어와 靈的^{영적} 妄言^{망언}이 떠돌며 새 시대의 空約^{공약}을 남발하고 있다.

생명을 잃고 천하를 얻은 자들이 하늘에서 오는 참 소식을 해석하고 번역할 줄 몰라 이데올로기와 교파의 隱語^{은어}를 지껄이고 있다

이 종말론적 道的^{도적} 언론자유의 소음과 신학의 공해 속에서 조용히 고요를 開明^{개명}한 자만이 참다운 正覺者^{정각자}이다.

4信^신

현대의 廣野^{광야}를 보라.

지성인들은 蕩兒^{탕아}를 닮아가고 교양있는 숙녀들은 창녀를 닮아가고 있다.

탕남과 탕녀를 닮은 자들이 부모가 된 이 어지럽고 더러운 시대. 몇 겹의 假面가면을 쓴 인간들인가.

사람마다 배우의 표정을 흉내 내며 저마다 주연인 체 착각하며 행동하고 있다.

음란이 大河대하처럼 범람하여 그 탁류에 익사하는 假人가인들이 죽어가면서 性交성교에 탐닉하고 있다.

저 死色사색이 짙은 灰재빛 하늘은 어떤가?

음란한 靈영들이 구름 속에 숨어 入山입산한 구도자들을 낚시질하고 있다.

하여 邪靈사령과의 密通밀통을 無上正覺무상정각으로 착각한 자들이 이상한 사명감에 날뛰면서 혹세무민하고 있다.

구도자들이여.

많은 入山者입산자들이 神佛신불을 부르면서 자신도 모르게 악마의 諜者첩자가 되었고 귀신들의 忠犬충견으로 전락했다.

색다른 육욕을 찾아 침실을 더럽히며 下體하체의 쾌락에 빠져들고 있다.

外道외도하는 종교적 탕아들이 어찌 새날의 大道대도를 깨달아 구원의 大門대문을 열겠느냐?

음탕한 사상적 탕녀들이 어찌 새날의 아들을 勞勞구로하겠느냐?

5信신

성실한 터전 위에 세우지 않은 믿음은 불노소득의 요행을 바라며 허황한 영웅심으로 기적을 행하려 든다.

우러러 카리스마적 靈力^{영력}을 기리며 神癒^{신유}의 능력을 기도하니
이 私心^{사심}과 妄心^{망심}을 어찌할꼬?

구도자들이여.

그대는 怪力亂神^{괴력난신}을 탐내지 말라.

저 장돌뱅이 약장사 모양 새 종교, 새 사상, 새 이념을 떠버리면서
道的^{도적} 권모술수로 업을 삼는 악마의 化身^{화신}들을 타도하라

지금이 어느 때인데 백성을 우롱하려 하느뇨?

北傀^{북괴} 南傀^{남괴}하면서 서로가 악담을 하며 퍼붓는 역사의 현장에
서 씨알의 마음을 훔쳐 악마에게 팔아먹는 자들이 많다.

사람 비슷한 "똥 만드는 機械^{기계}"들이 聖人^{성인}의 자리에 앉아 천하를
호령하며 백성을 수탈하고 있다

의심암귀. 믿음이 없는 宵小輩^{소소배}들이 불신을 조장하고 증오를
발동시켜 백성을 이간질하고 있다.

백성들의 血汁^{혈즙}을 짜서 악마에게 뇌물을 바치는 非人非賊^{비인비적}
들과 부패분자들은 끝내 하늘의 성근 天網^{천망}을 벗어나지 못하고
人誅^{인주}와 天誅^{천주}를 당하리라.

구도자들이여.

지극한 德^덕으로 씨알의 傷心^{상심}을 싸매주고 인간적인 믿음을 회복
시켜 주고 형제들을 한자리에 만나게 하자.

3장

인간성의 회복과 영원의 모성

I. 眞珠^{진주}*

모든 寶石^{보석}들은 생명이 없는 無機物^{무기물} 속에서 형성된다.

다이아몬드, 사파이어 루비, 에메랄드는 땅속에 매장된 광물 속에서 발견된다.

그러나 진주만은 생명이 있는 生體^{생체} 속에서 형성된다. 진주는 진주조개의 아픔 속에서, 고뇌의 傷痕^{상흔} 속에서 만들어지는 生體寶物^{생체보물}이다.

건강한 조개 속에는 진주가 없다.

한 알의 모래나 불순물이 조개의 내장에 침입하여 상채기를 남기고 그 내면의 아픔을 감싸는 작업 속에서 오색의 영롱한 진주는 형성되어 간다.

진주는 조개의 아픔과 고뇌 속에서 생성되는 생명의 결정이다. 고뇌와 아픔이 없이 인생을 살아가는 자는 동물에 지나지 않는다. 영혼의 깊은 傷痕^{상흔}과 마음의 아픔이 없이 무엇이 탄생되고 창조되겠는가. 베토벤이 귀머거리가 되지 않았으면 교향곡 9번은 작곡되지 않았을 것이다. 로망 롤랑이 베토벤의 傳記^{전기}를 집필하면서 마지막으로 남긴 名言^{명언}이 "고뇌를 뚫고 환희에로"였다.

---

* 玄黎民, "珍珠,"「종교신문」(1982. 3. 24.).

음악가에게 있어서 소리를 듣는 귀는 생명 그 자체였다. 베토벤은 귀머거리가 된 절망적인 상황 속에서 무수한 고통의 밤과 낮을 보낸 뒤 고뇌를 뚫고 〈환희의 合唱交響曲^{합창교향곡}〉을 작곡하였다. 그러므로 교향곡 9번은 베토벤이 형성한 영혼과 정신의 진주였다. 영국의 詩人^{시인} 밀턴은 盲人^{맹인}이 된 다음 에덴동산의 환상을 보면서 『失樂園^{실낙원}』이라는 장엄한 서사시를 口述^{구술}하였다. 無明^{무명}의 고뇌 속에서 『失樂園^{실낙원}』의 진주를 만들어 내었다.

司馬遷^{사마천}은 去勢^{거세}당한 수치와 아픔 속에서 史□을 들어 春秋筆法^{춘추필법}으로 인류의 영원한 유산인 『史記^{사기}』를 집필하였다. 그러므로 사마천의 진주는 『史記^{사기}』이다.

사도 요한은 밧모島^도도 流刑地^{유형지}에서 그 절망적인 죽음의 상황 속에서 인류 미래의 청사진인 하나님의 계시를 보았다. 요한계시록은 요한이 형성한 진주이다.

文王^{문왕}은 9년 동안 지네와 독거미와 뱀이 우굴거리는 토굴 속에 갇혀서 文王八卦^{문왕팔괘}를 作卦^{작괘}한다. 9년 동안의 토굴의 고난과 고통이 없었다면 文王八卦^{문왕팔괘}는 생성되지 않았을 것이다.

황금만능, 물질만능에 오염된 현대인은 고통과 고뇌를 소화할 줄 모른다. 그러므로 현대인들에게는 내면 속에서 형성되는 찬란한 영혼의 진주가 없다.

求道者^{구도자}들은 아픔과 고뇌 속에서 진주를 형성하는 작업을 하는 창조적인 인간들이 아니겠는가. 너의 정신과 영혼 속에 진주를 형성하라.

II. 영혼의 傷痕^{상흔}*

□夫의 낫에 상처를 입은 나무는 그 몸에서 스스로 樹液^{수액}을 내어 아픈 상흔은 치유한다.

한 나무가 巨木^{거목}으로 성장하기까지 수없는 상처를 입고 있는 것을 우리들은 본다. 짐승도 마찬가지이다. 개나 맹수들이 상처를 입으면 혀로서 상처를 핥으면서 침으로서 치유한다.

식물이나 동물을 막론하고 그 몸에 상처를 입으면 스스로 자기 몸에서 樹液^{수액}이나 唾液^{타액}을 내어 치유하는 지혜를 알고 있다. 자연에 순응하여 생활하는 생물들의 이런 지혜는 하나님이 주신 본능이다.

그런데 인간은 어떤가?

우리들은 육체의 □傷이나 擦傷^{찰상}이나 火傷^{화상}을 입으면 곧 병원에 가서 연고나 고약을 바르고 마이싱을 내복한다.

육체에 입은 상흔은 약으로 치유할 수 있으나 마음에 입은 상처는 어떻게 치료할 것인가?

나무가 巨木^{거목}으로 성장하자면 무수한 상처를 입는 것처럼 인간도 바르게 성장하려면 영혼과 마음과 정신에 무수한 상흔을 입어야

---

* 玄黎民, "영혼의 傷痕," 「종교신문」 (1982. 6. 23.).

한다.

자의적이든 타의적이든 우리들은 상처를 입고 성장한다.

失戀실연에 의한 아린 상채기, 破産파산으로 인한 정신적인 타격, 자기 뜻대로 되지 않는 데서 오는 고뇌, 가난에서 오는 아픔 등등 헤아릴 수 없이 많은 사건들이 우리들의 마음에 아린 상처를 남기고 있다. 마음과 영혼과 정신에 입은 내면적인 內密내밀한 상처는 남들이 모르는 나만이 아는 상처이므로 남들은 내가 입은 상처를 절대로 치유해 줄 수 없다.

내 내면의 상처는 내 자신이 스스로 치유해야 한다.

나무가 樹液수액을 내고 짐승이 唾液타액을 내고 상처를 치유하듯 인간도 자신의 상처를 치유할 수 있는 정신적인 능력이 있는데 현대들은 하나님이 주신 이 능력을 상실하고 있다.

고층 아파트에서 호화롭게 살며 과잉보호를 받은 아이들은 조금만 다른 환경에 처하면 비판하고 자살소동을 일으킨다. 그뿐인가? 어떤 문제가 부딪치면 스스로 해결할 능력을 상실하여 생명의 전화니 사랑의 전화에 매달려 신세타령을 하며 저속한 주간지에 자기의 고민을 하소연하는 나약한 인간들을 우리는 흔히 본다.

나무나 짐승보다 못한 인간으로 전락한 나약하고 비소화된 인간, 이것이 창백한 현대들의 모습이다.

자연을 떠난 인간들은 내면적으로 자기 자신을 상실하고 치유의 능력을 상실한 슬픈 실존들이다. 자연으로 돌아가 스스로 내면의 상처를 치유하는 능력의 소유자가 되자.

III. 眞珠진주와 다이아몬드*

眞珠진주

H夫人부인은 나의 知的지적 이웃이다.

그녀는 水路夫人수로부인인 모양 新羅風신라풍의 이상한 향기를 풍기기도 하고, 어떤 때는 許蘭雪軒허난설헌 모양 李朝流이조류의 고뇌를 번득거리기도 한다. 야누스처럼 水路수로와 許氏허씨의 얼굴은 夫人부인의 二面相이면상이다.

어느 날 우리는 고뇌에 대하여 죽음에 대하여 담담하게 대화하였다. 그녀는 손에 낀 진주 반지를 만지작거리고 있었다.

"부인께서는 진주의 아픔을 아십니까?"

나의 뚱딴지같은 愚問우문에 그녀는 잠시 망설이며 賢答현답을 못하였다.

"진주 반지를 귀에 대고 소리를 들어보십시오. 바다 소리가 들리지 않습니까? 아니 傷상한 心靈심령의 신음 소리가 파도처럼 들리지 않습니까?"

두 번째 나의 愚問우문에 그녀는 지극히 의아한 표정으로 나를 쳐다본다.

---

* 변찬린, "진주와 다이아몬드," 「씨올의 소리」 제36호(1974): 66-69.

진주 속에서 바다 소리를 듣다니 순간 그녀는 저 쟝 콕토의 詩^시를 연상하였으리라.

내 귀는 소라껍질
바다 소리를 그리워 한다

잠시 나는 그녀의 진주 반지를 바라보았다.

오늘날 淑女^{숙녀}들께서는 진주의 아픔을 아는지 모르겠다. 한 알의 진주가 형성되기까지 얼마나 아픔과 눈물과 고뇌가 엉킨 것인지. 여인들이 좋아하는 모든 寶石^{보석}은 생명이 없는 무기물, 즉 흙과 돌 속에서 이루어진다. 생명이 없는 무기물 속에서 가꾸어진 보석들은 생명의 아픔과 고뇌를 모른다.

하지만 모든 귀금속 중 진주만은 생명이 있는 생체 속에서 쓰라리고 아픔으로 형성된다. 그러기 때문에 거짓 구슬이 아닌 참 구슬, 곧 眞珠^{진주}란 것이다.

저 深海^{심해} 속에 누워 있는 진주조개를 상상해 보라. 한 마리의 진주조개가 그 창자 속에 암처럼 괴로운 傷痕^{상흔}을 지닐 때 그 상처의 아픔을 싸매고 달래며 아무도 몰래 홀로 治癒^{치유}한 흔적이 곧 진주가 아니던가? 바다 밑에서 모든 조개들은 즐거운 삶을 구가하고 있을 때 소외당한 한 마리의 진주조개만은 외롭게 자신의 內面^{내면}에 깃든 상처를 달래면서 한숨과 눈물과 좌절과 패배감 속에서 영롱한 진주를 이룩한 것이다.

그러므로 한 알의 진주 속에는 진주조개가 고뇌하고 고통했던 전 정신사와 의식의 비밀이 숨어 있는 것이다. 페르시아만에서 진주조개를 채취하는 아랍인들의 말에 의하면 사천 개의 진주조개를 잡아야 겨우 그 속에서 한 알의 진주를 얻을 수 있다 한다.

진주! 얼마나 귀한 구슬인가?

성서 속에는 진주에 대한 몇 가지 구절이 있는데 그중에 대표적인 것이 진주를 돼지에게 던지지 말라 한 것이다. 그러나 이렇게 값지게 형성된 진주들이 돼지같이 심령이 어두운 여인들의 목걸이가 되었고 그들의 허영을 충족시키는 반지가 되어 빛을 잃고 있지 않는가.

겉으로만 살찐 여인들이 진주를 가져서는 안 된다. 고뇌를 뚫고 환희에로 날개 돋친 혼이 아니면 진주 반지를 낄 자격이 없다. 저 막달라 마리아를 아는가?

그 여인의 혼은 수많은 고뇌와 아픔 속에서 형성된 진주였다.

막달라 마리아의 혼은 진주의 광채를 말하고 있었다.

예수가 사랑한 여인!

막달라 마리아는 성서 중에 진주이다.

원죄와 율법과 구약 속에서 형성된 영롱한 흑진주가 막달라 마리아인 것이다.

나는 H夫人^{부인}의 內面^{내면}의 아픔을 조금은 이해한다. 그녀는 진주 반지를 낄 정신적 지적 터전이 있는 분이라고 믿는다.

고뇌를 이긴 淑女^{숙녀}들만이 진주 반지를 끼야 할 것이다.

다이아몬드

나는 아직 H夫人^{부인}이 다이아 반지를 낀 것을 보지 못하였다. 그녀의 형편으로는 다이아몬드를 소유하고도 남을 만한데 웬일일까? 요즘 도하 신문에 고관 교수 부인들이 밀수 다이아몬드를 수천만 원씩 주고 매입한 사실이 폭로되고 있다. 안타깝고 한심한 노릇이다.

다이아몬드, 에메랄드, 사파이아 루비, 얼마나 여인들의 가슴을 부풀게 하는 보석들인가? 사랑하는 여인에게 몇 카라트의 다이야를 선물하기 위하여 얼마나 많은 정상배와 모리배들과 타협하고 나라와 민족을 속여야만 하는가.

여인들에게는 다이아를 갖고 싶은 허영이 있고 남자들에게는 다이야를 사주고 싶은 허영이 있다. 이 두 허영이 공모할 때 부정부패한 공무원들과 고관들의 정신적인 비극이 일어나는 것이다.

다이아몬드는 먼 옛날 지질시대 한 개의 숯덩어리였다.

화학기호는 탄소 C. 보잘것없는 숯덩어리가 지질시대의 변화 속에서 고열과 地壓^{지압} 영향으로 다이아몬드로 變身^{변신}한 것이다. 다이아몬드도 숯덩어리처럼 화학기호가 탄소 C이다.

숯덩어리같이 아무 인격도 교양도 애국심도 없는 밀수품을 산 부인들이여. 그대들의 심령들도 다이아몬드처럼 變身^{변신}된 후 다이야 반지를 가지라.

인격의 질적 변화!

이것이 다이아몬드의 秘義^{비의}이며 暗號解讀^{암호해독}이다.

예수를 만나기 전에 막달라 마리아는 한갓 이름 없는 숯덩어리였다. 유태의 길가에 버려진 이름 없는 창기였다. 요새 말로 하면 서울 길거리에 버려진 연탄 덩어리였다. 그런 막달라 마리아가 예수와 邂逅^{해후}한 후 그 內面^{내면}의 魂^혼과 정신은 다이아몬드로 돌변하였다.

인격 혁명이 이루어진 것이다. 거듭나고 부활한 것이다. 새 피조물이 되었고, 새사람이 되었고, 새 인류의 母性^{모성}이 되었다.

막달라 마리아는 진주이며 동시에 다이아몬드이다. 그 심령과 정신이 진주와 다이아몬드가 된 女人^{여인}들이 물질적인 진주 반지나 다이야 반지를 낀다면 세상은 얼마나 밝아질가?

그 여인들의 광채로 하여 이 세상의 어두움은 없어질 것이다.

모르긴 하지만 하늘나라에서 예수는 막달라 마리아에게 다이야 반지와 진주 목걸이를 선물했을 것이다. 신랑이 신부에게 주듯 은밀히….

母性^{모성}의 인격 혁명이 없이 이 죄악의 인류와 세상은 건질 길이 없다.

여인들의 변화가 없는 한 그 품에 안겨 헤엄칠 남성들의 혼 없이 쓸개 빠진 모습을 상상해 볼 때 그 인격과 영혼은 숯덩이처럼 한 푼어치의 값도 없는데 손가락에 몇천만 원짜리 다이아몬드를 낀 겉살찐 여인들에게 안길 남자들의 꼴을 상상해 볼 때 이 얼마나 불결한 일인가.

이런 자들이 고관이며 교수라니 참으로 안타까운 일이다.

여인들을 사랑할 줄 모르는 자는 나라와 인류를 건질 자격이 없다.

나는 H夫人^{부인}의 손가락에 변화가 일어날 날을 기다리고 있다.

지금 그녀는 진주 반지를 끼고 있지만 그 고뇌를 초극하고 그 인격이 다이아몬드로 變化^{변화}될 때 그녀의 손에 찬란한 다이아몬드가 빛나길 기도하고 있다.

IV. 구혼가

내장산에 단풍이 불타듯
그렇게 뜨겁게 하소서
그대가 차린
신방의 나날이.

서귀포에 밀감이 익어가듯
그렇게 달콤하게 하소서
그대가 손꼽질하는
신혼의 나날이.

낙산 앞 바다에 쪽빛이 짙어가듯
그렇게 푸르게 하소서
그대가 꿈꾸는
새 살림의 나날이.

오. 새롭게 하소서
날에 날마다 새롭게 하소서

행주치마를 두른 그대의 얼굴에
새 살림의 생기가 넘치게 하소서.

V. 사랑

1

사랑은
正三角形^{정삼각형}

너는
時空^{시공}에 위치한 한 點^점

나도
時空^{시공}에 위치한 한 點^점

너와 나의 結合^{결합}과
構成^{구성}과 造化^{조화}를 위해
頂點^{정점}이 있어야 한다.

꼭지 點^점은
그

세 點^점이 연결한 直線^{직선}은
等距離^{등거리}
同一角^{동일각}
同一原理^{동일원리}를 內包^{내포}한다.

그 너 나
正三角形^{정삼각형}

2

너는
너의 孤獨^{고독}안에
나를 있게 하라

나도
나의 孤獨^{고독}안에
너를 있게 하리니.

보라
窓^창가에 드리우는
德性^{덕성}의 빛

그대 높-이
나를

오르게 하리니
너는
너의 孤獨^{고독}안에
所重^{소중}한 나를
상실치 말라

내 또한
나의 孤獨^{고독}안에
所重^{소중}한 너를
지키리.

3

내게로 向^향한
너의 눈이

노상
正^정한 微笑^{미소}로 빛남은
네 비인 마음속에
썩지 않는
빛을 지념음이라.

나는
너를

높고 깨끗한 眞理진리같이
고요히 사랑함은
네 눈을 통해 빛나는
그 마음에 빛나는 광채이사
내가 求구하는 값진 眞珠진주였기에.

해서
너는
나의 靈魂영혼속에
眞理진리로 더불어 永遠영원히 빛난

오직 한 사람
산 이브
오! 女人여인이여

本來본래
너와 나의
사랑은
빛의 사귐이라.

VI. 似而非自由^{사이비자유}

『성경』 누가복음에는 蕩子^{탕자}의 비유가 있다. 불경 『法華經^{법화경}』
에는 窮子^{궁자}의 비유가 있다. 탕자는 다 같이 아버지 집을 떠나 이방
의 거리에서 돈으로 향락을 누리다가 다 같이 거지로 전락한다. 타락
한 탕자, 제 본성을 잃어버린 탕자.

이들은 다시 아버지를 찾아 인간 본래의 모습을 회복한다. 탕자
가 돈을 가지고 아버지를 떠난 원인은 무엇일까?

사이비자유를 참 자유로 오해하고 착각한 것이 아버지 품을 떠난
숨은 원인이었다. 엄부 밑에 살면 아버지가 명령하는 윤리적, 도덕적
계명을 지켜야 했다. 율법의 노예가 된 형의 눈치도 살펴야 했고 교적
가풍을 따라 순종의 생활을 해야 했다. 작은아들 탕자는 아버지의
도덕적 명령을 桎梏^{질곡}으로 착각했고, 엄부의 사랑을 종교적 위선으
로 오해하고 있었다. 그는 아버지의 질곡에서 자유하고 싶었고, 가정
의 법도에서 해방되어 자기 마음대로 自行自止^{자행자지}하는 그런 자유
를 동경하고 있었다.

그는 '아버지의 자유가 참 자유'임을 大覺^{대각} 못하고 아버지 품을
떠나 자기 마음대로 自行自止^{자행자지}하는 방종을 참자유로 誤覺^{오각}하
고 있었다. 조롱에 갇힌 새가 하늘의 대자유를 동경하듯 탕자도 자기

집을 감옥처럼 생각하고 있었다. 물고기의 자유는 물속에서 헤엄치는 데 있고, 짐승의 자유는 山野산야를 질주하는 데 있고, 새의 자유는 공중을 飛翔비상하는 데 있다. 물고기가 땅 위에서 자맥질할 수 없고, 새가 수중에 날고자 할 때 그곳에는 오직 죽음의 자유가 있을 뿐이다.

마귀는 인간에게 사이비자유의 환상을 보여 주며 인간을 타락시킨다. 탕자가 아버지 품을 떠나 이방의 거리에서 허랑방탕할 때 그는 자신의 참자유를 滿喫만끽한다고 착각하고 있었다. 그는 아버지 집을 떠나 이방에 온 자기의 행동이 지혜로운 결단이었다고 굳게 믿고 있었다. 퇴폐적인 생활에 젖어 그는 아버지와 떠나온 고행을 잊어버렸다. 이방의 美女미녀들을 품에 안고 날마다 주지육림 속에서 사이비자유를 누리며 환락과 퇴폐의 꿈속을 헤매고 있었다. 많은 건달들이 칭찬하며 아부의 말로 그가 누리는 자유를 찬미하고 있었다.

고깃덩어리를 보고 날아온 쇠파리 떼처럼 많은 美女미녀들과 건달들이 그의 주위에 서성거리고 있었다. 이방의 미녀들과 건달들은 탕자의 영혼을 병들게 하고 그의 생명을 갉아먹는 구더기 같은 존재들이었는데 우상의 毒酒독주에 취해 몽롱한 눈으로 세상을 바라보는 탕자는 그것을 깨닫지 못하고 있었다.

드디어 탕자에게도 파국의 날이 다가왔다. 사치와 퇴폐의 생활로 돈이 떨어졌을 때 그는 하루아침에 거지로 전락된 자기 실존의 모습을 보고 놀랐다. 어젯밤까지 그의 품속에서 교태를 부리던 미녀들은 돈이 떨어진 탕자의 얼굴에 침을 뱉고 돌아섰고, 자기를 우상처럼 따르던 친구들도 비웃음을 남긴 채 다 제 갈 곳으로 가버렸다, 이방의 거리에서 거지가 된 탕자는 고독 속에 몸부림쳤다.

그는 드디어 깨닫기 시작했다. 자기가 누린 환상의 자유는 돈이 있을 동안만 누릴 수 있는 사이비자유였음을 알게 되었다. 돈은 인간에게 사이비자유에 대한 환상을 일으키게 한다. 금송아지 우상을 섬기며 황금만능에 젖어 찬미하고 있는 현대인들도 참자유에서 도피하여 사이비자유를 滿喫^{만끽}하면서 현대 광야에서 희희낙락하고 있다. 거지가 된 탕자는 '인간 돼지'되어 돼지 치는 자에게 가서 돼지가 먹는 쥐엄 열매로 배불리고자 하였으나 그것도 없었다.

우리는 탕자의 모습에서 돼지의 모습으로 변신한 인간존재의 참모습을 본다. 황금 우상을 찬미하며 현대인들이 누리고 있는 자유의 종말이 무엇인가를 우리는 깊이 사색해야 한다. 지옥의 밑창 비인간의 자리까지 추락하여 돼지죽도 못 먹는 기아의 고통과 절망 속에서 몸부림치는 탕자에게 번갯불 같은 영감이 도전해 왔다.

그는 죽음의 자리에서 출구를 발견하였다. 그는 잊어버린 아버지를 기억해냈고, 자기는 돌아갈 고향이 있는 희망의 존재임을 깨닫고 자기 자신이 사이비자유에 속아 얼마나 큰 죄를 지인 죄임임을 대각하게 되었다.

그가 몸에 걸친 누더기 옷은 숱한 죄로 얼룩진 더러운 옷이었고, 그의 내면과 영혼에는 무수한 상흔과 지을 수 없는 魔^마의 刺靑^{자청}들이 상형문자처럼 아로새겨져 있다. 탕자는 자기가 죄와 사망의 종이 되었음을 알고 아버지께 돌아가 아들이 아닌 품꾼의 하나로 여겨달라고 생각하면서 귀향길에 오르고 있었다.

지옥의 밑창에서 깨달은 탕자의 세 가지 자각은 타락한 인간이 하나님께로 회귀하는 세 가지 과정을 암시하고 있다.

첫째, 잊어버린 아버지의 自覺^{자각}.

둘째, 자신이 득죄한 죄인이라는 自覺^{자각}.

셋째, 용서받기 위해 돌아가야 한다는 自覺^{자각}.

아버지는 탕자가 돌아오기를 기다리고 있었다. 자기 분깃을 받아 가지고 이방의 거리 사이비자유를 찾아 떠나간 날부터 아버지는 문 밖에 서서 동구 밖 황토길을 바라보면서 거지로 변신한 아들이 돌아오기를 학수고대하고 있었다. 자식을 기다리는 부모의 마음은 죄인을 기다리는 하나님의 마음이다.

탕자는 돌아가 죄사함을 받고 부자의 관계를 다시 맺게 된다. 그러나 효자처럼 아버지 명령에 순종한 맏아들은 동생 탕자가 돌아옴을 반갑게 생각하지 않고 있었다. 맏아들은 아버지의 명령을 지켜 율법과 계율을 지키는 모범적인 생활을 했지만, 그는 형식주의 율법주의에 경화된 바리새적 인간형이었다.

맏아들은 아버지의 마음을 이해 못한 '효자이면서 불효자'였다. 그러나 죄를 짓고 回心^{회심}한 둘째 아들 탕자는 아버지의 사랑과 은혜가 무엇임을 大覺^{대각}한 '불효자이면서 효자'였다. 맏아들은 아버지의 사랑과 은혜를 깨닫지 못하고 율법주의 형식주의에 젖어 기계적으로 아버지를 섬기는 죽은 신앙의 소유자였다.

죄의 종이 된 탕자만이 참 자유와 사이비자유를 분별할 줄 안다. 맏아들은 윤리적 도덕적 죄를 짓지 아니했으므로 겉으로 보면 자유인이었으나 그는 율법의 노예요 계명의 종이었다.

둘째 아들은 죄를 지어 자유를 상실한 인간 같지만, 그가 아버지께로 돌아와 죄를 자복하고 회심했을 때 그는 참자유가 무엇인가를 깊이 깨닫게 되었다. '죽었다가 살아난 자', '잃었다가 찾은 자'가 아니면 참자유가 무엇인지 알 수 없다. 하나님 안에서, 진리 안에서 참자유한 자는 둘째 아들이지 맏아들이 아니다.

十戒십계를 지키며 율법의 조문을 준수한 예수 당시 바리새인들은 맏아들 같은 인간들이었다. 그들의 심령은 율법의 鑄型주형에 찍혀 화석화되었고, 守戒수계의 생활로 경화되어 남을 정죄하고 이단시하는 직업 종교꾼으로 전락했다.

누가복음 18장 9절을 보면 맏아들형의 인간과 탕자형의 인간이 성전에 올라가 기도하는 장면이 있다. 맏아들형의 바리새인은 일주일에 두 번 금식하고 십일조를 바치는 생활을 하나님 앞에 자랑스럽게 기도했으나 탕자형의 세리는 자기 가슴을 치면서 스스로가 죄인임을 자복하고 있다. 하나님은 세리의 기도는 듣고 바리새인의 기도는 외면하였다.

참자유를 모르는 바리새적 신앙인들이 너무나 많은 현대교회의 모습을 우리들은 깊이 반성해야 한다. 돈이 있을 동안 滿喫만끽할 수 있는 사이비자유를 참자유로 착각하고 오해하는 자들이 종교계의 지도자가 되어 양들 위에 군림할 때 그 종교는 문둥이의 시체처럼 추한 모습을 드러낼 것이다.

진리 안에서 누리는 자유야말로 참 자유이다.

E. 프롬은 정신분석학적 입장에서 자기를 상실한 현대인들의 참자유에서 도피하여 사이비자유를 누리면서 自棄자기하고 있는 사회적인 병리 현상을 깊이 통찰하고 진단하고 있다.

사이비자유를 버리고 참자유를 찾아 하나님을 찾아가는 탕자가 되자.

4장

한국의 종교도맥

I. 甑山^{증산}의 解冤思想^{해원사상}＊

1. 序論^{서론}

석가와 노자와 공자와 소크라테스와 조로아스타와 예수는 약 칠 백 년이라는 시간적인 차이를 두고 東西^{동서}의 다른 문명권에서 그들의 위대한 혼은 불타올랐다. 큰 역사적인 안목으로 볼 때 이들은 거의가 同時代^{동시대}의 無明^{무명} 속에서 빛을 발한 魂^혼들이며, 이들의 출생을 분수령으로 하여 인류의 정신은 크게 開明^{개명}되고, 문명은 높이 跳躍^{도약}한다.

독일의 정신병리학자이며 실존철학자인 야스퍼스는 석가와 노자와 공자와 소크라테스와 조로아스타와 예수의 同時代的^{동시대적} 出生^{출생}을 그의 역사철학에서 위대한 精神^{정신}의 火山時代^{화산시대}라는 名言^{명언}을 쓰고 있다.

왜 거의가 同時代^{동시대}에 東西^{동서}의 文明圈^{문명권}에서 그들 위대한 魂^혼들은 火山^{화산}처럼 분출하여 精神^{정신}과 영혼의 큰 봉우리를 造成^{조성}하였던가? 이것은 종교사가들과 역사철학자들이 解讀^{해독}해야 할 큰 과제이다.

＊ 변찬린, "甑山의 解冤思想,"「甑山思想研究」1輯(1975): 74-89.

無明^{무명} 속에서 불타오른 諸聖人^{제성인}들의 內面^{내면}의 빛으로 하여 未開^{미개}의 曠野^{광야}에서 헤매던 인류는 文明^{문명}의 혼으로 開明^{개명}되었고, 精靈^{정령}과 우상숭배의 山上^{산상}에서 苦行^{고행}하던 野蠻^{야만}한 魂^혼들도 비로소 위대한 하늘을 開天^{개천}하였다. 이들 성인들은 다 같이 그 타고난 道緣^{도연}과 心脈^{심맥}과 血田^{혈전}을 따라 인간구제에 대한 한량없는 빛을 주었고, 未開^{미개}와 野蠻^{야만}스런 獸性^{수성}에서 탈피 못하던 人類^{인류}는 이들 聖人^{성인}을 跳躍臺^{도약대}로 하여 하늘로 飛翔^{비상}의 나래를 펼 수 있었다.

각 문명권의 풍토와 민족성의 특질에 따라 聖人^{성인}들은 인간의 魂^혼을 개화시켰고, 諸宗敎^{제종교}는 독특한 道綱^{도강}을 내세워 宣敎^{선교}의 영역을 확보하였으나 독선과 아집과 편견과 신성불가침의 자기변호에 치우쳐 서로 他宗敎^{타종교}를 배척하는 모순을 안고 현대 광야에서 宗敎商人^{종교상인}으로 전락하였다.

이런 의미에서 인류의 종교는 "統一^{통일}과 調和^{조화}"라는 깊고 높은 마지막 課題^{과제}를 안고 고난과 고뇌 속에서 "새 宗敎^{종교}"를 모색하지 않을 수 없는 당위성에 부딪히게 된다. 종교통일과 조화의 큰 사명은 늙고 늙은 기성종교인 기독교도, 불교도, 유교도, 조로아스타敎^교도, 마호메트敎^교도 할 수 없고 전혀 새로운 판 밖에서, 맥줄 밖에서 홀연히 출현하여야 한다.

이 사명을 타고난 백성이 世界史^{세계사}를 깊이 천착해보고, 세계지도를 놓고 깊이 사색해보면 東方^{동방}의 한 약소국가인 한국 민족이 담당하게 되는 깊은 自覺^{자각}에 우리는 부딪히게 된다.

야스퍼스가 석가와 노자와 공자와 소크라테스와 조로아스타와 예수의 출생을 同時代的^{동시대적}으로 조망하면서 人類精神^{인류정신}의

造山조산 시대라 본 것과 같이 韓國한국 오천 년 역사 속에서도 이런 위대한 精神정신의 火山時代화산시대가 있었으니 곧 水雲수운과 甑山증산과 羅喆나철과 朴重彬박중빈과 金一夫김일부의 출현이다. 이들도 큰 역사의 안목으로 볼 때 거의가 同時代동시대에 출생한 위대한 魂혼들로서 한국 종교사를 다채롭게 수놓고 있다. 이들 魂혼들은 다소 차이는 있지만 한결같이 儒佛仙유불선의 종합을 시도하고 그것을 초극함으로써 "새 宗敎종교"를 모색하였고, 위대한 새 시대인 後天후천 하늘을 개명하려 하였다.

이들 중에도 甑山증산은 精神的정신적 造山조산의 가장 높은 靈峰영봉을 분출시킨 魂혼으로서 그는 한국 종교사의 巨龍거룡이었고, 새 宗敎종교를 모색하는 後學후학들에게 높고 깊은 秘義비의를 啓示계시해준 종교적인 天才천재였다.

本稿본고는 大覺대각한 甑山증산의 여러 사상 중 특히 解冤思想해원사상을 간단히 一瞥일별하려 한다.

2. 解冤해원이란 무엇인가?

국어국문학회에서 지은 국어대사전을 보면 解冤해원이란 낱말을 풀이하여 怨恨원한을 풀음 또는 분풀이하다로 돼있다. 怨원(冤)과 恨한을 풀어주는 것이 곧 解冤해원이다. 원망, 원수 짓는 것, 분내는 것이 怨원이고, 한하고 되새기는 것이 恨한인데 원한이란 相克상극의 세계에서 인간과 인간 사이의 혹은 신명과 신명 사이의 원만치 못한 관계에서 생긴 심적, 정신적, 물질적인 질시, 반목, 부조화가 원한으로 나타난다.

이 세상에서 뜻을 이루지 못하고 간 死者사자들은 다 원한을 안고 죽었으니 이 鬼神귀신들의 원한을 풀어주지 않고는 이 땅에 理想的이상적인 仙界선계가 이루어질 수 없다는 것이 甑山증산이 大覺대각한 종교의 秘義비의였다.

地上지상에 왔다는 인간들이 相克상극의 先天선천에서 살다가 歸天귀천한 만큼 거의가 다 어떤 怨원과 恨한을 안고 갔으니 그 怨魂원혼들이 暗雲암운처럼 靈界영계에 엉켜 地上지상의 온갖 일을 방해함으로써 怨원은 怨원을 낳고, 恨한은 恨한을 낳는 악순환을 거듭하였고, 天上천상과 地上지상은 다 같이 큰 혼란에 빠지게 되었다고 甑山증산은 보았다.

最初최초의 義人의인인 아벨의 뒤로부터 모든 善人선인과 先知者선지자와 道人도인들도 不義불의와 不正부정에 항거하다 억울하게 죽은 숨결이 뭉친 저 先天선천의 낡은 하늘을 증산은 보았고, 전쟁 속에서 억울하게 죽은 무명 용사들의 원혼이 엉킨 구름을 증산은 보았고, 만날 사람을 만나지 못한 애절한 悲戀비련의 가슴을 안고 죽은 무수한 男女남녀들의 恨한 맺힌 소리를 증산은 하늬바람, 마파람, 소소리바람 곁에 은밀히 들었고, 가난 속에 죽은 원귀들의 헐벗은 모습을 求道구도의 山野산야에서 증산은 보았고, 원수를 갚지 못해 신음하고 있는 온갖 원귀들의 부릅뜬 눈망울을 증산은 깊은 自覺자각의 炯眼형안으로 소소히 보았다.

그러므로 怨원과 恨한을 안고 歸天귀천한 人類魂인류혼들을 鎭魂진혼하는 큰 굿을 하지 않고는 새로운 時代시대인 後天仙界후천선계가 到來도래할 수 없음을 증산은 깊이 깨닫고 그는 스스로 大巫대무가 되어 解冤해원의 役事역사를 시작한 것이다.

증산은 자신을 解冤神해원신으로 자처한 것은 다른 종교의 교조에게서는 볼 수 없는 卓見^{탁견}이면서 위대한 能力^{능력}이었다. 先天^{선천}은 "相克^{상극}의 場^장"이므로 온갖 모순과 충돌 不條理^{부조리}와 혼란에서 살다 간 인간들이 怨^원과 恨^한을 남기고 갔음은 自明^{자명}의 事實^{사실}이 아니겠는가.

그러므로 後天仙界^{후천선계}를 개벽하기에 앞서 先天^{선천}에서 원한을 안고 죽은 자들의 해원굿을 하지 않고는 새 하늘을 開天^{개천}할 수 없음을 증산은 깊이 알았는데 이것은 지난날의 어느 聖人^{성인}도 자각 못한 증산 특유의 大覺^{대각}이었다.

증산은 낡은 종교에서는 사용하지 않던 독특한 宗敎用語^{종교용어}를 사용하였으니 그것이 天地公事^{천지공사}와 解寃役事^{해원역사}인 것이다. 하늘땅의 질서를 改造^{개조}한다든지 運度^{운도}를 뜯어고친다든지 하는 말은 다시는 더 허황된 면이 없지 않은 듯 하나 깊이 그 이치를 천착해 가면 가긍하지 않을 수 없는 妙理^{묘리}가 숨어 있음을 간과해서는 안 될 것이다.

神明界^{신명계}와 人間界^{인간계}의 혼란한 질서는 해원을 받지 못한 원혼들의 作戱^{작희}인 바 神明界^{신명계}와 人間界^{인간계}의 질서를 改造^{개조}하여 後天仙界^{후천선계}를 개벽한다는 혁명적인 종교 사상은 증산이 우리에게 던져준 至難^{지난}한 宗敎的^{종교적}인 과제로서 그 누구도 이것을 무시하고서는 새 宗敎^{종교}를 論^논할 수 없음을 우리 後學^{후학}들은 깊이 명심해야 한다.

3. 神明界^{신명계}와 人間界^{인간계}의 관계로 본 解寃^{해원}

증산은 이 세계의 구조를 神界^{신계}와 人界^{인계}로 兩分^{양분}하여 이

兩界^{양계}는 서로가 떨어져 獨存^{독존}할 수 없는 밀접한 關係^{관계}가 있다고 본다.

그러므로 그의 해원사상의 立場^{입장}에서 보면 지상의 분열과 혼란과 부조리와 액운과 전쟁은 지상의 인간들이 신계에 엉켜 있는 원혼들을 해원해주지 못한 결과에서 초래되는 비극이며 아울러 영계의 혼란한 현상은 억울하고 답답한 원한을 해원 받지 못한 불만으로 야기되는 영적 현상인 것이다.

이처럼 靈界^{영계}와 人界^{인계}가 밀접한 상호관계가 있는 고로 이 땅 위에서 혼란을 극복하고 平和^{평화}의 聖代^{성대}와 自由^{자유}의 聖日^{성일}을 맞을 수 있는 後天^{후천}개벽의 公事^{공사}에는 반드시 해원역사가 있어야 할 필요성을 느끼게 되는 것이다.

그리고 증산의 神觀^{신관}은 야웨와 같은 超越的^{초월적}이면서 內在^{내재}한 唯一神觀^{유일신관}이 아니며, 브라만과 같은 理神^{이신}도 아니며, 靈界^{영계}와 人界^{인계}가 상호 밀집한 관계를 가지는 고로 그의 神觀^{신관}은 어디까지나 神^신과 人間^{인간}을 同一視^{동일시}하는 神人同形的^{신인동형적}인 神觀^{신관}의 바탕 위에서 해원역사를 시작하였다.

神人同形的^{신인동형적}인 神觀^{신관}은 人間社會^{인간사회}의 정치기구와 같이 神明界^{신명계} 혹은 靈界^{영계}도 同形^{동형}의 機構^{기구}가 있다고 보는 견해를 낳고, 아울러 먼저 神界^{신계}의 기구 개편을 단행함으로써 인명계의 정치적인 기구도 악이 제거된 이상적인 기구가 되어 후천은 태평성대가 될 수 있다고 보는 것이다.

그러므로 모든 神明界^{신명계}에 맺힌 것을 해원해줌으로써 靈界^{영계}질서의 통일과 조화를 가져올 수 있으며, 이 役事^{역사}는 살아있는 인간들이 해줌으로써 地上^{지상}에는 비로소 靈人^{영인}들과 鬼神^{귀신}들과 怨

魂원혼들의 善선한 協助협조가 이루어져 지상의 모든 분열이 통일되고, 혼란은 초극되고, 불균형은 衡平형평을 이룬다고 증산은 보았다.

모든 靈界영계의 각종 神明신명들을 해원해줌으로써 그들 諸神明제신명들을 통치할 수 있는 唯一神유일신이 아닌 指導的지도적 一神일신으로 증산은 자신을 스스로 解冤神해원신이라 자처함과 동시에 玉皇上帝옥황상제의 現身현신으로 자처하였던 것이다.

4. 天地公事천지공사와 解冤해원

증산이 天地公事천지공사라는 독특한 秘義비의를 大覺대각한 후 濟度蒼生제도창생 保國安民보국안민 化民靖世화민정세의 道綱도강을 내세워 여러 가지 公事공사를 추진하였다.

그가 천지공사라는 만고에 없던 종교적 奇行기행을 시작한 원인은 다음 세 가지로 분석된다.

첫째는 現代현대는 末世말세인데 이 종말은 낡은 先天선천이 지나가고 새로운 하늘땅인 後天仙界후천선계가 개벽된다는 것이다. 그런데 선천의 운도에서 후천으로 넘어오는 대전환기에는 神明界신명계에서 해원을 인간에게 요구하게 되고 따라서 살아 있는 인간들이 死者사자들의 원한을 풀어주지 않으면 그 엉킨 靈的暗雲영적암운이 光明광명한 大道대도를 가리워 後天仙界후천선계가 개명될 수 없는 것이다. 그러므로 相克상극 세계인 선천에서 相生상생 세계인 後天후천으로 넘어가기 전에는 반드시 相克상극 세계에서 야기되었던 모든 원한을 풀어주고 모든 죄악을 탕감한 후 相生상생의 理想이상 세계로 넘어갈 수 있다고 증산은 보았다.

둘째로 神明界신명계와 人間界인간계는 원래가 밀접한 관계를 가지고 있는데 지금 지상의 大混亂대혼란은 神明界신명계의 일대 혼란이 반영된 결과이다. 얼마 전에 中共중공의 周恩來주은래가 外國記者외국기자들과 天下大勢천하대세를 論논하는 자리에서 現今현금의 세계를 天下大亂천하대란이라 규정하였는데 증산의 입장에서 보면 天下大亂천하대란은 天上大亂천상대란의 반영인 것이다. 그러므로 이 天下大亂천하대란을 수습하기 위하여는 天上천상의 大亂대란을 먼저 수습해야 하는데 解冤役事해원역사가 아니고는 靈界영계를 鎭魂진혼할 수 없는 것이다.

셋째는 과거에 발생했던 기성 종교들은 저마다 我執아집과 獨善독선과 偏見편견이 있는 법인데 이들 종교를 신봉하다 化天화천한 영들도 아집과 독선과 편견에 사로잡혀 있을 것은 自明자명한 사실이다. 그러므로 증산은 우선 영계의 종교적 통일을 확립함으로써 지상의 종교를 조화 통일할 수 있다고 보았다.

때문에 神明界신명계의 靈人영인들의 종교적인 혼란과 반목과 질서를 해원해줌으로써 원한을 풀고 神明界신명계의 諸神제신들이 淨化정화되고 協和협화될 때 비로소 善선한 協助협조를 인간들에게 베풂으로써 후천선계가 개벽된다고 보았다.

그럼 天地公事천지공사의 내용을 간단히 일별해 보자.

1) 厄運公事액운공사와 解冤해원

先後天선후천이 交易교역하는 대전환기에는 여러 가지 災亂재난과 厄運액운이 발생하는데 이 災厄재액을 모면하기 위해서는 신명계의 해원은 반드시 필요하다. 신명계의 원혼들은 末世말세에 발동하여 해원을 받지 못하면 산 인간들에게 災厄^{재액}을 뒤집어씌워 강제로라도 해원풀이를 하고자 한다.

그러기에 인간들이 스스로 깨달아 神明^{신명}들의 解冤^{해원}굿을 하면 이것은 順理^{순리}로운 해원이지만, 신명계에서 자기들의 억울한 원한을 풀기 위하여 산 인간들에게 자기들이 生存時^{생존시}에 당했던 災厄^{재액}을 뒤집어씌워 비로소 해원풀이를 하는 것은 逆理的^{역리적} 方法^{방법}의 해원이라 하겠다. 그러므로 새 時代^{시대}의 覺者^{각자}들은 증산의 秘義^{비의}를 터득하여 世界史^{세계사}의 네거리에서 大巫^{대무}가 되어 解冤^{해원}굿을 해야 한다.

2) 世運公事^{세운공사}와 解冤^{해원}

상극투쟁의 혼란 속에서 상생조화하는 仙界^{선계}를 열기 위한 公事^{공사}가 곧 世運公事^{세운공사}인데 現代國家^{현대국가}들의 싸움은 선천에서 아집과 독선과 편견에 치우쳤던 여러 地方神^{지방신}들의 紛爭^{분쟁}관계로 증산은 보았다. 그러기에 이 地方神^{지방신}들의 해원역사를 위하여 증산은 "地方神團組織統一公事^{지방신단조직통일공사}"를 행하였다. 全明淑^{전명숙}에게 朝鮮冥府^{조선명부}를 담당케 하고, 金一夫^{김일부}에게 淸國冥府^{청국명부}를 담당케 하고, 崔水雲^{최수운}에게 日本冥府^{일본명부}를 담당케 하였다는 증산의 世運公事^{세운공사}는 世界魂^{세계혼}들을 진혼하려는 해원사상이 그 밑바탕이 되어 있음을 우리는 간과해서는 안 된다.

3) 敎運公事^{교운공사}와 解冤^{해원}

선천의 종교는 "發生^{발생}의 종교"로서 儒佛仙^{유불선} 西敎^{서교}는 제각기 지역과 민족과 文化^{문화}의 한계성을 넘지 못하면서 세계성을 지향하는 모순을 내포하고 있었다. 증산은 이들 분열된 선천의 종교를 종합 통일하는 큰 사명을 자각한 사람인데 이 선천의 종교를 조화통일 하기 위하여 행한 公事^{공사}가 곧 敎運公事^{교운공사}이다. 증산은 "佛之形體 仙之造化 儒之凡節^{불지형체 선지조화 유지범절}"이라는 글귀를 쓴 일이 있는데 이것은 새날의 새 宗敎^{종교}는 儒佛仙^{유불선} 三敎^{삼교}를 통합한다는 그의 大望^{대망}이 엿보이는 글귀였다. 하나 이는 증산의 사상이 아니었다. 우리나라 固有^{고유}의 사상의 흐름이 증산에게 이르러 그 道脈^{도맥}을 湧出^{용출}했을 뿐이다. 例^예컨대 孤雲^{고운}의 「鸞郞碑序^{난랑비서}」에 있던 風流道^{풍류도}도 三敎^{삼교}를 內包^{내포}한다는 宗旨^{종지}인데 이는 우리 固有宗敎^{고유종교}의 大道網^{대도망}이며 理想^{이상}이었다.

水雲^{수운}을 仙道^{선도}의 宗長^{종장}으로, 震黙^{진묵}을 佛道^{불도}의 종장으로, 朱子^{주자}를 儒道^{유도}의 종장으로, 伊太利^{이태리}의 선교사 마테오리치를 西道^{서도}의 宗長^{종장}으로 세운 증산의 교운공사의 秘義^{비의}도 선천에서 발생했던 종교의 해원을 하기 위한 한 방법이었다.

4) 神明公事^{신명공사}와 解冤^{해원}

天地公事^{천지공사}를 함에 있어서 神明^{신명}에 관한 공사를 神明公事^{신명공사}라고 한다. 증산이 말하는 神明^{신명}이란 天神^{천신}, 地祇^{지지}, 人魂^{인혼} 등 모든 鬼神^{귀신}의 通稱^{통칭}이며, 곧 死者^{사자}들의 亡靈^{망령}들이 모이는

곳을 神明界^{신명계}라고 한다.

그러므로 仙界^{선계}한 死靈^{사령}들의 靈的^{영적} 品階^{품계}도 인간으로 있을 때의 品格^{품격} 그대로 반영되는 것이 곧 神明界^{신명계}이며, 따라서 인간 생활의 吉凶禍福^{길흉화복}은 그 祖上神明^{조상신명}의 안부 여하가 인간계에 반영된다고 증산은 보았다. 이런 까닭에 災厄^{재액}과 凶禍^{흉화}와 원한이 없는 후천세계를 이룩하지만, 먼저 神明界^{신명계}의 불안한 원한들을 제거하여 神明界^{신명계}를 淨化^{정화}함으로써 神明^{신명}들로 하여금 인간을 도울 수 있는 인연을 맺도록 해야 할 필요성을 증산은 절감하였다.

여기서 증산은 神明公事^{신명공사}라는 만고에 없는 宗敎的^{종교적} 秘行^{비행}을 시작하였다.

증산이 행한 神明公事^{신명공사}의 내용은 다음 세 가지로 요약된다.

(1) 神明^{신명}의 해원

원한이 있는 신명들을 해원하는 方法^{방법}으로 증산은 샤머니즘의 方法^{방법}을 도입하여 巫堂式^{무당식} 푸닥거리를 함으로써 해원할 수 있다고 믿었다. 神明^{신명} 앞에 幣帛^{폐백}을 드리며, 符籍^{부적}을 써 붙이고, 燒紙^{소지}를 사르며, 떡과 고기를 진설하고, 禁^금줄을 늘어놓고, 巫具^{무구}들을 사용하였다. 증산은 惡鬼^{악귀}나 邪靈^{사령}이라 하여 逐出^{축출}하는 법이 없고, 언제나 그들의 원한을 풀어줌으로써 악귀를 회유·통수하였다.

증산의 해원은 원귀의 慰撫^{위무}로써 인간에 대한 作害^{작해}만을 방어하는 데 그치지 않고 神明界^{신명계}와 人間界^{인간계}에 있어서 보다 高次的^{고차적}인 道德的^{도덕적} 질서 확립을 하는 데 그 깊은 意義^{의의}가 있었다. 무릇 怨恨^{원한}이 있는 곳에는 반드시 報復^{보복}이 따르는 法^법인데 그 보복만을 생각하는 사회에서는 相克^{상극}하는 투쟁이 있을 뿐이고, 平和^{평화}란 있을 수 없다.

그러나 他人^{타인}의 원한을 풀어주고자 할 때에는 상호 간의 情誼^{정의}가 있게 되고, 和睦^{화목}이 이루어져 마침내 平和^{평화}로운 사회가 이루어질 수 있다.

해원이란 남의 억울한 원한을 풀어주는 종교적 행위이므로 여기에는 恩義^{은의}와 理解^{이해}와 讓步^{양보}가 따르지 않을 수 없다. 따라서 피차간의 恩義^{은의}와 理解^{이해}를 가지는 때에는 필연적으로 상호 간에 報恩^{보은}할 줄 아는 德性^{덕성}이 따르게 되므로 相克^{상극}의 세계는 相生^{상생}의 세계로 전환되지 않을 수 없다.

(2) 神明^{신명}의 配置^{배치}

先天^{선천}의 靈^영들은 거의가 원한이 있는 존재들이므로 모두가 자기 있을 곳을 찾지 못하여 神明界^{신명계}는 일대 혼란을 야기하였는데 解冤^{해원}으로 말미암아 안전을 되찾아 神界^{신계}는 각자 있을 곳을 찾아 安息^{안식}함으로써 神明界^{신명계}의 配置^{배치}가 이루어지는 것이다. 때문에 해원되어 제자리를 찾은 신명들은 상대적으로 地上^{지상}의 인간들에게 선하게 협조하므로 後天仙界^{후천선계}는 인간들도 다 제자리에 있는 조화통일의 사회가 開明^{개명}될 것이다.

(3) 神明統一^{신명통일}

각자 응분의 자리에 배정된 神明^{신명}들은 그 책임종별과 지역별, 종교별로 뭉친 神團^{신단}을 다시 증산의 天地公事^{천지공사}를 議決執行^{의결집행}하는 기관으로 통일하였다. 증산은 地方神^{지방신}을 해원해줌으로써 地方神團^{지방신단}을 통일하여 지방적 편견과 민족적 감정을 배제시켰으며, 文明神團^{문명신단}을 통일하여 先天^{선천}의 여러 聖人^{성인}들로 하여금 종교 통일을 협조할 수 있는 기틀을 닦았고, 祖上神^{조상신}을 통일함으로써 後天^{후천}의 모든 자손이 道通^{도통}할 수 있는 기반을 마련하였다.

5. 現代的^{현대적} 情況^{정황}과 解冤^{해원}

현대는 물질문명이 고도로 개명된 萬華鏡的^{만화경적} 時代^{시대}이다. 그러므로 지난날 가난과 굶주림 속에서 타계한 모든 神明^{신명}들은 직접, 간접으로 이 물질문명 속에서 해원을 바라고 있다. 현대인의 사치와 방종과 낭비와 쾌락에 탐닉하는 생활을 피상적으로 관찰하면 한 역사적인 양상이지만, 깊이 뚫어보면 일종의 해원역사로 보지 않을 수 없다. 여한이 없이 먹고 마시고, 시집가고 장가가고 놀다가 심판을 받아도 그들은 원한이 있을 수 없다. 그러므로 現代文明^{현대문명}의 특성의 하나인 낭비와 사치와 쾌락과 무질서와 성적인 타락도 증산의 炯眼^{형안}으로 보면 解冤^{해원}역사라 하지 않을 수 없다.

또 한 가지는 현대는 온갖 종교가 우후죽순처럼 난립하는 때이다. 百家爭鳴^{백가쟁명}의 時代^{시대}가 곧 現代^{현대}이며, 百花齊放^{백화제방}의 時運^{시운}이 곧 末世^{말세}다. 왜 그런가? 前者^{전자}가 物質的^{물질적} 해원역사라면, 후자는 영적 종교적 해원역사이기 때문이다. 現世^{현세}의 모든 道人^{도인}들과 諸子百家^{제자백가}들은 神明^{신명}들의 계시 내지 협조에 의하여 온갖 新興宗敎^{신흥종교}를 창시하였다.

이와 같은 末世^{말세}의 종교적 난립 현상은 저 神明界^{신명계}의 종교적 난립 현상이 그대로 반영된 것이다. 이것은 저 神明界^{신명계}의 地方

神지방신과 宗敎神종교신과 文明神문명신들이 지난날 자기들의 뜻이 이 땅에 이루어지지 않는 연고로 마지막 대전환기의 운세를 타고 地上지상의 道人도인들과 共謀공모하여 자기들의 뜻을 이루어 보려는 解寃役事해원역사의 한 측면이 아닐 수 없다.

이런 관점에서 고찰하면 지난날 인류 역사에 발생한 모든 종교는 그 열매를 거두기 위하여 末世말세인 現代현대에 와서 再臨재림하여 종교적인 박물관 시대를 再現재현하게 마련인데 現今현금 우리나라를 위시하여 세계 각국에 무수히 발생하는 신흥종교와 사이비종교의 亂立相난립상도 해원역사의 한 측면으로 보지 않을 수 없다.

6. 巫覡的무격적 要素요소와 그 意味의미

증산이 遂行수행한 天地公事천지공사나 해원역사는 선천시대에는 듣도 보도 못한 것이었고, 그 종교적인 秘義비의는 神明界신명계와의 관계 속에서 찾아볼 수 있으니만큼 그것을 人間的인간적 次元차원에서 知感지감할 수는 없는 것이며, 人間的인간적인 식견으로 보편성을 찾기에는 至難지난한 관계라 아니할 수 없다. 그리고 우리가 간과할 수 없는 것은 다분히 샤면的적 분위기를 나타냄으로써 소위 말하는 科學的과학적 合理性합리성이라고 하는 質料次元질료차원의 영역만 가지고는 접근하기 어려운 일면도 없지 않다는 점이다.

하나, 이것은 본시 종교의 원리라는 것은 科學과학에 先行선행하는 것이며 또한 종교가 科學的次元과학적차원에서 出發출발하는 것이 아니라는 것과 함께 증산교가 제시하는 神觀신관의 一面일면을 보여주는 측면이며, 따라서 종교는 과학이 접근하지 못한 문제점을 根元的근원적인 次元차원에서 제시하는 입장에 있는 것이므로 종교를 質料的질료적 感官次元감관차원에서 發達발달한 과학만을 가지고 규정하려는 것은 先後선후가 당착한 태도라고도 볼 수 있지 않을까 싶다.

오히려 증산의 天地公事천지공사나 해원사상이 문제 있는 注目주목할 만한 종교의 主題주제로서 받아들여진다면, 유럽적 과학 만능의 感官次元감관차원의 文化문화가 황폐해 버린 오늘의 末世的말세적 世界像세계상에서의 탈피와 救濟구제를 위한 하나의 主題概念주제개념으로 받아들여지는 것이라면, 天地公事천지공사가 明示명시한 巫覡的무격적 영역은 우리가 到達도달해야 할 새 歷史역사 창조를 위한 하나의 정신적 起點기점일 수 있지 않을까 한다.

그리고 天地公事천지공사가 明示명시하는 이러한 측면은 샤머니즘 그것이 원시적 상태로 再登場재등장한 것이라고 보기보다는 그것이 앞에서도 言及언급한 바와 같은 天地改造천지개조라든지 神界統一신계통일이라든지 하는 이른바 後天聖代후천성대를 開明개명하기 위한 方法방법이 있다는 사실을 가지고 볼 때 聖次元성차원의 境地경지로 昇華승화한 모습으로 보아야 옳지 않을까 싶다. 이러한 입장은 大聖대성은 大巫대무라는 말로서 通稱통칭되는 것처럼 우리 民族민족 傳來전래의 巫覡思想무격사상 그것은 甑山증산의 天地公事천지공사가 示唆시사하는 限한에 있어서는 二十世紀이십세기에 이르러 世界史세계사의 指向지향이 온갖 反作用的반작용적 요소로 말미암아 봉쇄 당한 오늘의 時點시점에서 그 主導理念주도이념을 새 次元차원의 聖성의 境地경지에서 제시하는 데 있어서 母胎的모태적 역할을 한 것이라 아니할 수 없겠다.

이것은 증산의 이른바 原始返本思想원시반본사상에서도 解明해명할 수 있는 측면을 제공하기도 하는 점이지만, 요컨대 宇宙的次元우주적차원의 秩序^{질서}를 재편하여 地上聖境^{지상성경}을 開明^{개명}하는 天地公事^{천지공사}에 있어 우리의 傳統的^{전통적}인 巫覡的^{무격적} 要素^{요소}를 곁들였다는 것은 甑山^{중산}의 役事^{역사}를 이해하는 데 있어서나 甑山敎^{중산교}의 宗敎原理^{종교원리}를 파악하기 위하여는 매우 중대한 시사성을 지닌다고 보아야 할 것이다. 그것은 現狀界^{현상계}와 神界^{신계}의 매개체로서의 샤먼的^적 方法^{방법}이 天地公事^{천지공사}의 경우에 있어서는 적어도 宇宙次元^{우주차원}의 문제해결에까지 價値給付^{가치급부}의 의미성을 부여해 주고 있기 때문이다.

7. 結語^{결어}

이상으로 甑山^{중산}의 解寃思想^{해원사상}을 小考^{소고}하면서 筆者^{필자}는 어떤 詩人^{시인}의 다음과 같은 노래를 읊어 結語^{결어}에 대신하고자 한다.

우리는 大巫^{대무}입니다.
巫^무의 食性^{식성}으로 聖人^{성인}을 消化^{소화}하는 大巫^{대무}입니다.
조무래기 샤먼이 아닌, 뜨내기 무당이 아닌, 神接^{신접}한 샤탄이가 아닌
神市^{신시}의 흔사람 大巫^{대무}입니다.
이 나라가 玄妙^{현묘}한 道^도가 있으니 風流^{풍류}입니다.
風流體^{풍류체}가 되어 종교아비를 삼키는 한국 心性^{심성}의 奧地^{오지}를 개발
하여 이 시대의 고뇌를 초극하고 인류의 고난을 극복하고 역사의 물음에
대답하게 하십시오.
世界史^{세계사}의 네거리에서 煞^살풀이 굿을 하지 않으면 戰爭^{전쟁}은 끝나지
않습니다.

思想^{사상}의 골고다에서 解寃^{해원}굿을 하지 않으면 平和^{평화}는 없습니다.
殺人^{살인}한 형제들의 속죄굿을 하지않으면 理解^{이해}와 和同^{화동}은 없습니다.
저 허공에 戰雲^{전운}처럼 엉킨 怨鬼^{원귀}와 無主孤魂^{무주고혼}들의 恨^한을 풀어줄 자 그 누구입니까?
白堊館^{백악관}에서, 크레믈린 宮^궁에서, 紫禁城^{자금성}에서, 모란峰^봉에서, 부란덴부르크門^문에서, 예루살렘에서, 베트남에서 惡靈^{악령}과 邪鬼^{사귀}를 逐出^{축출}할 자 그 누구입니까?
唯一神^{유일신} 야웨와 알라의 不和^{불화}를 제거하고 이삭과 이스라엘 사이에 煞^살을 풀 자 그 누구입니까?
힌두교와 모스렘 사이에 殺氣^{살기}를 제거할 자 그 누구입니까?
資本主義^{자본주의}와 공산주의 사이에 엉킨 증오를 없이할 자 그 누구입니까?
大巫^{대무}는 새날을 開明^{개명}하는 韓國人^{한국인}의 사명입니다.
和諍^{화쟁}은 韓國魂^{한국혼}의 底力^{저력}입니다.
내 祖國^{조국}은 더러운 世界史^{세계사}의 죄악을 속죄하기 위하여 寶血^{보혈}을 흘리고 있지 않습니까?
나는 뜨거운 눈물과 깊은 신음과 淋漓^{임리}하는 피로서 巫^무의 굿을 하여 이 땅에 平和^{평화}의 聖代^{성대}를 開天^{개천}하고 自由^{자유}의 聖日^{성일}을 開明^{개명}하겠습니다.

II. 僊(仙)攷^{선고}*

— 風流道^{풍류도}와 甑山思想^{증산사상}

1. 序論^{서론}

僊^선의 길은 너무 자취가 희미하여 말할 수가 없다. 옛사람들은
그 길을 안듯한데 이제는 이끼에 덮이고 잡초만 무성하여 大道^{대도}인
羽化登仙^{우화등선}의 길은 자취를 알 길이 없다. 숲속을 散步^{산보}해 보면
儒佛仙^{유불선}의 길은 오솔길 모양 蛇行^{사행}하고 있고, 그 길에 행하는
求道者^{구도자}들을 만날 수 있으나 大道^{대도}인 僊^선(仙)의 길만은 찾을
길이 바이없으니 안타까운 일이 아닐 수 없다.

本稿^{본고}의 목적은 잃어버린 大道^{대도}인 僊^선의 길을 復元^{복원}하려
함이다.

그러나 僊^선에 대한 文獻^{문헌}이나 史料^{사료}가 全無^{전무}한 狀態^{상태}이
므로 主觀的^{주관적}인 直觀^{직관}이나 自覺^{자각}에 의하여 論述^{논술}할 수밖에
없다. 엄밀한 의미에서 宗敎的^{종교적}인 眞理^{진리}는 한 個體^{개체}의 뛰어
난 直觀力^{직관력}과 自覺^{자각}이 全體^{전체}, 곧 世界心田^{세계심전}의 光明^{광명}이
되는 법이다.

---

* 변찬린, "僊(仙)攷,"「甑山思想硏究」5輯(1979): 179-212.

僊선의 길은 人間인간 앞에 開明개명된 本來본래의 길이었다. 그러나 人間인간은 이 길을 喪失 상실한 후 第二義的제이의적인 길인 儒佛仙유불선에 의지하여 永遠영원한 世界세계로 향한 旅路여로에 오르기 시작했다. 現代人현대인은 儒佛仙유불선 三教삼교나 다른 宗教종교에 지쳐 있는 몸들이다.

나는 지금 어디쯤 와 있는가?[1]

이 말은 떼이야르 드 샤르뎅이 임종 때 남긴 遺言유언이었다.

우리는 지금 어디쯤 와 있는가?

永遠영원을 향한 旅路여로에 오르고 있는 우리들, 旅愁여수에 젖어 방사능 낙진이 내리는 잿빛 原子雨원자우를 맞으면서 걷고 있는 現代人현대인들은 지금 어디쯤 가고 있을까?
旅路여로에 지친 行者행자와 求道者구도자들은 잠시 길가에 앉아 쉬면서 걸어온 길을 反省반성하고 앞에 갈 길을 眺望조망하면서 자신이 의지한 宗教종교의 자리가 참 而立이립할 자리인가를 省察성찰해 보자.

2. 宗教종교의 本質본질

宗教종교의 本質본질은 무엇인가? 모든 高等宗教고등종교가 우리에

---

1 삐에르 떼이야르 드 샤르뎅(Pierre Teilhard de chardin, 1881~1955), 불란서 神父, 地質 및 古生物 學者, 그의 저서 『人間의 現象』은 가톨릭 神學에 새로운 出口를 마련했다.

게 전해준 福音^{복음}과 消息^{소식}의 核心^{핵심}은 무엇인가? 한마디로 그것은 永遠^{영원}한 生命^{생명}, 곧 永生^{영생}의 約束^{약속}이었다. 人間^{인간}의 生命^{생명}은 '죽음'이라는 限界狀況^{한계상황} 속에 놓인 苦惱^{고뇌}의 實存^{실존}들이다. 이 비극적 苦惱^{고뇌}의 實存^{실존}들에게 참 종교는 영원한 생명의 次元^{차원}이 있음을 紹介^{소개}하고 있다.

죽음을 앞에 놓고 不安^{불안}과 恐怖^{공포}에 떨고 있는 존재들에게 영원한 生命^{생명}의 消息^{소식}을 전해준 맨 처음 사람은 조로아스타(Zoroaster) 였다. 原始^{원시}의 荒蕪地^{황무지}에서 虛無^{허무}의 寒氣^{한기}에 떨면서 죽음의 毒感^{독감}에 앓고 있는 未開^{미개}한 心田^{심전}들에게 拜火^{배화}의 횃불을 높이 들어 虛無^{허무}의 寒氣^{한기}를 녹여주고 불의 따뜻함으로 진리의 太陽^{태양}을 증거한 조로아스타는 原始曠野^{원시광야}의 어두운 밤에 빛나는 불빛이었다. 그다음 온 자가 부다(Buddha)였다. 모세(Moses)도, 예수(Jesus)도, 모하메트(Mohammad)도 그리고 크리슈나(Krishna)도, 라마(Rama)도 영원한 생명의 빛을 죽음의 深淵^{심연}을 향해 照射^{조사}한 빛나는 魂^혼들이었다.

이 빛들에 의하여 人間^{인간}의 未開^{미개}한 心田^{심전}은 개간되고 無明^{무명}에 젖은 소경들은 開眼^{개안}되기 시작했고 드디어 太陽^{태양}이 빛나는 하늘과 梵天^{범천}과 兜率天^{도솔천}과 여호와의 하늘은 開天^{개천}되었다.

그런데 우리가 한가지 알고 넘어가야 할 사실은 모든 眞理^{진리}의 빛인 高等宗教^{고등종교}는 東洋^{동양}의 心性^{심성} 속에서 싹트고 있는 점이다. 西洋^{서양}의 知慧^{지혜} 속에서는 宗教^{종교}가 發生^{발생}하지 않았다. 조로아스타教^교, 佛教^{불교}, 브라만教^교, 유대教^교, 儒教^{유교}, 道教^{도교}, 마호메트教^교, 힌두教^교가 다 東洋^{동양}의 心性^{심성} 속에서 正果^{정과}를 맺고 있다.

오늘날 기독교는 『聖書^{성서}』의 本質^{본질}을 歪曲^{왜곡}하여 西洋化^{서양화}

시킨 宗敎^{종교}이다. 그러므로 "『聖書^{성서}』=基督敎^{기독교}"의 等式^{등식}은 마땅히 비판받아야 한다. 『聖書^{성서}』가 東洋^{동양}의 心性^{심성} 속에서 쓰여진 文書^{문서}이므로 『聖書^{성서}』의 바른 解釋法^{해석법}도 東洋^{동양}의 心性^{심성}으로 이룩되어야 한다. 西區人^{서구인}들이 만들어 낸 基督敎^{기독교}란 『聖書^{성서}』의 思想^{사상}을 基礎^{기초}로 하여 만들어진 敎理^{교리}임을 잊어서는 아니될 것이다.

生命^{생명}의 本來的^{본래적}인 慾求^{욕구}는 永生^{영생}이다. 그 어느 누구도 죽기를 希望^{희망}하는 자 없다. 하나님은 人間^{인간}을 創造^{창조}할 때 永遠^{영원}을 向^향한 存在^{존재}로 創造^{창조}하였지 죽음의 존재로 창조하지 않았다.

그런데 왜 죽음이 생겼는가? 이는 아담이 生命果^{생명과}를 따먹지 못하고 善惡果^{선악과}를 따먹었기 때문에 죽음이 浸入^{침입}한 것이다.

따먹으면 반드시 죽으리라.

이 말씀을 뒤집어 놓으면 "따먹지 않으면 永生^{영생}한다"라는 뜻이 內包^{내포}되어 있다.

佛敎^{불교}는 인간의 죽음이 無明^{무명}에서 緣起^{연기}된다고 설명하고 있다. 죽음은 非本來的^{비본래적}인 現象^{현상}이다. 本來的^{본래적}으로 人間^{인간}의 生命^{생명}은 永遠^{영원}을 向^향해 跳躍^{도약} 飛翔^{비상}하도록 創造^{창조} 혹은 心造^{심조}되었는데, 지금 인간들은 非本來的^{비본래적}인 現象^{현상}인 죽음의 存在^{존재}로 變身^{변신}하여 절망의 深淵^{심연}에서 몸부림치고 있는 것이다.

죽음의 존재인 인간들은 절망의 深淵^{심연} 속에서 시지프스[2]의 苦行^{고행}을 반복하면서 不條理^{부조리}한 生^생을 反復^{반복}하고 있는 것이다.

T. S. 엘리어트[3]는 長詩^{장시} 『荒蕪地^{황무지}』를 쓸 무렵 그는 런던의 事務室^{사무실}에 앉아서 無數^{무수}한 인간들이 죽음을 향해 걸어가고 있는 行列^{행렬}을 아침마다 出勤^{출근}하는 런던市民^{시민}들의 行列^{행렬} 속에서 보았던 것이다. 인간들이 살겠다고 몸부림치면서 日常性^{일상성} 속에 빠져 生存^{생존}의 激戰場^{격전장}으로 出勤^{출근}하는 모습이 죽음을 향해 걸어가는 長蛇陣^{장사진}으로 詩人^{시인}의 눈에 觀照^{관조}되었던 것이다.

모든 인간은 죽음을 향해 걸어가고 있는 존재들이다. 이 죽음을 향해가고 있는 인간들에게 永遠^{영원}을 향한 所望^{소망}을 주고 永生^{영생}의 次元^{차원}으로 高揚^{고양}하는 方法論^{방법론}을 提示^{제시}한 것이 모든 高等宗敎^{고등종교}의 本質^{본질}이었다.

佛敎^{불교}는 生死^{생사}의 윤회바퀴에서 解脫^{해탈}한 永生^{영생}의 次元^{차원}을 니르바나(涅槃)의 世界^{세계}라 했고 마음이 절대 자유한 경지에서 逍遙^{소요}하는 것을 莊子^{장자}는 無何有鄕^{무하유향}[4]이라 했다. 또 莊子^{장자}가 말한 "至人無己 神人無功 聖人無名^{지인무기 신인무공 성인무명}"[5]은 逍遙自在^{소요자재}하게 노니는 기본이다. 『聖書^{성서}』는 永生^{영생}의 次元^{차원}을 '하나님 나라'의 槪念^{개념}으로 우리에게 소개하고 있다.

老子^{노자}는 다음과 같이 永生^{영생}의 次元^{차원}을 노래하고 있다.

谷神不死 是謂玄牝 是謂天地根 綿綿若存 用之不動[6]

---

2 시지프스 ― 제우스神에게 미움을 받아 地獄 속에서 돌멩이를 山頂으로 運搬하는 형벌을 받는다. 山頂으로 돌을 운반한다. 돌이 다시 굴러 山下로 떨어지면 다시 반복하여 올린다. 까뮤는 이 시지프스의 神話 속에서 人間存在의 不條理를 깨닫고 그의 實存哲學의 상징으로 시지프스를 내세운다.
3 엘리어트(Thomas Stearns Eliot, 1988~) ― 영국의 시인, 평론가, 長詩 〈荒蕪地〉는 有名하다.
4 無何有鄕 ― 마음이 절대 自由에 노니는 경지 (『莊子』 逍遙遊篇).
5 上揭書.

(허통빈 골처럼 영묘한 신처럼 도란 영원한 것이니 이를 일러 그윽
한 모성이라 한다. 이 모성의 문은 천지의 근원이라 면면히 있는
듯하여 쓰고 쓰되 힘들지 않음으로 지치는 일이 없다.)

不死^{불사}의 道^도와 一致^{일치}되어 無爲而化^{무위이화}의 德^덕을 所有^{소유}
함으로써 인간의 생명은 영원한 次元^{차원}으로 高揚^{고양}되는 것이다.

儒敎^{유교}는 『中庸^{중용}』 終句^{종구}를 통해 영원과 연결되는 마음의 차
원을 "上天之載 無聲無臭^{상천지재 무성무취}"[7]로 紹介^{소개}하고 있다. 詩經^시
^경은 이와 같은 境地^{경지}를 "德輶如毛^{덕유여모}"[8]라 했다. 터럭보다 가벼
운 德^덕을 所有^{소유}한 人間^{인간}이 되자면 일체의 私心^{사심}과 慾心^{욕심}과
妄心^{망심}의 重量感^{중량감}에서 解脫^{해탈}된 자 아니고는 不可能^{불가능}한 것
이다. 마음과 精神^{정신}과 靈魂^{영혼}이 自由^{자유}롭고 解脫^{해탈}된 境地^{경지}는
氣體^{기체}와 같이 重量感^{중량감}에서 解放^{해방}될 때 비로소 하늘 次元^{차원}
으로 上昇^{상승}할 수 있는 것이다.

그러나 우리가 알아야 할 사실은 모든 고등종교가 죽음에서 해방
되는 영생의 次元^{차원}을 約束^{약속}하고 있지만, 우리들은 여전히 죽어
가고 있는 존재라는데 문제점이 있는 것이다.

肉身^{육신}은 죽어 墓穴^{묘혈} 속에 印封^{인봉}되고 마음과 精神^{정신}과 靈魂
^{영혼}만이 自由^{자유}로이 하늘나라에 가고 涅槃^{열반}에 들고 無何有鄕^{무하유}
^향에 逍遙^{소요}한다면 이것이 참 永生^{영생}하는 境地^{경지}일까? 인간은 靈
肉^{영육}이 雙全^{쌍전}할 때 온전한 존재이므로 永生^{영생}의 次元^{차원}도 靈肉^{영육}

---

6 『老子』 第六章.
7 『中庸』 聖論 最終句.
8 『詩經』 大雅 丞民篇 第六章 第二句.

이 雙全쌍전하여 飛翔비상해야 한다.

이날까지 우리들은 인간이 죽으면 肉身육신은 무덤에 묻히고 영혼만 하늘나라로 간다는 消息소식을 당연한 眞理진리처럼 받아들였다. 그러나 이 消息소식은 非本來的비본래적인, 第二義的제이의적인 消息소식이다. 이 消息소식은 타락된 人間인간을 구제하기 위한 方便방편이었음을 잊어서는 안 된다. 죽어서 영혼만이 天堂천당 極樂극락 간다는 消息소식은 참 宗敎종교의 本質본질이 아니다.

여기서 우리는 宗敎종교의 本質問題본질문제를 다시 反省반성하지 않으면 안 된다.

儒佛仙유불선 三敎삼교 그리고 다른 고등종교에서 提起제기된 永生영생의 問題문제는 참 眞理진리였는가라고 反問반문하지 않을 수 없다. 儒佛仙유불선과 기타 여러 고등종교는 非本來的비본래적이며 第二義的제이의적인 종교이지, 本來的본래적이며 第一義的제일의적인 宗敎종교가 아니다. 다시 말하면 本來的본래적인 宗敎종교의 道脈도맥이 喪失상실될 때 나타난 종교가 儒佛仙유불선 기타 다른 고등종교였던 것이다.

모든 종교는 타락된 다음에 깨달은 종교이므로 이는 本來的본래적인 자리가 아니다. 인간이 타락하지 않았으면 儒佛仙유불선과 같은 宗敎종교는 濫觴남상되지 않았을 것이다.

인간이 타락된 다음 無名무명의 자리 속에서 깨친 종교가 儒佛仙유불선 기타 다른 고등종교로 나타났던 것이다. 老子노자는 이 점을 다음과 같이 말하고 있다.

大道廢有仁義대도폐유인의9라고…

이 말씀은 宗教^{종교}의 本質^{본질}을 깊이 穿鑿^{천착}하고 있는 名言^{명언}이다. 儒佛仙^{유불선} 以前^{이전}에는 本來^{본래} "大道^{대도}"가 있었을 뿐이다. 그러나 이 大道^{대도}가 廢^폐해진 후 나타난 종교가 "仁義^{인의}의 宗教^{종교}", 곧 儒^유이며 佛^불이며 仙^선이었던 것이다. 그러므로 儒佛仙^{유불선} 기타 다른 고등종교는 大道^{대도}의 一部分^{일부분}만 본 裂教^{열교}에 지나지 않는다. 大道^{대도}는 本來的^{본래적}인 道^도이며, 인간이 타락하기 전에 無明^{무명}에 汚染^{오염}되기 전에 나타난 도이다.

이 大道^{대도}를 타락과 無明^{무명}으로 喪失^{상실}했으므로 한 단계 낮은 次元^{차원}에서 나타난 종교가 儒佛仙^{유불선}이었던 것이다. 儒教^{유교}도 佛教^{불교}도 道教^{도교}도 大道^{대도}의 자리에서 보면 人爲的^{인위적}인 有爲^{유위}의 道^도인 것이다.

그럼 本來的^{본래적}인 大道^{대도}의 本質^{본질}은 무엇인가?

大道^{대도}는 우리에게 長生不死^{장생불사}를 約束^{약속}하고 있다. 大道^{대도}는 곧 僊^선(仙)인 것이다. 그러나 우리들이 믿고 있는 종교는 長生不死^{장생불사}를 約束^{약속}하고 있지 않다. 죽으면 영혼이 天堂^{천당} 極樂^{극락} 간다고 約束^{약속}하고 있을 뿐이다.

본래 大道^{대도}는 長生不死^{장생불사} 換骨奪胎^{환골탈태} 天衣無縫^{천의무봉} 羽化登仙^{우화등선}의 종교이므로 死後^{사후}에 죽어서 天堂^{천당} 極樂^{극락}을 약속하는 宗教^{종교}하고는 本質的^{본질적}으로 다른 것이다. 大道^{대도}는 살아서 昇天^{승천}하는 종교이지 죽은 다음 영혼을 昇天^{승천}시키는 종교가 아니다.

『聖書^{성서}』에는 다음과 같은 말씀이 있다.

---

9 『老子』第十八章.

하나님은 산 자의 하나님이지 죽은 자의 하나님이 아니다.[10]

하나님은 죽은 靈魂_{영혼}이나 募集_{모집}하는 염라대왕이 아닌데 우리는 이날까지 죽으면 영혼이 天堂_{천당} 가서 하나님을 뵙는다고 誤信_{오신}하고 있는 것이다.

하나님은 산 자의 하나님이다. 하나님은 靈肉雙全_{영육쌍전}한 자의 하나님이지 육은 무덤에 묻고 영혼만 상대하는 하나님이 아닌 것이다. 本來_{본래} 人間_{인간}은 靈肉_{영육}이 雙全_{쌍전}하여 永生_{영생}의 次元_{차원}에 飛翔_{비상}하여 高揚_{고양}될 때는 僊(仙)化_{선화}되어 神仙_{신선}가 되는 것이지 죽어서 영혼이 天堂_{천당} 極樂_{극락}가는 것이 아니다.

僊_선의 大道_{대도}를 잃어버림으로써 죽어서 영혼이 天堂_{천당} 極樂_{극락} 간다는 彼岸宗敎_{피안종교}로 變質_{변질}된 것이다.

우리는 人間 七十古來稀_{인간 칠십고래희}라 하지만 本來_{본래} 人間_{인간}의 壽命_{수명}은 나무처럼 長壽_{장수}한 것임을 알아야 한다.

이는 내 百姓_{백성}의 壽限_{수한}이 나무의 壽限_{수한}과 같겠고…[11]

이 『聖書_{성서}』의 말씀은 大道_{대도}의 人間_{인간}을 말하고 있는 것이다. 本來的_{본래적}인 인간은 이 땅에서 나무와 같이 長壽_{장수}하다가 죽어서 그 영혼만이 天堂_{천당} 極樂_{극락}가는 것이 아니고 산 채로 僊化_{선화}되어 羽化登仙_{우화등선}하게 된 존재였다. 그러므로 大道_{대도}의 마당에는 인간의 무덤이 없다. 무덤을 남기는 종교는 大道_{대도}를 喪失_{상실}한 다음

---

10 누가복음 20:38.
11 이사야서 65:22.

에 나타나는 종교임을 잊어서는 안 된다.

생각해 보라. 自然界^{자연계}에 생존하는 모든 動物^{동물}들은 무덤이 없다. 아무리 微物^{미물}일지라도 죽을 때 자신의 屍體^{시체}를 처리하고 죽는 知慧^{지혜}를 生來的^{생래적}으로 터득하고 있다. 파리도, 참새도, 다람쥐도, 호랑이도, 코끼리도 제 屍身^{시신}을 그 同族^{동족}들에게 남기고 죽는 법이 없다. 그런데 萬物^{만물}의 靈長^{영장}이라고 뽐내는 人間^{인간}들만 그 屍身^{시신}을 子孫^{자손}에게 남기고, 그 子孫^{자손}들은 더러운 屍身^{시신}을 殮^염하고 哭^곡하고 葬事^{장사}하고 있으니 이것이 人間^{인간}의 참모습이겠는가? 인간이 타락하지 않고 大道^{대도}를 잃어버리지 않았다면 이 땅 위에서 無病長壽^{무병장수}하다가 知慧^{지혜}가 白首^{백수}가 되면 山^산에 가서 僊化^{선화}될 때 그 肉身^{육신}은 산바람(嵐)결에 흩어 순식간에 原素分解^{원소분해}하여 風化^{풍화}시켜버리고 風流體^{풍류체}가 되어 羽化登仙^{우화등선}하여 歸天^{귀천}하였을 것이다.

이 僊^선의 大道^{대도}를 상실한 다음에 無明^{무명}에 덮힌 인간은 屍身^{시신}을 處理^{처리}할 知慧^{지혜}가 없게 되니 그 子孫^{자손}들에게 더럽고 냄새나고 추깃물이 흐르는 屍身^{시신}을 남겨놓고 靈魂^{영혼}만 빠져나가 靈界^{영계}에 가는 非本來的^{비본래적}인 過程^{과정}을 밟고 있는 것이다.

무덤을 땅에 남기지 않고 屍身^{시신}을 子孫^{자손}에게 남기지 않는 길만이 本來的^{본래적}인 참종교의 本質^{본질}이다. 그런데 東洋^{동양}에서 發生^{발생}한 여러 고등종교를 分析^{분석}해 보면 長生不死^{장생불사} 換骨奪胎^{환골탈태} 天衣無縫^{천의무봉} 羽化登仙^{우화등선}의 秘義^{비의}를 알고 있는 百姓^{백성}은 東夷族^{동이족}뿐이었다.

壇君^{단군}이 長生不死^{장생불사}하다가 神仙^{신선}이 된 事實^{사실}은 神話^{신화}가 아닌 事實^{사실}이다. 三國遺事^{삼국유사}에 의하면 "단군은 阿斯達^{아사달}

에 들어가 숨어 山神^{산신}이 되었다"라고 했다. 壇君^{단군}이 大覺^{대각}한 宗敎^{종교}는 죽어서 그 영혼이 天堂^{천당}가는 죽은 자의 종교, 즉 彼岸宗 敎^{피안종교}가 아니었다. 壇君^{단군}은 죽어서 그 영혼이 歸天^{귀천}한 것이 아니라 살아서 죽음이 없이 僊化^{선화}된 존재임을 잊어서는 안 된다.

참 종교는 彼岸宗敎^{피안종교}가 아니다. 彼岸^{피안}은 죽은 후 그 영혼이 天堂^{천당} 極樂^{극락} 갈 때 생기는 마당(場)이다. 壇君^{단군}은 죽어서 저승 (彼岸)에 간 것이 아니라 살아서 神仙^{신선}으로 變身^{변신}되어 歸天^{귀천}했 으므로 그 마당은 彼岸^{피안}이 아니라 또 다른 "새 次元^{차원}의 이승"인 것이다.

大道^{대도}인 僊^선의 世界^{세계}에는 彼岸^{피안}이란 존재하지 않는다. 오 직 새 次元^{차원}의 此岸^{차안}만 존재할 뿐이다. 神仙^{신선}이 되는 마당은 이승에 대한 저승이 아니라 이승에 대한 새로운 次元^{차원}의 이승으로 高揚^{고양}되는 것임을 잊어서는 안 된다. 저승이란 죽은 자의 영혼이 가는 마당이다. 不死^{불사}의 산 자들에게는 저승이란 非本來的^{비본래적} 인 장인 것이다.

『三一穡誥^{삼일신고}』天宮訓^{천궁훈}을 보자.

天穡國 有天宮 階萬善 門萬德 一穡攸居 羣靈諸嚞護侍 大吉祥 大光明 處 惟性通功完者 朝永得快樂[12]
(한울은 한얼의 나라이다. 한울집이 있어서 온갖 착함으로 섬돌하 며 온갖 고이로문하니 한얼께서 계시는데요 여러 영들과 선관들 이 뫼셨나니 크게 좋으며 크게 빛난 곳이라. 오직 성품이 통하고

---

12 『三一穡誥』天宮訓.

공적을 마친 자라야 한얼을 뵙고 길이 쾌락을 얻으리라.)

이 天宮訓천궁훈 중에서 하늘나라에 갈 자는 惟性通功完者유성통공완자,
즉 성품을 바르게 닦고 공적을 다 완성한 자가 간다고 했다. 惟性通
功完者유성통공완자는 죽어서 肉身육신을 무덤 속에 묻고 영혼이 天宮천궁
에 가는 것이 아니라 壇君단군처럼 羽化登仙우화등선한 자 아니면 天宮천
궁에 들어갈 수 없는 것이다.

壇君단군은 무덤을 남기지 않았다. 羽化登仙우화등선한 存在존재이므
로 무덤이 있을 수 없는 것이다. 또 壇君단군은 彼岸피안으로 涅槃열반한
것이 아니라 "새 이승"인 영원한 次元차원으로 跳躍도약 飛翔비상한 존재
임을 잊어서는 안 된다. 그러므로 壇君단군이 大覺대각한 風流道풍류도
도 새로운 觀點관점에서 硏究연구되어야 한다.

오늘날 風流道풍류도를 花郞道화랑도와 混同혼동하고 있는 것이 一部
일부 學者학자들의 誤謬오류이다. 風流道풍류도의 一部分일부분이 花郞道화
랑도로 化화하여 꽃핀 것은 事實사실이지만 "風流道풍류도=花郞道화랑도"
가 아닌 것이다. 花郞道화랑도는 大道대도인 風流道풍류도가 廢폐한 연후
에 나타난 한 亞流아류에 지나지 않는다.

風流道풍류도의 本質본질은 僊선이다. 僊脈선맥인 風流道풍류도는 大道
대도이다. 大道대도 속에는 儒佛仙유불선의 分立분립된 槪念개념이 存在존재
하지 않는다. 儒유니, 佛불이니, 道도니 하는 裂敎열교의 槪念개념은 風流
道풍류도가 脈맥이 끊어진 이후에 나타난 非本來的비본래적이고 第二義
的제이의적인 槪念개념임을 잊어서는 안 된다.

이미 風流道풍류도 속에는 儒佛仙유불선 三敎삼교뿐만 아니라 모든 고
등종교의 秘義비의가 다 內包내포되어 있었던 것이다. 그러므로 儒유의

그릇에 佛敎^{불교}를 담을 수 없고, 佛^불의 그릇에 儒敎^{유교}나 道敎^{도교}를 담을 수 없지만, 風流道^{풍류도}의 神器^{신기} 속에는 모든 宗敎^{종교}가 담겨 있음을 깨달아야 한다.

風流道^{풍류도}는 天下^{천하}의 神器^{신기}이다. 大器^{대기}이다.

甑山^{증산}이 새 시대를 개벽하면서 儒佛仙^{유불선} 三敎^{삼교}를 극복한다고 大言^{대언}한 것도 甑山^{증산}의 마음자리가 大器^{대기}인 風流道^{풍류도}의 자리였음을 알 수 있다.

그럼 이제부터 僊^선과 風流道^{풍류도}의 관계를 考察^{고찰}함으로 잃어버린 大道^{대도}를 復元^{복원}하는 作業^{작업}을 始作^{시작}해 보자.

3. 僊^선의 本義^{본의}

僊^선이란 무엇인가?

金凡夫^{김범부}는 僊^선을 다음과 같이 定義^{정의}하고 있다.

> 仙^선은 人邊^{인변}에 山字^{산자}를 하거나 또는 僊字^{선자}로 쓰는데 산에 사는 사람 또는 人間^{인간}에서 遷去^{천거}한 사람이란 뜻의 會議文字^{회의문자}이다.[13]

仙^선과 僊^선은 同意語^{동의어}임을 알 수 있다.

그러나 筆者^{필자}의 생각으로는 僊^선의 道秘^{도비}가 그 脈^맥이 끊어진 후 仙^선으로 나타난 듯하다. 仙^선은 山^산사람이란 뜻이지만, 僊^선은 遷

---

13 李鍾益 編著, 『東方思想論叢』, 第12講, 丹學과 仙道, 70.

去천거된 사람이란 뜻이기 때문이다. 山산사람 仙선과 遷去천거된 사람 僊선은 同意語동의어인 듯하나 차이가 있다. "遷去천거된 사람"이란 자리를 옮긴 사람이다. 죽어서 자리를 옮긴 것이 아니라 살아서 자리를 옮겨 神仙신선된 사람을 僊선이라 한다. 이승에서 "새 이승"으로, 三次元世界삼차원세계에서 四次元世界사차원세계로 자리를 옮긴 사람을 僊선이라 한다. 또 僊선의 本義본의는 "飛揚昇高비양승고"로서 하늘로 올라가는 사람이란 뜻이다. 이 飛揚昇高비양승고는 죽어서 그 영혼이 歸天귀천하는 것이 아니라 살아서 昇天승천하는 것을 말하고 있다. 梵鐘범종에 새겨진 飛天像비천상을 보라. 그 옷깃이 바람에 날리면서 하늘로 날고 있는 飛天像비천상은 곧 羽化登仙우화등선의 그림인 것이다.

仙선, 곧 산 사람이란 뜻은 인간이 神仙신선이 될 때 山산에 가서 이내 결(嵐)에 그 肉身육신을 解體해체시키고 風流體풍류체가 되어 僊선으로 變身변신되는 뜻이 숨어 있는 것이다. 本來的본래적인 人間인간은 無病長壽무병장수하다가 僊化선화될 때는 山산으로 가서 無跡무적하게 자취를 남기지 않고 사라지는 것이다. 그러므로 本來的본래적인 人間인간이란 죽음의 存在존재가 아니라 "사라지는 存在존재"인 것이다. 壇君단군도 산에 가서 僊化선화된 사람이었다.

또 僊선이 仙선으로 卑下비하한 데는 한 가지 理由이유가 있다. 이날까지 一部일부의 學者학자들이 仙道선도라 하면 中國중국에서 流入유입된 宗敎종교로 誤解오해하고 있다. 또 仙道선도의 敎祖교조를 老子노자로 착각하고 있다. 본래 僊선(仙)의 原籍地원적지는 靑丘청구였고, 僊선의 하늘을 開天개천한 사람이 壇君단군이었다. 仙선의 淵源연원이 우리나라에 있음을 金凡夫김범부는 다음과 같이 考證고증하고 있다.

神仙^{신선}의 仙道^{선도}는 朝鮮^{조선}에서 發生^{발생}하였다. 그것이 中國^{중국}으로 옮겨간 것이고 中國固有^{중국고유}의 것이 아니다. 그러므로 中國上代文獻^{중국상대문헌}에는 神仙說^{신선설}이 없다. 十二經^{십이경}(『詩^시』·『書^서』·『易^역』·『禮^예』·『春秋^{춘추}』·『論語^{논어}』·『孟子^{맹자}』·『周禮^{주례}』·『孝經^{효경}』·『中庸^{중용}』·『大學^{대학}』) 等^등과 『老子^{노자}』에도 없다. 春秋時代^{춘추시대}까지도 없었고 『莊子^{장자}』에 비로소 仙人^{선인} 神人說^{신인설}이 비치고 『楚辭^{초사}』에 나왔다. 戰國時代^{전국시대}에 해당한다.[14]

이처럼 仙思想^{선사상}의 淵源地^{연원지}는 우리나라인 것이다.

이것이 中國^{중국}으로 건너가 다시 道教^{도교}의 옷을 입고 逆輸入^{역수입}되었다. 왜 우리나라에서 發生^{발생}한 神仙道^{신선도}가 中國^{중국}으로 건너가 다시 逆輸入^{역수입}되었는지 그 이유는 文獻^{문헌}과 史料^{사료}가 全無^{전무}하므로 밝힐 길이 없다. 그러나 神仙思想^{신선사상}이 우리나라에서 發生^{발생}한 것은 틀림이 없는 事實^{사실}이다.

李能和^{이능화}는 그의 名著^{명저}『朝鮮道教史^{조선도교사}』에서 다음과 같이 기술하고 있다.

壇君三世之事 最近道家三青之說 蓋我海東爲神仙淵叢 內外典籍俱無異辭 而自古言神仙者 皆謂黃帝問道於崆峒之廣成子 雖然晉葛洪撰抱朴子則謂黃帝東到青丘 受三皇內文於紫府先生 紫府先生者 即東王公而其在東方 故世謂東君者也 壇君 是東方最初之君 而設祭天者 故稱壇君 而其君子類似於東君帝君及眞君等 仙家之稱 亦類於雲中君湘君 神

---

14 上揭書, 70.

君之號 故壇君子 謂仙 亦可謂神 曰仙 是屬古代之事 雖慾深究 而無可深
究之道 則但可任其綠藐而己 至若秦時方士 韓終來東之跡 證據最確 而
盧生張良 疑亦來東 或求籙圖 或尋道友 此以彼等行履 推之 則有七八分
彷彿者也[15]

(단군 삼대의 신화와 최근 도가의 삼청설은 다 우리 해동이 신선의
연원이라고 국내의 서적들은 한결같이 말하고 있다. 예로부터 신
선을 말하는 사람은 누구나 황제가 공동에 있는 광성자에게 도를
물었다고 전하고 있다. 그러나 진나라 갈홍이 지은 포박자에는 황
제가 동쪽 청구에 와서 자부선생에게 삼황내문을 받았다고 하였
다. 자부선생, 즉 동왕공으로서 그가 동방에 있는 까닭에 세상에
서는 동군이라 이르는 것이다. 단군은 동방 최초의 임금으로서 단
을 모으고 하늘에 제사하였으므로 단군이라 하며, 그 군자는 동군
제군 및 진군 등의 선仙의 용어이며 또한 운중군 상군 등 신군의 이
름과 같은 것이다. 이로 보아 단군이라 함은 선仙이라 할 수 있고,
신이라 할 수도 있다. 이 신이나 선은 다 고대의 일이므로 깊이 연구
하려 하여도 탐구할 수가 없으니 다만 옛일을 상상할 수 있을 뿐이
다. 그러나 진나라 때 방사 한종이 동국에 온 자취에 대해서는 그
증거가 뚜렷하며 노생과 장량이 동국에 와서 녹도를 구해가지고
혹은 도우를 찾은 듯도 한데 그들의 행적을 추적하면 칠팔분 방불
함이 있다 하겠다.)

이처럼 僊선의 淵源연원은 우리나라였고, 上代상대에 이것이 中國중국

---

15 李能和,『朝鮮道敎史』總說, 23.

으로 건너가 道敎^{도교}의 衣裳^{의상}을 입고 다시 우리나라의 逆輸入^{역수입}되었던 것이다.

上古時代^{상고시대} 黃帝^{황제}에게 神仙道^{신선도}를 배워준 廣成子^{광성자}나 紫府先生^{자부선생}은 다 우리나라 사람이었다. 그 후에도 韓終^{한종}이나 張良^{장량} 등이 靑丘^{청구}에 와서 神仙道^{신선도}를 배워갔음을 알 수 있다. 崔仁^{최인}은 그의 力著^{역저}『韓國學講義^{한국학강의}』에서 中國^{중국}의 道敎^{도교}와 우리나라의 道敎^{도교}가 別個^{별개}의 것임을 强調^{강조}하고 있다.

> 道敎^{도교}는 神仙思想^{신선사상}으로 창설한 종교이다. 中國^{중국} 老子^{노자}가 神仙思想^{신선사상}으로 창설한 敎^교를 道敎^{도교}라 칭한다. 老子^{노자}는 中國^{중국}이 神仙思想^{신선사상}으로 道敎^{도교}를 창설하고 東明王^{동명왕}은 韓國^{한국}의 神仙思想^{신선사상}으로 獨特^{독특}한 道敎^{도교}를 創設^{창설}하였다. 壇君^{단군}은 不死^{불사} 入山^{입산}한 神仙^{신선}이다. 그런데『三國遺事^{삼국유사}』에 東明王^{동명왕}이 壇君^{단군}의 子^자라 하였다. 즉, 神仙^{신선}의 子^자라 하였다. 그리고 『東文選^{동문선}』에 東明王^{동명왕}이 神仙^{신선}을 거느리고 하늘에 오르내리었다 하였다. 또 好太王碑文^{호태왕비문} 첫머리에 東明王^{동명왕}이 龍^용을 타고 昇天^{승천}하였다고 한다.
>
> 『舊三國史記^{구삼국사기}』에 東明王^{동명왕}이 죽지 아니하고 昇天^{승천}하니 太子^{태자}가 그 玉鞭^{옥편}을 龍山^{용산}에 장사하였다고 한다. 以上^{이상}의 모든 기록을 고찰하면 東明王^{동명왕}이 고유한 神仙思想^{신선사상}을 계승한 것이 分明^{분명}하다. 神仙思想^{신선사상}을 계승한 東明王^{동명왕}은 다시 神仙思想^{신선사상}을 발전시켜 高句麗^{고구려}의 道敎^{도교}를 創設^{창설}하였다.[16]

---

16 崔仁,『韓國學講義』, 166.

이처럼 崔仁^{최인}은 中國^{중국}의 道教^{도교}와 韓國^{한국}의 道教^{도교}를 分離^{분리}하여 생각한다.

그러나 中國^{중국}의 道教^{도교}이든 韓國^{한국}의 道教^{도교}이든 이미 僊^선 本來^{본래}의 자리에서 볼 때는 다 根本^{근본}을 잃은 후에 나타난 亞流^{아류}임을 잊어서는 안 된다.

丹齋^{단재}는 "선비"를 仙^선의 遺命^{유명}으로 본다.[17] 高麗^{고려}에서는 선비들이 皂衣^{조의}를 입어 皂衣仙人^{조의선인}이라 했고, 新羅^{신라}에서는 美貌^{미모}를 取^취하여 花郞^{화랑}이라 했다. "선비"가 仙^선의 音寫^{음사}에서 유래된 것은 틀림이 없으나 선비 정신도 僊^선 本來^{본래}의 자리에서 보면 한가닥 亞流^{아류}에 지나지 않는다.

中國^{중국}의 道教^{도교}는 그 祖宗^{조종}을 老子^{노자}로 하고 그를 太上老君^{태상노군}으로 섬기는데 이는 後代^{후대}의 인간들이 雜多^{잡다}한 神仙思想^{신선사상}을 混合^{혼합}하여 道教^{도교}를 만들면서 老子^{노자}의 이름을 盜用^{도용}한 데 지나지 않는다. 왜냐하면 老子^{노자}『道德經^{도덕경}』 어디에도 神仙^{신선}에 대한 말은 全無^{전무}하다. 이미 金凡夫^{김범부}도 밝힌 바 있지만 神仙^{신선}이란 말은 『莊子^{장자}』에서 비로소 發見^{발견}되고 있다.

또 道教^{도교}를 숭상하는 자들이 丹學^{단학}에 沒頭^{몰두}하여 丹學^{단학}을 神仙思想^{신선사상}과 결부시키고 있는데 이것도 外道^{외도}임을 잊어서는 안 된다.

丹^단은 內丹^{내단}, 外丹^{외단}이 있다. 物質^{물질}로 조제된 藥^약이 外丹^{외단}이고, 精氣神^{정기신}을 의집하는 것을 內丹^{내단}이라 한다. 葛洪^{갈홍}이 지은 抱朴子^{포박자}에는 內丹^{내단}과 外丹^{외단}에 대한 설명이 있다. 外丹^{외단}

---

17 『丹齋全集 下』, 101.

은 丸藥^{환약}을 適用^{적용}하는데 그것은 秦^진나라 始皇^{시황} 漢武帝^{한무제}가 가장 숭상하여 三神山^{삼신산}에 不老草^{불로초}를 구하러 童男童女^{동남동녀}를 보낸 사건은 너무나 有名^{유명}하다. 특히 外丹^{외단}은 金石之材^{금석지재}를 많이 使用하는데 鉛汞^{연홍}을 不死藥^{불사약}이라 일컬었다. 또 雲母^{운모}를 물로 만들어 雲母水^{운모수}를 먹으면 長生不死^{장생불사}한다고 믿었다. 그다음에는 治風之材^{치풍지재}가 崇尙^{숭상}되었으니 枸杞子^{구기자}, 雲母^{운모}, 蒼朮^{창출}, 五加皮^{오가피}, 甘菊^{감국} 等^등이다. 이처럼 藥^약의 힘을 빌려 永生^{영생}할 方法^{방법}을 摸索^{모색}한 中國^{중국}의 道敎^{도교}는 外道^{외도}에 치우친 종교임을 잊어서는 안 된다. 外丹^{외단}, 즉 藥^약을 먹고 不老長生^{불로장생}하여 神仙^{신선}이 된다면, 歷代^{역대}의 帝王^{제왕}이나 黃金萬能^{황금만능}의 富豪^{부호}들이 高價^{고가}의 약을 먹고 다 神仙^{신선}이 되었다면 이 세상은 어찌될 것인가?

종교는 그 本質^{본질}이 마음을 닦고 永生^{영생}을 하는 方法^{방법}을 가르치고 있다.

이미 필자가 『三一禔誥^{삼일신고}』天宮訓^{천궁훈}에서 밝혔듯이 하나님이 계신 天宮^{천궁}에 갈 수 있는 자는 "惟性通功完者^{유성통공완자}"여야 한다. 마음을 닦은 자 아니고는 僊^선의 길을 開明^{개명}할 수 없는 것이다. 仁義^{인의}의 宗敎^{종교}인 儒佛仙^{유불선}도 明德^{명덕}을 밝히고, 無明^{무명}을 제거하고, 無爲而化^{무위이화}의 자리에서 性品^{성품}을 닦기를 강조하고 있거늘 어찌 藥^약 따위를 먹고 長生不死^{장생불사}하겠다고 妄見^{망견}을 내는가? 藥^약을 먹고 神仙^{신선}이 되겠다는 外丹^{외단}은 方術^{방술}일 뿐 仙^선의 正道^{정도}가 아님을 銘心^{명심}해야 한다.

이미 언급한 바와 같이 僊^선의 本流^{본류}는 壇君^{단군}에게서 濫觴^{남상}된다.

僊선의 消息소식이야말로 인간을 長生不死장생불사케 할 수 있는 唯一유일한 大道대도인데 이 道도를 風流道풍류도라 한다.

崔致遠최치원의「鸞郎碑序난랑비서」에 "우리나라에 본래 玄妙현묘한 도가 있으니 風流풍류라 칭한다. 그 敎교를 創設창설한 내력이 仙史선사에 자세히 기록되어 있다"고 하였다.

그런데『東文選동문선』八關會팔관회 仙郎賀表선랑하표에 보면 鸞郎난랑은 神仙신선이라 했고, 玄妙현묘의 道도는 神仙思想신선사상이요 風流풍류는 神仙신선이다.

『抱朴子포박자』神仙傳신선전에 玄현은 道家神仙도가신선의 名명이라 하고,『高麗圖經고려도경』(卷18道敎)에 老子노자의 仙敎선교를 妙敎묘교라 칭하고,『宋史송사』에 林靈素임영소가 晩年만년에 道士도사(仙敎의 士)가 되어 神祕신비한 일을 하므로 玄妙先生현묘선생이라 칭하고,『神仙通鑑신선통감』에 仙女선녀를 玄妙玉女현묘옥녀라 하였다.

風流道풍류도는 仙선이며 玄妙之道현묘지도임을 알 수 있다.

엄밀한 意味의미에서 儒敎유교와 佛敎불교 속에는 仙脈선맥이 없다.

道敎도교에는 仙脈선맥이 연결되어있는 듯하나 이것이 外道외도에 치우쳐 있음을 이미 밝힌 바와 같다.

道敎도교를 信奉신봉하는 자들이 얼마나 外丹法외단법을 잘못 사용하여 이상한 藥약을 만들어 惑世誣民혹세무민하였던가?

그런데 玄妙현묘한 道도인 風流道풍류도에 僊脈선맥이 놀랍게도『聖書성서』속에서 發見발견되고 있다. 이천 년 동안 西歐서구 神學者신학자들은『聖書성서』속에 僊脈선맥이 묻혀 있음을 發見발견하지 못하였다. 西區人서구인들은 僊선의 槪念개념조차 모르고 있으니『聖書성서』속에 秘藏비장된 僊선의 黃金銘脈황금명맥을 발굴할 수도 없었을 것이다.

『聖書성서』는 僊선의 文書문서이다.

그럼 이제부터 잠시 『聖書성서』 속에 隱蔽은폐된 僊脈선맥을 더듬어 보자. 구약성서에 보면 에녹과 엘리야라는 두 人物인물이 죽지 않고 산 채 遷去천거된 昇天승천의 기록이 있다.

> 에녹이 하나님과 同行동행하더니 하나님이 그를 데려가시므로 世上세상에 있지 아니하더라.[18]

創世記창세기 五章오장에 紹介소개된 이 간단한 記事기사를 新約신약의 히브리 記者기자는 다음과 같이 解釋해석하고 있다.

> 믿음으로 에녹은 죽음을 보지 않고 옮기었으니 하나님이 저를 옮김으로 다시 보이지 아니하니라. 저는 옮기우기 전에 하나님을 기쁘시게 하는 자라 하는 증거를 받았느니라.[19]

이 聖句성구에서 주목해야 할 점은 "옮겼다"는 말이다. "옮겼다"는 말은 이 場장에서 다른 場장으로 遷去천거됨을 意味의미한다. 三次元時空삼차원시공에서 四次元時空사차원시공으로의 옮김이다. 四次元사차원은 彼岸피안이 아니라 三次元삼차원의 자리에서 보면 새로운 場장인 것이다. 에녹은 죽지 않고 하늘나라로 遷去천거된 사람이었다. 죽지 않고 長生不死장생불사하는 道脈도맥은 僊선인데 에녹은 僊선의 秘義비의를 터득한 『聖書성서』에 나오는 첫 사람이었다. 하나님은 에녹과 同行동행

---

18 에녹 — 창세기 5:24.
19 히브리서 11:5.

하다가 에녹을 산 채로 하늘나라로 옮겨갔다. 이는 에녹이 長生不死^{장생불사}하다가 羽化登仙^{우화등선}한 神仙^{신선}임을 말하고 있다.

또 엘리야에 대한 記事^{기사}를 보자.

> 두 사람이 行^행하며 말하더니 忽然^{홀연}히 불수레와 불말들이 두 사람을 隔^격하고 엘리야가 회오리바람을 타고 昇天^{승천}하더라.[20]

이 聖句^{성구}를 보면 엘리야도 羽化登仙^{우화등선}한 神仙^{신선}임을 알 수 있다. 엘리야도 僊^선의 秘義^{비의}를 터득한 先知者^{선지자}였다. 그뿐만 아니라 모세와 예수도 屍解仙^{시해선}한 존재였다.

모세는 구약 최대의 先知者^{선지자}였는데 그의 屍身^{시신}을 묻은 墓^묘가 없어졌다.

> 여호와의 종 모세가 여호와의 말씀대로 모압땅에서 죽어 벧브올(레바논) 맞은편 모압땅에 있는 골짜기에 장사되었고 오늘날까지 그 墓^묘를 아는자 없느니라.[21]

이 記事^{기사}를 보면 모세의 墓^묘가 없어진 神祕^{신비}한 事實^{사실}을 알 수 있다. 그런데 新約^{신약} 유다書^서에 다음과 같은 기록이 發見^{발견}되는데 주목해야 한다.

> 천사장 미가엘이 모세의 屍體^{시체}에 대하여 마귀와 다투어 변론할 때에…[22]

---

20 엘리야 — 열왕기하 3:15.
21 신명기 34:6.

이 이상한 聖句^{성구} 속에 秘藏^{비장}된 內容^{내용}은 심이 큰 것이다. 이는 한마디로 모세가 屍解仙^{시해선}되었음을 暗示^{암시}하고 있다. 이 屍解仙^{시해선}이 『聖書^{성서}』의 槪念^{개념}으로 볼 때 復活^{부활}인 것이다.

예수도 무덤 속에서 復活^{부활}했는데 그도 屍解仙^{시해선}되었음을 『聖書^{성서}』 말하고 있다.

> 안식 후 첫 날 새벽에 이 여자들이 그 예비한 香品^{향품}을 가지고 무덤에 가서 돌이 무덤에서 굴려 옮기운 것을 보고 들어가니 주 예수의 시체가 뵈지 아니더라. 이를 인하여 근심할 때 문득 찬란한 옷을 입은 두 사람이 곁에 섰는지라 여자들이 두려워 얼굴을 땅에 대니 두 사람이 이르되 어찌하여 산 자를 죽은 자 가운데서 찾느냐? 여기 계시지 않고 살아 나셨느니라.[23]

이 聖句^{성구}에서 보듯 예수의 屍身^{시신}도 무덤 속에서 屍解仙^{시해선}되었음을 알 수 있다.

遷去^{천거}되어 僊化^{선화}된 神仙^{신선}들은 호지 않은 天衣無縫^{천의무봉}을 입는다. 天衣^{천의}, 곧 하늘 사람들이 입는 옷은 혼 자욱이 없는 無縫^{무봉}한 옷이다. 그런데 요한福音^{복음}에 보면 예수의 속옷은 호지 않는 옷이었음을 알 수 있다.

> 군병들이 예수를 十字架^{십자가}에 못박고 그의 옷을 취하여 네 깃에 나눠 각각 한 깃씩 얻고 속옷도 取^취하니 이 속옷은 호지 않고 위에서부터 通^통

---

22 유다서 1:5.

23 누가복음 24:1 이하.

으로 짠 것이라.[24]

이 聖句^{성구}를 보면 예수는 속옷을 호지 않는 옷을 입고 있었다. 現代科學^{현대과학}이 아무리 발달해도 호지 않는 옷은 제조할 수 없다. 예수가 호지 않는 天衣無縫^{천의무봉}의 속옷을 입었다는 뜻은 그가 大道^{대도}인 僊^선의 道秘^{도비}를 간직하고 있었다는 뜻이다. 예수는 變化山^{변화산}에서 이미 하늘의 大道^{대도}인 僊脈^{선맥}과 연결되었던 것이다. 예수는 變化山^{변화산}에서 僊^선을 大覺^{대각}하고 天衣無縫^{천의무봉}을 입음으로 죽어서 屍解仙^{시해선}되어 復活^{부활}했던 것이다. 屍解仙^{시해선}하여 復活^{부활}한 예수는 구름을 타고 昇天^{승천}하였다. 예수가 타고 昇天^{승천}한 구름은 저 虛空^{허공}에 흐르는 浮雲^{부운}이 아니라 羽化^{우화}를 비유한 말임을 잊어서는 안 된다.

壇君^{단군}을 "雲中君^{운중군}"이라 함도 그도 구름을 타고 羽化登仙^{우화등선}한 존재였던 까닭이다. 天衣無縫^{천의무봉}이라는 말은 仙^선을 求道^{구도}하는 東方^{동방}에서는 수천 년 전부터 人口^{인구}에 膾炙^{회자}된 熟語^{숙어}였으나 西區神學者^{서구신학자}들은 전혀 몰랐던 道秘^{도비}였다.

僊^선은 죽지 않고 長生不死^{장생불사} 換骨奪胎^{환골탈태} 天衣無縫^{천의무봉} 羽化登仙^{우화등선}하는 참 宗敎^{종교}이다. 설사 죽었다 해도 그 屍身^{시신}이 무덤 속에서 썩지 않고 屍解仙^{시해선}되어 죽었다 다시 復活^{부활}하여 昇天^{승천}하는 大道^{대도}임을 잊어서는 안 된다. 살아서 昇天^{승천}하는 사람을 天僊^{천선}이라 하고 무덤 속에서 屍解仙^{시해선}하는 사람을 地僊^{지선}이라 하는 차이가 있을 뿐이다.

---

24 요한복음 19:23.

우리는 다음 詩^시를 읊조리면서 僊^선이 무엇인가를 다시 한번 深思^{심사}하자.

이 詩^시에서도 僊^선은 무덤을 남기지 않음을 강조하고 있다.

有鳥有鳥丁令威

作仙千載今來歸

城廓如故人民非

何不學仙塚纍纍[25]

(새야 새야 정령위야

신선되어 천년 만에 돌아왔네

성곽은 옛같건만 사람은 어이 다른고

어찌 선^僊을 배우지 않아 빈 무덤만 즐비한고)

이 詩^시 속에 나오는 丁令威^{정영위}는 요동 사람이었다(요동은 옛날 우리나라 땅이었음으로 丁令威도 東夷族임을 알 수 있다). 丁令威^{정영위}는 새가 되었다. 여기에 나오는 새의 비유는 곧 날개 돋친 존재로 昇天^{승천}함을 나타낸다. 神仙^{신선}은 三次元世界^{삼차원세계} 속에 살고 있는 사람들이 볼 때 새처럼 날개 돋친 存在^{존재}들이다. 그런데 이 詩句^{시구} 중 마지막 구절 "何不學仙塚纍纍^{하불학선총루루}"이다. 仙道^{선도}를 배우지 않아 무덤이 즐비한 것을 보고 丁令威^{정영위}는 탄식한다.

인간이 무덤을 남김은 非本來的^{비본래적}인 生命現象^{생명현상}이다. 僊脈^{선맥}이 끊긴 이후, 즉 老子^{노자}가 말한 大道^{대도}가 廢^폐한 이후에 무덤

---

25 『盛京通志』.

이 생기게 되었다.

참 人間^{인간}의 모습이란 屍身^{시신}을 子孫^{자손}에게 남기지 않고 무덤을 이 땅 위에 남기지 않는 것이다. 이 땅에서 長壽^{장수}하다가 僊化^{선화}되어 羽化登仙^{우화등선}할 때는 山^산에 가서 산바람(嵐)에 肉身^{육신}은 순식간에 原素分解^{원소분해}하여 解體^{해체}시켜 버리고 變化^{변화}되어 神仙^{신선}이 되어 昇天^{승천}하는 것이 참 인간의 모습인 것이다.

仙^선, 곧 山^산사람이란 뜻은 山^산에 가서 羽化登仙^{우화등선}하기 때문이다. 『漢和大辭典^{한화대사전}』에 "神仙^{신선}은 山^산에 들어가서 不老^{불로}不死^{불사}의 術^술을 배우는 자"라 했고 『類苑業寶^{유원업보}』에 "늙고 죽지 아니하는 자를 仙^선이라 칭하고, 仙^선은 山^산에 入^입한다"라 함도 다 같은 뜻이 있는 것이다.

壇君^{단군}이 開敎^{개교}한 僊脈^{선맥}이 왜 東國^{동국}에서 끊어졌고 또 仙^선을 빙자한 道敎^{도교}의 外道^{외도}가 왜 中國^{중국}에서 꽃피고 다시 우리나라에 逆輸入^{역수입}되었는지 文獻^{문헌}과 史料^{사료}가 없어 밝힐 길이 없다. 孤雲^{고운}이 쓴 「鸞郎碑序^{난랑비서}」에 보면 "說敎之源備詳仙史^{설교지원비상선사}"라 한 구절로 보아 崔致遠^{최치원}이 살았던 時代^{시대}까지 『仙史^{선사}』에 대한 文書^{문서}가 있을 듯하다. 그러나 지금은 『仙史^{선사}』에 대한 기록을 찾아볼 수도 없으니 안타까운 일이다.

그럼 이제부터 風流道^{풍류도}에 대한 再考^{재고}를 하면서 僊脈^{선맥}을 다시 발굴해 보자.

4. 風流道^{풍류도}에 대한 再考察^{재고찰}

儒佛仙^{풍류도} 三敎^{삼교}가 이 나라에 輸入^{수입}되기 전에 이 나라에는

固有^{고유}한 종교가 있었으니 그것이 곧 風敎^{풍교}인 風流道^{풍류도}였다.

오늘날 一部^{일부}의 學者^{학자}들은 上古時代^{상고시대}에 있었던 固有宗敎^{고유종교}를 巫敎^{무교}로 이해하고 있다. 그러나 이런 主張^{주장}은 學的^{학적} 短見^{단견}일 뿐이다. 壇君時代^{단군시대}의 巫^무의 槪念^{개념}을 오늘날 사용하고 있는 巫^무의 槪念^{개념}과 混同^{혼동}하여 同一視^{동일시}해서는 안 된다. 壇君^{단군}의 巫^무는 大道^{대도}의 巫^무로서 仙^선의 同義語^{동의어}였다. 金凡夫^{김범부}는 다음과 같이 말하고 있다.

仙音^{선음}이 '셴'이니 그러면 셴은 무엇을 말함인가? 北道^{북도} 말에 '새인'은 巫堂^{무당}을 말하고 慶尙道^{경상도}에서 '산이'가 巫堂^{무당}이다. 그러므로 "산이 씨가 무당의 씨자"라고 하는 俗談^{속담}이 있고 땅재주하는 사람이 "아이쿠 산이로구나" 하는데 이것은 降神^{강신}하는 데 쓰는 소리이다. '산'이니 '셴'이니 하는 語源^{어원}은 根本^{근본} '샤만'에서 온 것이다. 시베리아·만주·몽고에서 共通^{공통}하게 사용하는 샤만은 곧 巫堂^{무당}이란 뜻이다. 이것은 滿蒙系^{만몽계}의 古代文化^{고대문화}와 共通性^{공통성}을 가진 神道思想^{신도사상}에서 온 것인데 무당 중에 降神^{강신}이 잘되는 것을 '사얀'이라고 한다. 기독교의 聖神^{성신}과 같다. 신 집히는 사람을 '사얀'이라고 한다. '셴'이나 '세인', '산이' 모두가 '샤만'에서 派生된 것이다.[26]

上古時代^{상고시대}에는 '산이', 곧 巫堂^{무당}은 仙^선의 音^음인 '셴'에서 派生^{파생}된 말이었다. 그러므로 上古^{상고}의 巫^무의 槪念^{개념}은 오늘날 市井^{시정}에서 점을 치는 타락한 小巫^{소무}들과는 區別^{구별}해야 한다. 僊^선

---

26 東方思想論業 第十二講, 丹學과 仙道, 71.

의 大道^{대도}를 깨치고 聖神^{성신}의 降神^{강신}을 받고 神仙^{신선}의 秘義^{비의}를 깨치고 터득하는 大巫^{대무}의 槪念^{개념}으로 理解^{이해}해야 한다. 巫字^{무자} 와 卜字^{복자}는 古代時代^{상고시대}에는 大道^{대도}에서 사용한 글자였으나 인간이 타락함으로 인하여 오늘날 巫字^{무자}와 卜字^{복자}는 下次元^{하차원} 의 心靈^{심령}들을 상대하여 점이나 치는 低級^{저급} 迷信^{미신}으로 전락되 고 말았다. 이와 마찬가지로 風敎^{풍교}인 風流道^{풍류도}도 타락하여 風月 道^{풍월도}가 되었고, 술 먹고 춤추는 行爲^{행위}를 風流^{풍류}로 착각하는 지 경이 되고 말았다. 술 잘 먹고 노래 잘 부르는 閒良^{한량}들을 風流客^{풍류} ^객이라 부르는 것도 風流道^{풍류도}가 자취를 감춘 이후 俗化^{속화}된 現象^현 ^상에서 나타난 것이다.

그럼 風流道^{풍류도}의 眞面目^{진면목}은 무엇인가? 왜 玄妙之道^{현묘지도} 를 風流道^{풍류도}라 이름했을까? 風流^{풍류}란 어휘 속에는 어떤 秘義^{비의} 가 있는가?

孤雲^{고운} 崔致遠^{최치원}은 「鸞郞碑序^{난랑비서}」에 다음과 같이 적고 있다.

國有玄妙之道 曰風流 說教之源 備詳仙史 實乃包含 三教接化群生 且如
入則孝於 家出則忠於國 魯司寇之旨也 處無爲之事行 不言之敎 周柱史
之宗也 諸惡莫作諸善奉行 竺乾太子之化也[27]

(나라에 玄妙^{현묘}한 道^도가 있으니 일컬어 風流^{풍류}라 한다. 設敎^{설교}의 근원이 仙史^{선사}에 상비하였으니 실로 三敎^{삼교}를 包含^{포함}하고 群生 ^{군생}을 接化^{접화}한 것이다. 뿐만 아니라 入^입하면 집안에 孝^효하고 出^출 하면 나라에 忠^충하였으니 魯司冠^{노사관}[孔子]의 旨^지요, 無爲^{무위}한 일

27『三國史記』, 新羅本紀, 眞興王條.

에 처하여 不信^{불신}의 教^교를 행하였으니 이는 周柱史^{주주사}[老子]의 宗^종이요, 諸惡^{제악}을 짓지 않고 諸善^{제선}을 奉行^{봉행}하였으니 이는 쁘 乾太子^{축건태자}[釋迦]의 化^화라.)

이처럼 孤雲^{고운}이 쓴 「鸞郞碑序^{난랑비서}」의 鸞郞^{난랑}이란 도대체 무엇인가? 이미 前述^{전술}한 바 있거니와 鸞郞^{난랑}은 神仙^{신선}의 異稱^{이칭}이다. 鸞郞^{난랑}은 神仙^{신선}의 異稱^{이칭}인데 그 이름을 난새에 비유하였다. 난새(鸞)는 곧 鳳凰^{봉황}의 이름이다. 鳳凰^{봉황}은 實在^{실재}하는 飛鳥^{비조}가 아닌 靈鳥^{영조}이다.

中國文獻^{중국문헌}에 鳳凰^{봉황}은 仁鳥聖鳥^{인조성조}요 東方朝鮮^{동방조선}에서 出生^{출생}하여 全世界^{전세계}에 날아다닌다고 하였다.[28]

이처럼 鳳凰^{봉황}의 出生地^{출생지}는 韓國^{한국}이다. 이는 僊^선의 風流^{풍류}가 韓國^{한국}에 淵源^{연원}하고 있음을 五色^{오색} 무늬의 봉황새를 통해 상징화하고 있는 것이다. 봉황새는 바람새, 곧 風鳥^{풍조}이다. 鳳字^{봉자}는 바람 風字^자와 새 鳥字^자의 合成語^{합성어}이다. 바람새 곧 난새는 風敎^{풍교}인 風流道^{풍류도}의 상징이다.

그럼 왜 玄妙之道^{현묘지도}, 곧 神仙道^{신선도}를 風敎^{풍교} 또는 風流道^{풍류}^도라 했을까?

인간이 長生不死^{장생불사}하다가 羽化登仙^{우화등선}할 때는 山^산에 들어가서 산바람(嵐) 속에서 그 肉身^{육신}은 解體^{해체}하고 神仙^{신선}으로 化

---

28 崔仁, 『韓國學講義』, 1.

^化한다. 다시 말하면 인간은 산에서 風流體^{풍류체}가 되어 회오리바람을 타고 無跡^{무적}히 昇天^{승천}하기 때문에 僊^선을 風流道^{풍류도}라고 하는 것이다. 神仙^{신선}은 그 몸이 風流體^{풍류체}로 化^화한 사람들이다. 神仙^{신선}은 신령한 바람을 타고 宇宙化^{우주화}된 인간을 말한다. 地球^{지구}라는 말에서 收斂^{수렴}되어 영원한 宇宙^{우주}의 次元^{차원}에서 自由^{자유}로운 바람을 타고 逍遙^{소요}하는 無涯自在^{무애자재}의 完城^{완성}된 인간인 것이다.

이런 風流道^{풍류도}의 道秘^{도비}를 모르고 風流道^{풍류도}라면 술 먹고 노래 부르고 風月^{풍월}이나 弄^농하는 宗敎^{종교}로 誤解^{오해}하여 一名^{일명} 風月道^{풍월도}라는 이름까지 생겼으니 이 어찌 한심한 일이 아니겠는가?

花郎^{화랑}들이 名山大刹^{명산대찰}에 노닐면서 風月^{풍월}을 弄^농한 것은 참 의미의 風流道^{풍류도}가 아닌 타락된 風流道^{풍류도}임을 잊어서는 안 된다. 花郎道^{화랑도}란 風流道^{풍류도}가 사라진 다음에 나타난 外道^{외도}요 亞流^{아류}이다.

筆者^{필자}는 『聖書^{성서}』 속에 僊脈^{선맥}이 秘藏^{비장}되어 있음을 밝혔거니와 다음 聖句^{성구}는 우리들에게 깊은 暗示^{암시}를 던져주고 있다. 예수는 永生^{영생}의 道^도가 風流道^{풍류도}임을 『聖書^{성서}』 속에서 證言^{증언}하고 있다.

바리새인 중에 니고데모라 하는 사람이 있으니 유대인의 官員^{관원}이다. 그가 밤에 예수께 와서 가로되 랍비여 우리가 당신은 하나님께로서 오신 先生^{선생}인줄 아나이다. 하나님이 함께 하시지 아니하시면 당신이 행하시는 이 表蹟^{표적}을 아무라도 할 수 없음이니이다. 예수께서 대답하여 가라사대 진실로 진실로 너희에게 이르노니 사람이 거듭 나지 아니하면 하나님 나라를 볼 수 없느니라. 니고데모가 가로되 사람이 늙으면 어떻

게 날 수 있삽나이가. 두 번 母胎^{모태}에 들어갔다 날 수 있삽나이까. 예수
께서 대답하시되 진실로 진실로 네게 이르노니 사람이 물과 성령으로
나지 아니하면 하나님 나라에 들어갈 수 없느니라. 肉^육으로 난 것은 肉^육
이요 聖靈^{성령}으로 난 것은 靈^영이니 내가 네게 거듭 나야 하겠다는 말을
奇異^{기이}히 여기지 말라. 바람이 임의로 불매 네가 그 소리를 들어도 어디
서 오며 어디로 가는지 알지 못하거니와 성령으로 난 사람은 다 이러하
니라. 니고데모가 대답하여 가로되 어찌 이런 일이 있을 수 있나이까?
예수께서 가라사대 너는 이스라엘의 선생으로서 이러한 일을 알지 못하
느냐.[29]

예수와 니고데모의 이 禪的道談^{선적도담}은 실로 엄청난 道秘^{도비}가
숨어 있는 것이다. 이 성구 속에서 예수는 거듭난 사람은 風流體^{풍류체}
가 됨으로 "바람이 임의로 불며 어디서 와서 어디로 가는지 알지 못
한다"라고 비유하고 있다.

예수는 인간이 거듭나면 風流體^{풍류체}, 곧 神仙^{신선}이 된다고 말씀
했다. 그러나 유태教^교의 最高指導者^{최고지도자}인 니고데모는 僊^선의 秘
義^{비의}를 깨닫지 못했다. 거듭남, 곧 重生^{중생}을 基督敎^{기독교}인들은 알
기를 살인강도가 예수 믿고 善良^{선량}하게 되는 것인 줄 알고 있다.
이런 倫理的^{윤리적}, 道德的^{도덕적} 重生^{중생}이 『聖書^{성서}』가 말하는 重生<sup>중
생</sup>이 아니다. 倫理的^{윤리적}, 道德的^{도덕적}인 重生^{중생}은 基督敎^{기독교}가 아
니더라도 儒佛仙^{유불선}을 믿고도 얼마든지 체험할 수 있는 것이다.

『聖書^{성서}』가 提起^{제기}하고 있는 重生^{중생}의 秘義^{비의}는 타락한 人間^{인간}

---

29 요한복음 3:1-9.

그 존재 자체가 道胎^{도태} 속에서 變化^{변화}받아 죽을 인간이 죽지 않는 인간으로 탈바꿈하는 현상을 말하고 있는 것이다. 니고데모는 이 진리를 깨닫지 못하고 늙으면 어머니 母胎^{모태} 속에 어떻게 다시 들어 갔다 나올 수 있는가 하고 愚問^{우문}을 던진다. 타락한 인간들은 肉胎^{육태}만 알았지 道胎^{도태}를 모르고 있다.

聖神^{성신}을 받아 重生^{중생}하면 인간은 復活^{부활}의 道^도, 곧 영원한 神仙^{신선}의 길이 開明^{개명}되는데 『聖書^{성서}』를 매일 보는 基督敎人^{기독교}^인들조차 이 秘義^{비의}를 모르고 있으니 어찌할 것인가?

거듭남이란 仙的槪念^{선적개념}으로는 換骨奪胎^{환골탈태}를 의미한다. 長生不死^{장생불사} 換骨奪胎^{환골탈태} 天衣無縫^{천의무봉} 羽化登仙^{우화등선}의 仙的槪念^{선적개념}들은 僊脈^{선맥}이 끊어진 후 다 잘못 認識^{인식}되고 있다.

이 나라 固有^{고유}한 종교인 風敎^{풍교}, 곧 風流^{풍류}는 인간을 風流體^풍^{류체}의 神仙^{신선}으로 만들어 永生^{영생}의 次元^{차원}으로 羽化登仙^{우화등선}케 하는 大道^{대도}이다.

甑山^{증산}은 말했다.

> 하루는 종도들에게 일러 가라사대 세상에 性^성으로 風^풍가가 먼저 났었
> 으나 傳^전하여 오지 못하고 사람의 몸에 들어 다만 體相^{체상}의 呼稱^{호칭}만
> 쓰게 되어 風身^{풍신}, 風采^{풍채}, 風骨^{풍골} 等^등으로 일컫게 될 뿐이요 그다음
> 에 姜^강가가 났나니 姜^강가가 곧 性^성의 原始^{원시}라. 그러므로 開闢時代^개
> ^{벽시대}를 당하여 원시로 返本^{근본}하는 故^고로 姜^강가가 일을 맡게 되나니
> 라.[30]

---

30 『大巡典經』, 122.

이 말씀 중 風氏(풍씨)를 人間(인간)의 始性(시성)으로 본 것은 참으로 卓見(탁견)이다.

始性(시성)이 風氏(풍씨)인데 이는 곧 風流道(풍류도)인 神仙(신선)의 秘義(비의)를 깨친 자의 性(성)임을 直感(직감)할 수 있다. 그러나 僊脈(선맥)이 끊어지고 風流道(풍류도)의 本質(본질)이 은폐되므로 말미암아 風氏(풍씨)도 사라지고 姜氏(강씨)가 始性(시성)으로 등장한다. 이 姜氏(강씨)는 곧 여자가 낳은 羊(양)을 의미한다.

기독교적인 개념으로 설명하면 첫 아담이 타락하므로 風敎(풍교)를 喪失(상실)했으므로 風氏性(풍씨성)은 濫觴(남상)되지 못한다. 後(후) 아담인 예수가 여자의 몸을 통해 어린 羊(양)으로 오니 뜻으로 보면 姜氏(강씨)라 할 수 있다. 예수는 어린 羊(양)으로 와서 風流道(풍류도)의 길을 『聖書(성서)』 속에 提示(제시)하고 風氏(풍씨)가 되어 羽化登仙(우화등선)했던 것이다.

風氏(풍씨)는 곧 風流道(풍류도)를 깨친 자의 道性(도성)이다. 壇君(단군)께서 만약 性(성)이 있었다면 風氏(풍씨)였을 것이다. 왜냐하면 그는 山(산)에 들어가 산바람(嵐)을 타고 최초로 風流體(풍류체)가 되어 昇天(승천)한 神仙(신선)인 까닭이다. 그러므로 甑山(증산)이 말한 風氏(풍씨)·姜氏(강씨) 性(성)은 道性(도성), 즉 뜻으로 풀이해야지 우리들 血代(혈대)와 血脈(혈맥)의 性(성)으로 誤解(오해)하지 말아야 한다.

「鸞郞碑序(난랑비서)」에 孤雲(고운)은 風流道(풍류도)는 三敎(삼교)를 包含(포함)한다고 했다. 이 말은 儒佛仙(유불선) 三敎(삼교)를 混合(혼합)한 것이 風流道(풍류도)가 아니라 風流道(풍류도)의 神器(신기) 속에는 이미 三敎(삼교)의 眞理(진리)가 있음을 말하고 있다. 이 事實(사실)은 우리에게 重大(중대)한 道的暗示(도적암시)를 던져주고 있다. 風流道(풍류도)는 그 神器(신기) 속에 儒佛仙(유불선)의 糧食(양식)을 담고 있지만 風流道(풍류도) 自體(자체)는 儒(유)도 아니고, 佛(불)도 아니고, 仙^선도 아닌 것이다. 以佛非佛^{이불비불} 以儒非儒^{이유비유} 以仙非仙^{이선비선}이 風流道^{풍류도}의 本質^{본질}이다.

水雲^{수운}은 四十回^{사십회} 生辰^{생신}을 맞아 崔時亨^{최시형}에게 다음과 같이 말했다.

> 우리 道^도는 儒^유도 아니고 佛^불도 아니고 仙^선도 아니다. 그러나 儒佛仙^{유불선}이 合一^{합일}되어 있는 것이다. 즉, 天道^{천도}는 儒佛仙^{유불선}이 아니로되 儒佛仙^{유불선}이 天道^{천도}의 一部分^{일부분}이다. 儒^유의 倫理^{윤리}와 佛^불의 覺性^{각성}과 仙^선의 養氣^{양기}는 사람이 性^성의 自然^{자연}된 品賦^{품부}이며 天道^{천도}의 固有^{고유}한 部分^{부분}이니 내 道^도는 無極大源^{무극대원}을 잡은 것이다.[31]

이 水雲^{수운}의 말은 참으로 名言^{명언}이다.

그가 말한 無極大源^{무극대원}의 道^도가 곧 風流道^{풍류도}임을 두말할 나위가 없는 것이다. 東學^{동학}은 그 淵源^{연원}이 玄妙之道^{현묘지도}에 있는 것이다.

이와 같은 思想^{사상}은 甑山^{증산}도 마찬가지이다.

> 선도와 불도와 유도와 서도(기독교)는 세계 여러 민족의 文化^{문화}의 근원이 되었나니 이제 그 宗長^{종장}을 불러모아 통일케 할 것이며 모든 道統神^{도통신}과 文明神^{문명신}을 거느려 모든 문화의 정수를 뽑아모아 통합하리라.[32]

---

31 宋鎬洙 編著, 『民族正統思想의 探求』, 279.
32 『大巡典經』, 302.

儒佛仙유불선 심지어 西敎서교까지 混合혼합한 자리는 바로 風流道풍
류도의 자리인 것이다.

甑山증산이 遺書유서로 남긴 『玄武經현무경』 속에도 같은 思想사상이
담겨 있는데 다음과 같다.

受天地之虛無 仙之胞胎

受天地之寂滅 佛之養生

受天地之以詔 儒之浴帶

冠旺

兜率 虛無寂滅以詔

(천지의 허무한 기운을 받아 仙道선도[道敎가 포태[밴다는 뜻]하고
천지의 적멸한 기운으로 불교가 養生양생[낳아서 기른다는 뜻]하고
천지의 이조[왕이 신하에게 내리는 조칙과 같은 뜻]로서 유교가 욕
대[아기를 낳은 다음에 먹감기고 옷 입힌다는 뜻]하니 관왕[성년이
됨]은 이 허무와 적멸과 욕대를 거느린다.)

여기서 兜率도솔의 자리, 곧 儒佛仙유불선을 거느리는 자리가 風流
道풍류도의 자리임을 알 수 있다.

甑山증산이 豫言예언한 "風流酒洗百年塵풍류주세백년진"도 風流풍류의
道도로써 後天후천이 開闢개벽됨을 暗示암시하고 있는 것이다. 先天후천
相克상극 속에서 살던 인간들은 大道대도를 잃어버림으로 말미암아 무
덤을 남기는 존재가 되었지만 後天仙境후천선경이 개벽되면 이 땅에는
무덤이 없는 僊선의 大道대도가 現代현대의 高速道路고속도로처럼 우리
앞에 열려올 것이다.

僊선 本來본래의 자리에서 보면 儒佛仙유불선은 風流道풍류도에서 흘러내린 한 가닥 支流지류였다. 風流道풍류도야말로 모든 宗敎종교의 淵源연원이요 儒佛仙유불선은 裂敎열교임을 알 수 있다. 大道대도인 風敎풍교가 인간의 無明무명과 타락으로 廢폐해지고 喪失상실한 다음에 나타난 것이 儒유요 佛불이요 仙선(道敎)이었다. 風流道풍류도의 자리는 萬法만법이 濫觴남상한 淵源연원의 자리인 同時동시에 萬法만법이 歸一귀일할 수 있는 바다(法海)인 것이다. 風流道풍류도 안에서 모든 宗敎종교는 我執아집과 獨善독선을 버리고 一味일미가 될 것이다. 風流道풍류도는 天下천하의 神器신기이다.

지난날 어느 宗敎종교도 僊선을 바르게 理解이해하지 못했기 때문에 죽어서 天堂천당 極樂극락하는 식으로 死者사자의 宗敎종교, 死後사후의 彼岸宗敎피안종교가 되어버렸던 것이다.

이 땅 위에 무덤을 만들지 않고 子孫자손에게 더럽고 추악한 屍身시신을 남겨놓지 않은 종교의 진리는 僊선 밖에는 없는 것이다.

『聖書성서』에 흐르는 道脈도맥이 僊脈선맥인 것은 실로 놀라운 사실이 아닐 수 없다.

(僊선과 『聖書성서』의 道脈도맥에 대해서는 다음 機會기회에 자세한 論文논문을 發表발표할 것을 約束약속한다.)

이 地球지구는 人間인간의 무덤으로 오염되었다. 인간이 타락하지 않고 僊脈선맥을 계승했다면 儒佛仙유불선 三敎삼교는 발생하지 않았을 것이고, 地球지구는 무덤이 없는 仙境선경이 되었을 것이다.

「鸞郎碑序난랑비서」를 쓴 孤雲고운 崔致遠최치원도 屍身시신을 남기지 않고 僊化선화되었다.

一日 早起出戶 遺冠屨於林間 莫知其所之 蓋上賓也 寺僧 以其日薦冥禧[33]

(하루는 일찍 일어나 문밖에 나가 갓은 나뭇가지에 걸고 신은 수풀 사이에 버려둔 채 간 곳 없이 사라졌다. 아마도 승천하였을 것이라 하여 절의 중들이 집 나간 날로 명복을 빌었다.)

이 얼마나 깨끗한 僊化^{선화}인가? 이 얼마나 詩的^{시적} 解體^{해체}인가? 孤雲^{고운}은 자식들에게 屍身^{시신}을 남기지도 않고 가야산 언덕에서 산바람(嵐)을 타고 無跡^{무적}히 昇天^{승천}했던 것이다. 이것이 人間^{인간} 本來^{본래}의 모습인 것이다.

땅에서 즐겁게 長生不死^{장생불사}하다가 知慧^{지혜}가 白首^{백수}가 되면 遷去^{천거}할 때는 입던 道袍^{도포} 복사꽃 夭夭^{요요}하게 핀 나뭇가지에 걸쳐놓고 신던 신발은 금잔디 위에 가지런히 벗어놓고 회오리바람을 타고 僊化^{선화}되는 모습이야말로 한幅^폭의 詩畵^{시화}가 아니겠는가. 後天仙境^{후천선경}이 개벽되면 새로 이 땅 위에 回歸^{회귀}한 사람들은 僊^선의 大道^{대도}를 깨달아 長生不死^{장생불사} 換骨奪胎^{환골탈태} 天衣無縫^{천의무봉} 羽化登仙^{우화등선}의 道行^{도행}을 할 것이다.

5. 風流道^{풍류도}에로의 回歸^{회귀} — 原始返本^{원시반본}

宗敎^{종교} 本源^{본원}의 자리인 風流道^{풍류도}의 입장에서 보면 儒佛仙^{유불선}(道敎)은 裂敎^{열교}요 亞流^{아류}임을 알았다. 甑山^{증산}이 三敎^{삼교}를 超

---

33 李能和, 『朝鮮道敎史』, 82.

越^{초월}한 자리에서 새날의 仙境^{선경}을 개벽하려 함도 그 心性^{심성}이 風流道^{풍류도}의 心性^{심성}임을 알았다.

참 壇君^{단군}의 血孫^{혈손}이요 風敎^{풍교}의 얼이 살아있는 인간이라면 外來宗敎^{외래종교}인 儒佛仙^{유불선}에 정신을 빼앗기는 못난 일을 되풀이 해서는 안 된다. 이런 意味^{의미}에서 볼 때 甑山^{증산}은 純朝鮮^{순조선}사람 이었다.

甑山^{증산}의 다음 말을 음미해보자.

> 종도들에게 일러 가라사대 時俗^{시속}에 南朝鮮^{남조선}사람이라 이르나니 이는 "남은 조선 사람"이란 말이다. 東西^{동서} 各敎派^{각교파}에 빼앗기고 남 은 뭇사람에게 吉運^{길운}이 있음을 이르는 말이니 그들을 잘 가리치라 하 시니라.³⁴

"남은 조선 사람"은 儒佛仙^{유불선}에 陶醉^{도취}되지 않은 사람을 의미 한다.

이는 바로 風流道^{풍류도}의 魂^혼을 이르는 말이다.

엄밀한 意味^{의미}에서 참 道^도는 儒^선밖에 없다. 儒佛仙^{유불선}은 잘못 된 先天^{선천}에서 發生^{발생}한 非本來的^{비본래적} 宗敎^{종교}임을 잊어서는 안 된다. 때문에 後天仙境^{후천선경}이 개벽되면 儒佛仙^{유불선}을 超克^{초극}하여 大道^{대도}인 儒^선만이 照照^{조조}히 빛날 것이다. 後天^{후천}이 오면 모든 宗 敎^{종교}는 그 뿌리인 風流道^{풍류도}로 回歸^{회귀}할 것이다. 이것이 참 意味^{의 미}의 原始反本^{원시반본}이다.

---

34 『大巡典經』, 121.

모든 江^강물은 바다로 흘러간다. 江^강물이 바다에 이르기 전까지는 江^강의 이름이 있다. 漢江^{한강}, 洛東江^{낙동강}, 錦江^{금강} 따위. 그러나 바다로 흘러가 一味^{일미}가 되면 江^강의 이름은 無意味^{무의미}하다.

이와 마찬가지로 各種^{각종} 宗敎^{종교}는 人類^{인류}가 進步^{진보}하는 途上^{도상}에 있을 때에는 儒佛仙^{유불선}의 이름이 있었으나 風流道^{풍류도}의 바다에 이르면 다 함께 無名^{무명}의 자리에 돌아갈 것이다. 風流道^{풍류도}는 天下^{천하}의 神器^{신기}요 大器^{대기}이므로 모든 宗敎^{종교}를 포용할 것이다. 이것이 道^도의 原始反本^{원시반본}인 것이다.

老子^{노자}는 다음과 같이 말씀했다.

江海所以能爲百谷王者 以其善下之 故能爲百谷王[35]
(강과 바다가 모든 골짜기의 왕이 되는 것은 그 몸을 낮은 곳에 두기 때문에 모든 골짜기의 왕이 된다.)

上善若水 水善利萬物而不爭 處衆人之所惡 故幾於道[36]
(지극히 착한 것은 물과 같다. 물은 만물을 이롭게 하고서도 다투지 않고 뭇사람이 꺼리는 곳에 있나니 그러므로 도에 가깝다 할 수 있다.)

이와 마찬가지로 風流^{풍류}의 하늘을 開天^{개천}하여 僊^선의 大道^{대도}를 이룬 壇君^{단군}의 후손들이 이날까지 巫敎^{무교}의 옷을 입고 온갖 外來宗敎^{외래종교}의 下水溝^{하수구} 노릇을 했고 바다처럼 낮은 자리에 처하여 온갖 고난과 시련을 반만년 동안 받아왔다.

---

35 『老子』, 第8章.
36 『老子』, 第41章.

그러나 낮은 자리에 처한 下水溝^{하수구}와 바다가 모든 江^강물을 포용하듯 고난 속에서 연단된 白衣民族^{백의민족}이 僊^선의 大道^{대도}로서 人類^{인류}를 구원할 빛을 발할 것이다.

甑山^{증산}이 理想^{이상}했던 大道^{대도}도 僊^선이었다. 그것은 다음과 같은 法言^{법언}을 보아도 알 수 있다.

> 나의 일은 呂洞賓^{여동빈}의 일과 같으니 洞賓^{동빈}이 인간에게 인연이 있는 자를 가려서 長生術^{장생술}을 전하려고 빗장사로 변장하여 거리에서 외쳐 가로되 이 빗으로 빗으면 흰 머리가 검어지고 굽은 허리가 펴지고 쇠한 기력이 强壯^{강장}해지고 늙은 얼굴이 젊어지나니 이 빗값이 천냥이로다 하거늘 듣는 사람이 모다 虛誕^{허탄}하게 생각하야 믿지 아니하니 洞賓^{동빈}이 한 노파에게 시험함에 果然^{과연} 말한 바와 같은지라 모든 사람이 그제야 다투어 모여드니 洞賓^{동빈}이 드디어 昇天^{승천}하니라.[37]

이 法言^{법언}에서 나타난 바와 같이 甑山^{증산}이 하고자 한 일도 呂洞賓^{여동빈}같이 僊^선의 길이었음을 알아야 한다.

비록 相克^{상극}인 先天世界^{선천세계}에서는 僊^선의 길을 開明^{개명}하지 못하고 죽었으나 後天^{후천}이 열리면 風流道^{풍류도}는 모든 인간의 가슴 속에 僊脈^{선맥}을 연결시켜 줄 것이다.

甑山^{증산}은 자신을 彌勒^{미륵}의 化身^{화신}으로 생각했는데 이 彌勒^{미륵}이 펴실 道^도가 곧 僊^선인 것이다.

『三國遺事^{삼국유사}』未尸郎傳^{미시랑전}을 보면 "未尸^{미시}"는 彌勒佛^{미륵불}

---

37 『大巡典經』, 167.

의 隱語^{은어}였다. 왜 彌勒^{미륵}을 未尸^{미시}라고 隱語化^{은어화}했을까? 여기에는 두 가지 뜻이 숨어 있다.

첫째는 未尸^{미시}는 文子^{문자} 그대로 屍身^{시신}이 아니라는 뜻이다. 즉, 僊化^{선화}의 道^도는 屍身^{시신}을 남기지 않으므로 未尸^{미시}이다. 그러므로 이 未尸^{미시}라는 이름 속에는 僊^선의 秘義^{비의}가 포함되어 있는 것이다. 釋迦佛^{석가불}은 佛道^{불도}를 펴서 인간을 제도했지만 그의 道^도는 僊^선이 아니었다. 諸惡^{제악}을 멀리하고 諸善^{제선}을 행하기 위한 方便^{방편}의 道^도였다. 彌勒佛^{미륵불}이 出現^{출현}해야만 僊^선의 大道^{대도}를 열어 모든 사람을 長生不死^{장생불사}시키므로 그의 이름을 "未尸^{미시}"라 隱語化^{은어화}했던 것이다.

둘째는 未尸^{미시}의 尸^시자는 吏讀^{이두}에 "리" 音^음으로 발음되므로 未尸^{미시}는 곧 "미리"이다. 이 미리는 龍^용의 古語^{고어}이다. 龍^용을 미리라 한다. 그러므로 未尸^{미시}(미리)는 龍^용의 상징이다. 그런데 『彌勒下生經^{미륵하생경}』에 보면 彌勒佛^{미륵불}은 龍華樹^{용화수} 나무 아래서 成道^{성도}하므로 彌勒^{미륵}이 出世^{출세}하는 때를 龍華世界^{용화세계}라 했다. 그러므로 彌勒^{미륵}으로 자처한 甑山^{증산}도 未尸^{미시}라 할 수 있다. 우리나라 불교는 예로부터 未來佛^{미래불}인 彌勒佛信仰^{미륵불신앙}이 유달리 깊었다. 더구나 民衆^{민중}의 가슴 깊이 미륵을 사모하는 信仰^{신앙}이 깊었다. 그 원인은 잃어버린 僊^선의 자취를 미륵불에서 찾아보려는 道的鄕愁^{도적향수}였을 것이다. 新羅^{신라}의 僧^선 眞慈^{진자}가 發願^{발원}하여 彌勒^{미륵}은 잠시 未尸郞^{미시랑}으로 現身^{현신}하여 花郞^{화랑}의 우두머리로 있다 홀연히 바람처럼 그 자취를 감추었다. 이 未尸郞^{미시랑}이야말로 僊^선의 化身^{화신}이었던 것이다.

釋迦佛^{석가불}이 人間濟度^{인간제도}의 길을 完城^{완성}했다면 미륵불이

出世^{출세}할 필요가 없다. 미륵이 出世^{출세}한다는 뜻은 곧 지난날의 佛教^{불교}가 낡았음을 暗示^{암시}하고 있는 것이다. 미륵불이야말로 本來^{본래}의 道^도인 風流^{풍류}의 길잡이로 後天龍華世界^{후천용화세계}에 또 나타날 것이다.

僊^선에의 回歸^{회귀} — 이것이 原始反本^{원시반본}인 것이다.

6. 結語^{결어}

僊^선에 대한 考證^{고증}은 文獻^{문헌}과 史料^{사료}가 全無^{전무}한 상태이므로 그 復元^{복원}은 거의 불가능하다. 僊^선은 荒蕪地^{황무지}와 같은 상태에서 폐기되어 온갖 雜草^{잡초}가 무성하다.

이 拙稿^{졸고}가 僊^선의 荒蕪地^{황무지}에서 무성한 雜草^{잡초}를 뽑는 作業^{작업}을 試圖^{시도}해 보았다. 잃어버린 大道^{대도}를 향해 희미한 오솔길이라도 뚫고 싶었다.

筆者^{필자}가 지은 卒詩^{졸시} 〈松花^{송화}가루처럼〉을 읊어 맺는말에 代身^{대신}하고자 한다.

이 詩^시는 羽化登仙^{우화등선}을 소재로 하였다.

푸른 하늘을 나는
松花^{송화} 가루처럼

이 肉身^{육신}을 흩어
미세한 元素^{원소}의 꽃으로
듬뿍 虛空^{허공}에 뿌리자

푸르스름한 山산바람에 풀어져

내 숨결

玄妙현묘한 風流體풍류체가 되면

넘실거리는 松濤송도에 실려

투명하게 氣化기화한 내 靈영은

어디로 沒入몰입될까?

谷神곡신이여

하늘과 땅 사이에 구멍을 뚫어 놓고

바람을 풍겨내어

槖籥탁약의 피리를 부는가

갈매빛 靑山청산 허리에

한줌 꽃가루를 날리고

이내에 파묻혀

나는 蹤迹종적을 감추리

끝으로 한 가지 附言부언해 둘 것은 잃어버린 大道대도인 風流道풍류道는 天下천하의 神器신기이므로 이날까지 儒佛仙유불선의 槪念개념에 젖어있는 사람들에게는 허황한 말로 들릴지 모른다. 神仙신선이라면 神話신화 속의 存在존재로 생각하고 있는 現代人현대인들의 思考能力사고능력으로는 僊선의 槪念개념이 理解이해될지 의문이다.

人間인간은 大道대도를 喪失상실했으므로 神仙신선의 存在존재도 神話

的^{신화적}인 존재로 착각하고 있다. 이는 『法華經^{법화경}』속에 나오는 窮子^{궁자}의 比喩^{비유}와 같다. 어려서 父母^{부모}를 떠난 長子^{장자}가 外地^{외지}에서 苦生^{고생} 끝에 제 本性^{본성}을 잃고 거지가 되어 本家^{본가}로 돌아오나 자기가 본래 이 집의 長子^{장자}임을 잊고 종이 되어 일하면서 잃어버린 本性^{본성}을 回復^{회복}하여 부모를 찾음과 같이 人間^{인간}도 本來^{본래}는 僊的存在^{선적존재}였으나 타락과 무명으로 인하여 제 本性^{본성}을 잃어버리고 죽어서 영혼이나 天堂^{천당} 極樂^{극락} 가는 것이 당연한 길로 착각하고 있는 것이다.

우리는 잃어버린 人間性^{인간성}을 回復^{회복}하여 僊^선의 길이 本來^{본래}의 常道^{상도}임을 깨닫자.

老子^{노자}는 다음과 같이 말씀했다.

上士聞道 勤而行之 中士聞道 若存若亡 下士聞道 大笑之 笑不足以爲道
(으뜸가는 선비는 도를 듣고 힘써 실천하며, 중간 선비는 도를 듣고 도 있고 없음을 의심하며, 아래 선비는 도를 듣고 크게 웃나니 그가 비웃지 아니하면 도라 할 수 없다.)

이 말씀처럼 下士^{하사}들은 僊^선에 대하여 크게 비웃을 것이다.

大道^{대도}인 風流道^{풍류도}를 儒佛仙^{유불선}의 抑壓^{억압} 속에 매달린 下士^{하사}들이 어찌 알 것인가? 낡은 종교, 낡은 道德^{도덕}, 낡은 倫理^{윤리}, 낡은 가치관에서 脫出^{탈출}하여 大道^{대도}의 하늘을 開天^{개천}하여 僊^선의 聖日^{성일}을 맞이하자.

III. 한국인의 平和思想^{평화사상}*

— 和諍思想^{화쟁사상}의 기독교적 受容^{수용}

한국인의 心性^{심성}, 그 가장 깊은 곳에 녹아내린 無意識化^{무의식화}된 마음이 있다면 그것은 어떤 것일까?

그 무의식의 깊은 바다에서 現意識^{현의식}의 잠을 깨어 우리들이 앞으로 世界^{세계}를 향해 외칠 수 있는 思想^{사상}이 있다면 과연 어떤 것일까?

한국인의 無意識^{무의식} 속에 녹아내린 그 마음을 思想^{사상}으로 꽃피워 세계를 향해 자랑할 수 있는 그 무엇이 있다면 그것은 한마디로 말해 "平和思想^{평화사상}"이다.

受難^{수난}의 女王^{여왕}으로 지금 세계사의 네길거리에 앉아 있는 우리 민족은 오천 년의 긴 年輪^{연륜} 속에서 온갖 고난과 시련과 전쟁을 극복하고 살아남은 백성들이다.

오천여 년 동안 외침의 침입을 9백 번 넘게 받았는데 우리들은 戰火^{전화} 속에서 살아남았고, 수백 번의 外侵^{외침}을 당하면서도 단 한 번도 남의 나라를 넘본 일이 없는 平和愛護百姓^{평화애호백성}이 한국인의 心性^{심성}에 오천 년이 넘도록 흘러내려서 無意識化^{무의식화}된 黃金

---

* 玄黎民, "한국인의 平和思想", 「超敎派」 72권(1984. 1.): 22-29.

鑛脈황금광맥같은 心性심성임을 깊이 이해해야 한다.

평화의 心性심성은 우리가 세계를 향해 자랑할 수 있는 心性심성이요, 이데올로기의 전쟁과 原子戰원자전의 공포에서 世界心靈세계심령을 건질 수 있는 유일한 思想사상의 원천임을 깊이 깨달아야 한다.

그런데 우리가 처한 현실은 어떠한가?

남북은 분단되어 이데올로기의 피나는 싸움을 하고 교파는 갈려 정통과 이단의 시비에 영일이 없고, 사회는 흑백논리의 악순환 속에 자기들의 견해와 다른 주장을 하면 무서운 올가미를 씌워 定罪정죄하고 있지 않은가?

평화사상을 꽃피워야 할 한국 백성이 전쟁의 공포와 온갖 是非시비와 흑백논리 속에서 핏대를 세우고, 독선과 교만, 아집과 과대망상증 속에서 사팔눈으로 남을 의심하고 定罪정죄할 허물만 찾고 있는 小人輩소인배들로 전락한 현실적 상황 속에서 우리는 평화사상의 淵源연원을 살피고, 和諍思想화쟁사상의 역사적 맥락을 살펴봄도 무의미한 일은 아닐 것이다.

平和평화-和諍화쟁사상의 淵源연원

평화사상의 淵源연원을 우리는 風流道풍류도에서 찾을 수 있다 孤雲고운의 「鸞郎碑序난랑비서」에 보면

나라에 玄妙현묘한 도가 있으니 일컬어 風流풍류라, 設敎설교의 근원이 仙史선사에 詳備상비하였으니 실로 三敎삼교를 포함하고 群生군생을 接化접화한 것이다. 뿐만 아니라 入입하면 집안에 孝효하고 出출하면 나라에 忠충

하였으니 이는 魯司寇노사구(孔子)의 旨지요. 無爲무위한 일에 처하여 不言불언의 敎교를 행하였으니 이는 周柱史주주사(老子)의 宗종이요. 諸惡제악을 짓지 않고 諸善제선을 봉행하였으니 이는 竺乾太子축건태자(釋迦)의 化화라.

이와 같이 儒佛仙유불선 三道삼교를 포함하고 있지만 儒유도 아니요 佛불도 아니요 仙선도 아닌 心器심기가 곧 風流道풍류도였다.

본래 한국인의 心性심성은 風流풍류의 멋을 아는 마음들이었으므로 어떤 사상이나 어떤 異質的이질적인 종교도 和화로 조화하고 통일할 수 있는 大器대기의 心性심성들이었는데, 이것이 중간에 잘못된 민족성격으로 변질되어 흑백논리, 이단 시비, 이데올로기의 괴뢰가 되어 민족은 분열되고, 종교는 교파와 교리의 시비 속에서 피 흘리고, 사회는 黨爭당쟁 속에서 硬化경화된 상황을 조성하고 있으니 진실로 "風流풍류의 정신", "和화의 心性심성"을 상실한 민족이 아닐 수 없다.

타락한 인류 역사는 그 속 알맹이를 따져보면, 엄밀한 입장에서 종교의 戰爭史전쟁사였다. 현대만 보더라도 자본주의와 공산주의의 이데올로기 전쟁도 종교전쟁이며, 이스라엘과 아랍 민족의 피나는 전쟁도 종교전쟁이고, 인도와 파키스탄의 전쟁도, 힌두교도와 에이레의 전쟁도 구교도와 신교도의 전쟁이었다. 중남미제국의 혁명도 공산주의라는 종교를 구교(가톨릭) 세계에 밀수입하는 데서 오는 동족상쟁들이 아닌가?

인간의 心性심성이 한 종교의 노예로 전락하고 만 思想사상의 괴뢰로 鑄型化주형화되고 한 교파의 小人輩소인배로 硬化경화되면 다른 종교와 思想主義사상주의는 용납 못하고 아집과 독선과 자기도취에 빠져 남을 定罪정죄하고 異段視이단시하고 악마로 생각하고 편협한 인간기계로 전락되어 나라 간에는 전쟁, 종교 간에는 신성불가침, 개인 사이에는 是非^{시비}가 벌어져 싸움은 시작되고 인명은 살상되고 국가와 사회는 분열되어 서로가 멸망과 쇠퇴의 길을 걷게 된다.

오늘날 레바논의 사태를 보면 같은 민족인데도 기독교 민병대와 회회교 민병대로 분열되어 同族相爭^{동족상쟁}을 하고 있으니 낡은 종교, 잘못된 교파의 편견이 얼마나 무서운 해독인가를 우리는 깊이 인식해야 한다.

어느 시대에도 전쟁이 없는 시대는 거의 없었지만 20세기는 大戰^{대전}의 시대이다. 제1차 세계대전, 제2차 세계대전이 다 20세기에 와서 생긴 비극이고, 우리 현대인은 지금 제3차 대전의 공포와 위기의식 속에서 살아가고 있는 죽음이 猶豫^{유예}된 실존들이다.

장차 우리에게 전해질 메시지는 전 인류가 동시에 死滅^{사멸}하는 "죽음의 消息^{소식}"이 남아 있을 뿐 어디를 보아도 出口^{출구}는 없는 상황에 놓여 있다.

미래학자들의 분홍빛 설계, 희망의 신학을 떠벌이는 左傾化^{좌경화}된 신학자들의 주장 그리고 2000년대에 가면 GNP 얼마가 된다는 후진국 정치지도자들의 낙관적인 숫자와 통계의 놀음도 死刑囚^{사형수}가 백일몽을 꾸고 있는 환상임을 잊어서는 안 된다.

세계를 건질 수 있는 종교와 사상이 있다면 "平和^{평화}"의 두 글자뿐인데 이 사명을 받은 민족은 세계 역사를 조사해 보면 우리 민족의 風流道^{풍류도}밖에는 없음을 깊이 명심해야 한다.

風流道^{풍류도}는 老子^{노자}가 말한 大道^{대도}이다. 이 大道^{대도}가 사라진 후 나타난 종교들이 불교, 유교, 도교, 기독교, 힌두교, 회회교 같은 이와 같은 찢긴 裂教^{열교}들이다.

불교, 유교, 도교, 기독교, 힌두교, 회회교, 맑스교(공산주의)를 한자리에 모아 놓으면 전쟁과 시비와 욕설과 저주가 영원히 계속되고, 이 잡다한 裂教열교들을 조화·통일 할 수 있는 神器신기는 없다. 만약 그런 大道대도 곧 大器대기가 있다면 그 옛날 상고시대 이미 三教삼교를 내포했던 風流道풍류도의 心器심기 그 和화의 大器대기가 있을 뿐이다.

바람(風流)은 절대 자유한 靈영이요 정신이기 때문에 유교에도, 불교에도, 도교에도, 기독교에도, 힌두와 회회교 그리고 맑스교에도 고착되지 않고, 노예화되지도 않고, 괴뢰화되지도 않는다.

예수가 니고데모에게 말씀한 성령으로 거듭난 사람은 바람 같다 했는데 이것이 곧 절대 자유를 얻은 風流풍류의 영이요 정신이었다. 그런데 현대인은 어떤 종교와 사상과 이념의 노예로 전락되어 괴뢰가 되고 굳어진 心性심성이 되어 전쟁의 種子종자가 되어버렸으니 비극이 아닐 수 없다.

상고시대, 곧 단군시대의 우리 조상들의 心性심성은 바람이어서 절대 자유한 靈영이요 정신이요 마음이었는데 그 피를 이어받은 못난 우리들은 이데올로기의 괴뢰로 전락되고, 종교와 교파의 노예로 전락되어 싸움질만 하고 있으니 참 양심이 있는 종교인이 이 땅에 있다면 광화문 네거리에서 통곡할 일 아닌가.

風流道풍류도가 사라진 다음 못난 자손들이 형성한 心性심성이 샤마니즘, 곧 "巫무의 心性심성"이었다. 이 無明무명의 心靈심령으로 奈落나락된 다음 우리나라에 광명을 주기 위해 수입된 종교가 유교, 불교, 도교, 기독교였다. 그러므로 이 나라에 태어난 참 깬 종교인이 있다면 이 잃어버린 風流풍류의 맥락을 찾아 그 가없는 心器심기 속에 유교, 불교, 도교, 기독교를 담아 온갖 종교 간의 시비와 교리의 전쟁을

지양하고, 和諍^{화쟁}의 사상으로 위기의식에 빠진 平和^{평화}의 메시지를
전해야 한다.

元曉^{원효}의 和諍思想^{화쟁사상}

元曉^{원효}는 신라 하늘에 빛난 大覺^{대각}의 큰 별이었다. 元曉^{원효}는
새밝이라는 뜻인데 그는 無明^{무명}한 신라心性^{심성}을 밝히는 새벽의 밝
음이었다.

부처님 入滅^{입멸} 後 元曉^{원효}의 종교사적 위치는 龍樹^{용수}와 馬鳴^{마명}
에 비견할 큰 人物^{인물}이었다.

고려의 大覺國師^{대각국사} 義天^{의천}이 元曉^{원효}를 찬양하여 말하기를
"百家異諍之端^{백가이쟁지단}을 화합하여 一代至公之論^{일대지공지론}을 얻었
으니 前哲^{전철}을 歷賢^{역현}해도 師右^{사우}에 뛰어날 이가 없다" 했으니
올바른 정평이 아닐 수 없다.

본래 인도에서 발원된 불교의 大小乘佛教^{대소승불교}는 중국에 와서
俱合^{구합}·成實^{성실}·地論^{지론}·攝論^{섭론}·四論^{사론}·三論^{삼론}·法華涅槃^{법화열반}·
律^율·天台^{천태}·華嚴^{화엄}·淨土^{정토} 등 수없는 학파와 종파로 전개되어
저마다의 我是彼非^{아시피비}의 쟁론을 일삼아 一味^{일미}의 佛法^{불법}이 그
맛을 잃고 종파마다 자기들의 주장을 옳다 하여 百家^{백가}의 諍論^{쟁론}이
끊일 날이 없었다.

元曉^{원효}가 출생했던 시대적 상황을 보면 중국은 불교 교리의 정
리시대 조직 시대였고, 신라에 불교가 전래된 지는 백 년의 세월이
겨우 흘러갈 때였다.

고구려와 백제는 신라보다 1세기 반이나 앞서 불교가 유통되어

황금시대를 이루고 있었다.

늦게 불교를 수입한 신라는 이차돈의 순교 후 불교를 崇奉^{숭봉}하여 王公貴族^{왕공귀족}의 자제가 출가하여 唐^당에 유학하여 신라 불교 건설에 이바지하였다. 眞興王^{진흥왕} 10년(AD 549)에는 沙門^{사문} 覺源^{각원}이 梁^양에 들어가 求法^{구법}하고 부처님 舍利^{사리}와 經論^{경론}을 싸가지고 왔으며, 다음 眞平王^{진평왕} 9년에는 沙門^{사문} 明智^{명지}가 入陣來法^{입진래법}하였고, 同^동 11년에는 沙門^{사문} 圓光^{원광}이 入陣求法^{입진구법}하고 뒤이어 明朗^{명랑}, 安瘡^{안창}, 慈藏^{자장} 등의 高僧^{고승}들이 唐^당에 유학한 뒤 귀국하여 法輪^{법륜}을 굴리며 신라 불교를 건설하였다.

이처럼 元曉^{원효}가 출생했을 때 신라 불교는 백 년의 연륜이 지나간 초창기 불교였지만, 중국의 종파 불교를 수입한 신라 불교는 온갖 異諍^{이쟁}의 是非^{시비} 속에서 서로가 自派^{자파}만의 진리를 주장하고 있었다.

禪^선을 하는 중들은 부처님의 마음을 보는 禪門^{선문}만을 중요시했고, 敎^교를 하는 중들은 부처님의 말씀은 論經^{논경}을 중요시하여 서로가 아집과 독선과 편견으로 신라의 心靈^{심령}들은 굳어져 가고 있을 때 元曉^{원효}가 나타나 十門和諍論^{십문화쟁론}의 큰 말씀을 증거하여 法海一味^{법해일미}의 참맛을 慈雨^{자우}처럼 중생들에게 뿌려주었다.

元曉^{원효}의 和諍思想^{화쟁사상}이란 大^대 · 小僧^{소승} · 空^공 · 性^성 · 相^상이 대립되고 相反^{상반}되는 敎義^{교의}로 인한 諸宗派^{제종파}의 偏執^{편집}과 諍論^{쟁론}을 조화하고 會通^{회통}하여 三乘^{삼승}, 곧 一乘^{일승}이라는 通佛敎^{통불교}의 원리로 귀납시키는 사상이다.

온갖 모순과 피아의 대립, 是非^{시비}의 諍論^{쟁론}이 다 끊어진 절대 조화 통일의 세계가 無諍^{무쟁}의 세계라면, 피아의 대립과 모순, 시비와 쟁론이 있는 이 현실에서 그 모든 대립 · 모순, 시비 · 쟁론을 조화 ·

회통·초극하여 하나의 세계로 지향하려는 것이 元曉원효의 和諍思想화쟁사상이다.

원효의 和諍思想화쟁사상은 곧 조화 통일의 사상이요 평등·평화의 원리이다.

그러므로 현대의 대립된 이데올로기의 모순, 종교 간의 싸움, 교파 간의 불화와 이단 시비도 元曉원효의 和諍화쟁 정신으로 극복해야 한다. 아니, 元曉원효의 和諍화쟁 정신이 아니라 風流道풍류도의 脈맥이 元曉원효에 이르러 和諍화쟁의 思想사상으로 꽃피웠으니 모든 종교를 내포할 수 있는 風流풍류의 心器심기로 민주와 공산, 唯心論유심론과 唯物論유물론, 개인주의와 전체주의가 대립한 현대사를 구원해야 한다.

元曉원효의 마음 그릇은 바다였다.

그는 百川백천 같은 종파의 混水혼수를 바다와 같은 마음으로 다 집어삼킨 신라 하늘의 큰 心星심성이었다.

선교 100년을 맞이하는 기독교도들 속에서도 元曉원효와 같은 和諍화쟁의 그릇이 出生출생해야 한다.

※ 孤雲고운 崔致遠최치원의 儒佛仙유불선을 잘 調化조화시킨 心性심성과 四色黨爭사색당쟁 속에서도 和화의 思想사상을 모색하든 栗谷율곡에 대해서 언급해야 하지만 지면이 제약된 관계로 생략한다.

3.1운동의 정신

活火山활화산 같이 터진 3.1운동은 이 민족 오천 년 정신사에 최근의 巨峰거봉을 융기시킨 위대한 사건이었다.

非暴力^{비폭력} 무저항의 평화운동이 일제의 악마 같은 발굽 아래 숱한 피를 흘렸으나 3.1독립운동은 이 민족 정신사에 기념비적인 많은 문제를 제시한 민중의 가슴속에서 터져 나온 天命^{천명}에 순종한 사건이었다.

기독교와 불교와 천도교의 지도자들이 和諍^{화쟁}의 자리에 앉아 독립선언서에 도장을 찍든 이 불가사의한 사건은 일찌기 오천 년 역사에서 찾아볼 수 있었든가?

오늘날처럼 기독교인들이 小人輩^{소인배}로 전락하고 다른 종교는 다 지옥 간다고 떠드는 작금의 풍토에서 3.1운동 같은 평화운동이 가능하겠는가?

다 아는 바와 같이 3.1운동의 주된 원동력은 기독교인들이었다.

그러나 이 운동은 누구의 설교나 권고에 의해서 혹은 종교적인 교리에 의해서 시작된 이데올로기的^적인 운동이 아니다. 이심전심으로 순식간에 민중의 가슴에서 가슴으로 번져나가고, 종교와 교파를 초월하고 양반과 상놈의 계급 관념을 넘어서 민중의 가슴이 한꺼번에 活火山^{활화산}처럼 폭발한 평화의 몸짓이었다.

이 맥락도 그 淵源^{연원}은 風流道^{풍류도}, 곧 절대 자유한 정신에 있었음을 깊이 깨달아야 한다.

세계 어느 나라 역사에 전혀 異質的^{이질적}인 종교 집단이 자기들의 교리와 교파를 초월하여 민중의 가슴속에 活火山^{활화산} 같은 불꽃을 일으킨 事例^{사례}가 있었든가?

그러나 3.1운동을 일으킨 기독교와 천도교와 불교의 지도자들은 和諍^{화쟁}의 정신으로 평화운동의 기수가 되어 민중의 가슴속에 불꽃을 일으키고 세계사에 그 유례를 찾아볼 수 없는 정신적인 山脈^{산맥}을 융기시켰던 것이다.

불교는 이 나라 민중의 가슴 깊이 녹아든 종교였지만, 李朝이조의 배불정책으로 말미암아 겨우 명맥을 유지했고, 동학은 새로 일어난 민중의 종교로서 생동하는 생명력을 지니고 있었고, 기독교는 개화의 기수로서 양반과 민중들 사이에 깊은 감동을 불러일으킨 부흥하는 종교였다. 이 세 종교는 너무나 異質的이질적인 종교이기 때문에 그 대표 등이 한자리에 화동하는 불가능한 입장에 있는 종교였다.

그러나 風流道풍류도의 멋과 절대 자유 정신의 心脈심맥을 이은 우리의 조상들은 모든 종교적인 아집과 독선과 편견을 초월하여 和諍화쟁의 정신으로 한자리에 앉아 뜨거운 대화를 나누면서 평화사상이 비폭력 무저항의 민중운동을 일으켜 세계를 놀라게 했던 것이다.

3.1독립선언서에는 儒林유림의 대표들은 없다. 이는 이조 5백 년 동안 유교가 민중들의 가슴속에서 이반되었으므로 당시 독립선언서에 서명한 대표들도 儒林유림은 초청하지 않았던 것이다.

평화사상과 和諍精神화쟁정신의 脈맥은 元曉원효나 孤雲고운이나 栗谷율곡같은 성현들에게 면면히 이어져 내리더니 3.1운동 때 드디어 민중의 가슴속에 불을 일으켜 뜨거운 活火山활화산으로 분출되었던 것이다.

우리는 모든 종교를 초월하고 교파와 교리를 넘어선 3.1 정신의 위대한 和諍화쟁의 脈맥을 계승하여 오늘에 되살려야 한다. 그리하여 남북통일도 風流道풍류도의 평화사상과 和諍精神화쟁정신으로 이룩해야 한다.

韓國思想^{한국사상}의 기독교적 受容^{수용}

히브리書^서를 보면 예수는 멜기세덱의 반차를 쫓아 하늘의 大祭司長^{대제사장}이 되었다고 기록되어 있다.

멜기세덱은 평화의 王^왕이다. 따라서 예수도 평화의 王^왕으로 이 땅에 오셔 화해의 구속 사업을 성취했던 것이다.

우리 민족은 평화의 백성이요, 風流道^{풍류도}는 모든 종교를 담을 수 있는 和諍^{화쟁}의 神器^{신기}이므로 靈的^{영적} 맥락으로 볼 때 白衣民族^{백의민족}인 우리들은 멜기세덱과 예수의 心脈^{심맥}을 이은 백성이라 할 수 있다.

전쟁의 세기에 이 민족이 세계 속에 사명이 있다면 평화와 和諍^{화쟁}의 메시지를 전하는 사명이 아니겠는가.

멜기세덱과 예수의 心脈^{심맥}을 이은 백성이기 때문에 이 나라의 기독교는 부흥되는데 지금 기독교 지도자들은 이러한 하나님의 섭리를 깨닫지 못하고 자기 교회를 恐龍^{공룡}처럼 매머드화하고 수십만의 교인을 鑄型化^{주형화}시키는 종파주의, 교파주의의 아집에서 못 벗어나고 있다.

하나님이 이 민족의 가슴속에 기독교를 부흥시킴은 서양에서 裂教化^{열교화}된 기독교의 종파를 和諍^{화쟁}의 사상으로 조화시키고 통일시키기 위함인데 이 나라의 기독교 지도자들은 그 점을 깨닫지 못하고, 지금도 정신적으로 事大主義^{사대주의}와 종교적으로 植民主義^{식민주의}의 굴레에서 벗어나지 못하고 서양 신학을 물려받아 오늘도 四分五裂^{사분오열}되고 있으니 안타까운 일이 아닐 수 없다.

이 나라에 風流道^{풍류도}의 脈^맥이 있고, 이것이 곧 멜기세덱의 平和

^{평화}와 다르지 않음을 깨달을 때 우리는 가슴 깊이 噴出^{분출}되는 和諍
思想^{화쟁사상}의 생명수로 수백 개로 찢겨나간 기독교 교파 간의 是非^시
^비와 대립을 초극하고 다른 종교와의 화평도 모색될 것이다.

만약 기독교인들이 깨지 못하고 유대인처럼 고집스러운 選民意
識^{선민의식}과 맹신에 사로잡혀 끝까지 회개하지 않았을 때 우리들은
세계사의 끝날에 사명을 다하지 못한 민족이 되어 하나님에게 버림
받을 것이다.

3.1운동의 주동 인물이 기독교인이었듯이 앞으로 일으킬 평화운
동과 和諍思想^{화쟁사상}의 기수들도 각성된 기독교인들이 되었으면 얼
마나 좋겠는가?

맺는말

세계 역사를 뒤져보면 온갖 고난과 역경 속에서 살아남은 두 민족
이 있으니 이스라엘과 한국이다.

이스라엘 민족은 이천 년의 디아스포라, 곧 민족 離散^{이산} 속에서
살아남았고, 한국인은 구백 번이 넘는 外侵^{외침} 속에서 살아남은 기적
속의 두 민족이다.

選民^{선민}이라 자처하는 이스라엘 민족은 故土^{고토}에 돌아와 이스
라엘 나라를 건국하고 팔레스티나에 거주하던 아랍족을 추방한 후
지금 전쟁 속에서 나날을 보내고 있다. 그러나 이미 이스라엘 민족은
選民^{선민}의 자격을 상실한 민족이다.

아랍과의 피어린 전쟁은 지금 인류를 삼차 대전의 위기 속으로
몰아넣고 있는 戰爭狂^{전쟁광}으로 전락하였다.

현대에 있어서 하나님이 평화의 선민으로 사명을 주신 백성은 백의민족인 우리들임을 깊이 깨달아야 한다.

IV. 三一神誥^{삼일신고}*

모든 종교에는 所依經典^{소의경전}이 있다.

기독교는 『성경』, 불교는 『팔만대장경』, 유교는 『사서삼경』, 도교는 老子^{노자}의 『道德經^{도덕경}』과 莊子^{장자}의 『南華經^{남화경}』이 있다. 힌두교는 『베다經^경』과 『우파니샤트經^경』이 있고, 回回敎^{회회교}는 『꾸란經^경』이 있고, 조로아스타敎^교는 『아베스타經典^{경전}』이 있다.

우리나라에서 발생한 민족종교를 보면 天道敎^{천도교}에서는 『東經大典^{동경대전}』이 있고, 甑山敎^{증산교}에서는 『大巡典經^{대순전경}』이 있고, 圓佛敎^{원불교}에는 『圓佛敎經典^{원불교경전}』이 있고, 大宗敎^{대종교}에는 『天符經^{천부경}』과 『三一神誥^{삼일신고}』가 있다.

수많은 경전 중에 잘 짜여진 경전이 『三一神誥^{삼일신고}』이다.

왜 그런가?

가장 적은 수의 글자로서 진리를 나타낼 수 있다면 그 경전은 우선 문학적인 입장에서 보아도 그 짜임새가 탁월하다. 詩^시는 적은 수의 문자를 가지고 우주와 인생의 깊은 내면과 교감할 수 있기 때문에 가장 높이 평가된다.

그런데 『三一神誥^{삼일신고}』는 365자 속에 天訓^{천훈}이 있고, 天宮訓^천

---

* 玄黎民, "三一神誥,"「종교신문」(1982. 5. 26.).

궁훈이 있고, 世界訓세계훈이 있고, 眞理訓진리훈이 있으니 이 經典경전의 짜임새에 놀라지 않을 수 없다.

그 어느 민족이, 그 어떤 종교의 천재가 365자 속에 하늘과 땅에 대한 진리를 농축시켜 우리 인류에게 준 일이 있었던가?

佛經불경의 『般若心經반야심경』도 잘된 경전이지만 그것만 가지고 불교 전체를 이해할 수 없다. 『八萬大藏經팔만대장경』의 방대한 경전을 다 읽고 그 뜻을 통달한 高僧고승이 몇 명이나 될까? 성경 新舊約신구약 의 大意대의를 꿰뚫은 神父신부나 牧師목사가 몇 명이나 될 것인가?

『天符經천부경』은 81자 속에 창조의 비밀을 含意함의하고 있으니 실로 놀라운 일이 아닐 수 없다.

老子노자 『道德經도덕경』은 五千字오천자로 구성되어 있는 뛰어난 經典경전이다.

『天符經천부경』, 『三一神誥삼일신고』, 『道德經도덕경』, 『般若心經반야심경』 그리고 예수의 山上垂訓산상수훈은 경서 중의 주옥들이다.

玄妙之道현묘지도, 風流풍류로 淵源연원하는 이 나라의 大宗敎대종교가 인류가 낳은 경서 중에 가장 잘된 글을 가지고 있으면서 왜 민족정신 은 이렇게 쇠퇴하고 썩어버렸을까?

오늘날 大宗敎대종교의 현황을 보면 壇君단군이나 □□은 통곡할 것이다.

우리 민족은 종교적으로 뛰어난 민족이면서도 제 얼을 상실했기 때문에 외래에서 수입된 종교의 노예로 전락되었다.

이 글을 쓰는 나 자신은 기독교인이지만 『三一神誥삼일신고』를 즐 겨 精讀정독하고 있다. 읽어볼수록 잘된 글이고 큰 뜻이 있음을 새삼 깨닫게 된다.

이 나라에서 태어난 참 한국 민족이라면 한 번쯤 『三一神誥^{삼일신고}』를 읽어보자.

5장

통일한국

I. 不二^{불이}의 法門^{법문}으로*

─ 求道者^{구도자} 흔 붉에게

155마일

蛇行^{사행}한 大蛇^{대사}를

누가 잡을까?

緩衝地帶^{완형지대} 무성한 雜草^{잡초}에 묻쳐

傀儡^{괴뢰}의 탈을 벗기 위하여

흔 붉이여

한 십년은 道^도를 닦아야지

이것이냐? 저것이냐? 묻지말자

이것도 저것도 双頭蛇^{쌍두사}의 길

그 넘어 中超^{중초}한 마당

不二^{불이}의 法門^{법문}으로

흰 독수리처럼 날아 오르라

---

* 변찬린, "不二의 法門으로", 「씨올의 소리」 제13호(1972): 99-101.

板門店^{판문점}에서

邪神^{사신}들의 똥을 주워먹는 走狗^{주구}들모양

흔붉이여

핏대를 세워 게(蟹)거품을 물지말자

서로가 얼이 빠진 헛도깨비

不殺^{불살}의 魂^혼들의 무엇을 하랴?

양키와 로스께

되놈과 쪽발이들이

催眠術^{최면술}을 부리는 讀心鬼^{독심귀}같이

同胞^{동포}의 얼을 빼먹고

겨레의 마음을 훔치고 있는 暗夜^{암야}

깨어라, 정신차려라

思想^{사상}에 醉^취해 속지말고

主義^{주의}에 의해 滯^체해 조을지 말고

눈을 부릅뜨고 터밭을 지키자

홀연히 영그러운 하늘바람 불어오면

벚꽃은 落花^{낙화}되어 흐터지고

中華^{중화}의 모란도 자취를 감추고

凍土^{동토}의 땅에 이끼가 덮일 때

白堊館^{백악관} 뜨락에도 雪花^{설화}가 분분하리

155마일

蛇行^{사행}한 大蛇^{대사}를
어찌 잡을까?

鐵條網^{철조망}과 참호와 地雷^{지뢰}밭 사이
DMZ 無人之境^{무인지경}
흔붉이여
한 십년은 面壁^{면벽}해야지.

惡靈^{악령}과 邪鬼^{사귀}가 없는 하늘의 餘白^{여백}
傀儡^{괴뢰}와 走狗^{주구}가 없는 空白^{공백}의 땅
中超^{중초}한 聖地^{성지}
우리의 道場^{도량}
歷史^{역사}의 秘義^{비의}
出口^{출구}여, 跳躍^{도약}이여, 飛翔^{비상}이여.

이슬에 젖어 돌베개를 베고 자는
苦行^{고행}의 밤
꿈은 흰뫼 뻗어나린 山河^{산하}에
無窮^{무궁}한 꽃을 심는 丹心^{단심}이여.

神檀樹^{신단수} 사다리를 오르 내리며
玄妙^{현묘}한 道^도
風流^{풍류}의 멋
잃어버린 韓^한마음 다시 찾아

만세할 날 어서 오라.

그날이 오면
北岳山^{북악산}과 모란峰^봉에서 山上垂訓^{산상수훈}이 전파되고
이데올로기의 병든 心靈^{심령}들이 神癒^{신유}받아
얼씨구
막힌 壁^벽을 헐고 원수를 사랑하리.

그날이 오면
漢江^{한강}과 大同江^{대동강}에서 洗禮^{세례}가 베풀어져
黨派^{당파}싸움에 물든 染心^{염심}을 씻고
절씨구
더러운 相爭^{상쟁}의 大罪^{대죄}를 救^사함 받으리.

흔붉이여
至誠^{지성}이 엉킨 心情^{심정}이 스며들고
悲願^{비원}의 血禱^{혈도}와 눈물로 씻긴
苦難^{고난}의 돌베개를 보라, 이 돌이
거룩한 城^성 예루살렘의 礎石^{초석}모양
새날 神市^{신시}의 요긴한 돌이될 때
새 무리가 일어나 韓^한나라 세우리.

II. 聖書的^{성서적} 입장에서 본 韓國統一^{한국통일}*

1. 머리말

금년은 우리나라가 일제 식민지 사슬에서 해방된 지 40년이 되는 뜻깊은 해이다.

40년은 성경에서 깊은 의미를 간직하고 있다. 모세의 바로 궁전 40년, 미디안 광야에서 40년 그리고 출애굽 후 시내 광야에서 40년을 보낸 후 이스라엘 민족은 가나안 땅에 들어갔다. 해방된 지 40년이 되었지만 우리는 남북 분단의 비극을 해결하지 못한 채 아직도 신음하고 있다.

남북 분단과 통일 문제를 논의할 때 우리는 항상 정치적 시각으로 문제를 논의하고 해결하려고 노력한다. 정치적 입장에서 보면 남북 분단은 이데올로기가 대립한 데서 시작되었고 2차 세계대전 직후 열강들이 카이로 회담과 포츠담 조약으로 제멋대로 38도선을 그어버린 결과라 할 수 있다.

우리 민족이 일제의 식민통치하에서 해방된 것은 우리들 자신들의 힘에 의하지 않고 열강들의 힘에 의한 결과였으니 강대국들이

---

* 玄黎民, "聖書的 입장에서 본 韓國統一,"「超敎派」 85(1985): 43-51.

자기들의 이해관계 때문에 38도선을 그어 버렸으니 약소국가인 우리들은 남북 분단의 운명을 감수하지 않을 수 없었다.

또 지정학적으로 보아도 우리 국토는 항상 열강들이 호시탐탐 노리는 약점을 지니고 있는 사실을 잊어서는 안 된다. 타력에 의해 해방되고 타의에 의해 분단된 우리들의 비극적인 운명을 어떻게 극복해야 할 것인가?

남북 분단 문제와 통일 문제를 수평적인 시각인 정치적 안목으로 볼 때는 자본주의와 공산주의가 대립한 이데올로기적 분단이기 때문에 정치적 협상과 경제적 교류를 시도하는 문제로부터 해결의 실마리를 찾아야 할 것이다.

그러나 수직적인 시각인 성경적 자리에서, 즉 하나님이 섭리하시는 십자가의 안목으로 볼 때는 새로운 지평이 열리는 데 유의해야 한다.

그간 중단되었던 남북 경제회담이 판문점에서 재개되고, 서울에서는 적십자 회담이 열리고 있지만, 정치와 경제의 문외한인 우리들은 묵묵히 지켜볼 입장에 놓여 있다.

그러나 이런 때일수록 하나님을 믿는 이스라엘들은 성경의 입장에서 남북 문제를 생각해 보는 것이 옳은 믿음의 태도가 아니겠는가. 우리들은 인간의 힘으로 해결이 불가능하게 보이는 역사적 난제에 부딪혔을 때 항상 성경에서 그 해답의 실마리를 찾아야 한다.

타락한 인간 역사는 항상 하나님이 역사의 현장에 관계하시는 구원사이므로 한국의 남북통일 문제도 하나님이 섭리하시는 뜻을 깨달을 때 출구가 열릴 것이다.

2. 무신론과 유신론의 뿌리

분별과 모순과 갈등과 이율배반의 과실인 선악과를 따먹고 타락한 후 인간들이 전개한 역사는 항상 투쟁과 대립과 모순과 갈등으로 점철된 이율배반의 역사였다.

유신론이 진리냐, 무신론이 진리냐의 문제는 가인이 아벨을 살해한 후 현대까지 계속되는 인간 앞에 던져진 문제였다. 물질과 정신, 육체와 영혼, 선과 악, 정의와 불의, 종교와 과학, 형이상학과 형이하학, 빛과 어둠, 생과 죽음, 이기심과 이타심, 사랑과 미움, 아름다움과 추함, 부와 가난, 부르조아와 프로레타리아 등의 상대적인 개념과 가치들은 서로가 상보적이고 상생적인 개념과 가치로서 인간의 역사를 온통 투쟁과 갈등과 모순과 전쟁으로 내몰았던 것이다.

투쟁과 모순 속에 전개된 인간의 이율배반적인 역사는 현대에 이르러 자본주의와 공산주의의 두 이데올로기로 지구를 양분하고, 마지막 아마겟돈 전쟁을 준비하기 위해 미·소 양대 진영은 군비증강과 원폭을 광적으로 생산하고 있고 오래지 않은 장래에 스타워즈까지 예비하고 있는 비극적인 상황 속에서 현대인은 집단 살육의 날을 기다리고 있다.

무신론과 유신론의 대립의 뿌리는 어디서부터 시작되었는가?

성경적 입장에서 보면 가인과 아벨로부터 비롯되었다. 하나님을 섬기는 아벨을 죽인 자는 마귀의 사주를 받은 최초의 무신론자인 가인이었다. 가인은 하나님을 부인한 마귀의 종교를 믿은 최초의 광신자였고, 하나님 없이 천국을 건설할 수 있고, 물질 위주로 인간이 생활할 수 있고, 하나님 자리에 인간이 대신 살 수 있다고 믿은 우상숭배자였다.

가인은 무신론적 이데올로기를 이 땅에 뿌리 내리기 위해 형제인 아벨을 살해했다. 아벨을 왜 살해했는가? 하나님을 믿는 아벨의 종교를 말살하고, 아벨이 믿는 영혼 불멸의 믿음을 말살하고, 아벨이 기다리는 메시아의 소망을 말살하기 위함이었다. 가인은 자기의 무신론적 목적 달성을 위해 아우인 아벨을 무자비하게 살해하고 시침을 떼었다.

오늘날 공산주의 혁명을 부르짖는 자들이 붉은 혁명의 목적을 위해 수단 방법을 가리지 않고 동족을 무자비하게 학살하고, 집단수용소를 만들어 형제를 노예로 만들면서도 양심의 가책을 받지 않는 원인은 그 뿌리가 가인으로부터 시작되었음을 알아야 한다.

공산주의 이데올로기가 과학적으로 짜여지고, 변증법적 유물론이 그럴듯한 이론을 내세우고, 계급 사관과 경제론이 교묘한 이론으로 무장되어 있어도 공산주의는 근본 뿌리가 하나님이 아닌 마귀에게서 비롯된 것임을 깊이 인식해야 한다. 공산주의자들이 인도주의를 내세우고 착취당하고 억압당하는 계급의 해방을 부르짖어도 그 속셈은 악마의 이데올로기를 실천하여 인류를 악마의 종으로 전락시키기 위한 무서운 함정임을 기독교인들은 알고 있어야 한다.

가인이 아벨을 살해한 이래 하나님의 섭리에 대해 마귀는 꾸준한 도전을 해오고 있다.

아담으로 비롯된 인간의 역사가 전쟁의 피로 얼룩지면서 오늘에 이른 것도 가인이 아벨을 살해한 데서 기인했다. 무신론과 유신론의 대립 투쟁은 물질과 정신, 육신과 영혼, 부자와 가난한 자들의 모순과 갈등을 전개하면서 현대에 이르러 자본주의와 공산주의의 이데올로기로 세계와 민족을 양분하고, 그 축소판으로 한국의 남북 분단의 비극을 초래하고 있다.

한국의 남북 분단과 휴전선은 단순한 역사적 사실이 아닌 하나님과 악마가 대립하여 마지막 판가리하기 위한 섭리를 이해해야 한다. 맥아더 원수가 6.25동란을 단순한 침략 전쟁이 아닌 신학적인 전쟁으로 이해한 것은 탁견이 아닐 수 없다.

하나님을 믿는 이데올로기인 유신론과 악마의 뜻을 실현하기 위한 무신론이 대립된 남북의 문제는 수평적 역사 관계로만 이해하면 그 뜻이 풀리지 않는다. 수평적인 역사 관계로 보는 안목과 수직적인 하나님의 섭리로 보는 안목이 교차될 때 남북 분단의 비극적 의미는 바르게 해독되고, 통일의 바른 해답을 얻을 수 있을 것이다.

남북으로 국토가 분단되고, 백색과 적색 이데올로기로 민족이 분열된 원형을 우리는 성경에서 찾아보아야 한다.

한국은 타락한 세계 역사를 구원하고, 죄악에 물든 인류를 구원하기 위해 십자가를 진 나라이다. 그럼 이제부터 국토 분단과 민족 분열의 역사를 성경적 자리에서 재조명해 보도록 하자.

3. 남북으로 분단된 이스라엘 선민

열두지파의 부족으로 구성된 이스라엘은 아브라함의 후손으로서 하나님의 뜻을 위해 선택받은 선민이었다. 사울에게서 왕권을 넘겨받고 이스라엘을 통일하여 선민의 국가 형태를 갖춘 최초의 왕은 다윗이었다.

다윗은 밧세바와 간통한 사건만 빼면 하나님 앞에서 정의로운 다스림을 행한 위대한 왕이었다.

다윗은 하나님의 성전을 짓기를 원했으나 전쟁의 풍운 속에서 일생을 보낸 다윗을 하나님은 성전 짓는 적임자로 허락하지 않았다. 하나님을 섬기는 성전을 짓기 위해 다윗의 아들인 솔로몬이 선택되었다. 하나님은 솔로몬에게 지혜를 주었고, 부도 축복해 주었다.

처음 솔로몬은 하나님의 지혜를 받아 공정하게 재판을 하면서 나라를 다스렸고, 하나님이 축복하신 경제적인 부로 예루살렘 성전을 건축하여 장엄하게 하나님께 바치는 종교적인 의식을 행했다.

그러나 솔로몬이 늙어갈수록 빛나던 지혜는 어두워지기 시작했고, 경제적 부는 사치와 방종과 향락을 위한 도구로 사용되었다. 드디어 솔로몬은 많은 이방 여인들의 간청을 받아들여 예루살렘 건너편 산에 만신을 섬기는 신전을 짓기에 이르렀다.

유일하신 하나님을 섬기는 예루살렘 성전을 지은 솔로몬이 마귀와 우상의 신전을 짓는 죄악을 범하게 된다. 솔로몬은 두 마음을 먹기 시작했고, 두 주인을 섬기기 시작했다.

예루살렘 성전에 가서는 유일하신 하나님을 예배하고, 만신의 신전에 가서는 그모스와 밀곰의 우상에게 경배하였다.

솔로몬 왕이 두 마음을 내었으므로 이스라엘 민족은 남북으로 분단되고 민족은 갈라지게 된다.

성경에는 다음과 같이 기록되어 있다.

솔로몬의 나이 늙을 때에 왕비들이 그 마음을 돌이켜 다른 신을 좇게 하였으므로 왕의 마음이 그 부친 다윗의 마음과 같지 아니하여 그 하나님 여호와 앞에 온전치 못하였으니 이는 시돈 사람의 여신 아스다롯을 좇고 암몬 사람의 가증한 밀곰을 좇음이라. 솔로몬이 여호와의 눈앞에서 악을 행하여 그 부친 다윗이 여호와를 온전히 좇음같이 좇지 아니하고 모압의 가증한 그모스를 위하여 예루살렘 앞 산에 산당을 지었고 또 암몬 자손의 가증한 몰록을 위하여 그와 같이 하였으며 저가 또 이족후비를 위하여 다 그와 같이 한지라 저희가 자기 신들에게 분향하며 제사하였더라. 솔로몬이 마음을 돌이켜 이스라엘 하나님 여호와를 떠나므로 여호와께서 저에게 진노하시니라. 여호와께서 일찍이 두 번이나 저에게 나타나시고 이 일에 대하여 명하사 다른 신을 좇지 말라 하셨으나 저가 여호와의 명령을 지키지 않았으므로 여호와께서 솔로몬에게 말씀하시되 네게 이러한 일이 있었고 또 네가 나의 언약과 내가 네게 명한 법도를 지키지 아니하였으니 내가 결단코 이 나라를 네게서 빼앗아 네 신복에게 주리라. 그러나 네 아비 다윗을 위하여 네 세대에는 이 일을 행치 아니하고 네 아들의 손에서 빼앗으려니와 오직 내가 이 나라를 다 빼앗지 아니하고 나의 종 다윗과 나의 뺀 예루살렘을 위하여 한 지파를 네 아들에게 주리라 하셨더라(왕상 11:4-13)

이 성구에서 보듯 유일신을 섬기며 그 성전을 지은 솔로몬이 늙어 신앙의 노망이 들어 우상의 신전을 지었을 때 하나님은 진노하여 선민의 나라를 남북으로 쪼개고 민족을 대립하게 만들었다.

다윗이 건국한 이스라엘 나라가 솔로몬의 범죄로 인하여 그 아들 르호보암 때 남북으로 분단된다. 그 후 선민은 남쪽 유다를 중심한 한 지파가 예루살렘 성전을 중심하여 예배드리고, 열한 지파 북쪽 이스라엘은 에브라임 지파를 중심하여 사마리아 그리심산에 성전을 짓고 예배하기 시작한다. 남북으로 분단되어 동족상쟁을 하던 유대 민족은 끝내 통일된 나라를 회복하지 못한 채 앗스르와 바벨론에 의해 멸망당하고 말았다. 유대 나라가 멸망당하고 선민이 포로가 되어 종살이하는 가운데 하나님은 선지자 에스겔을 통하여 분단된 남북이 통일국가가 되고, 분단된 민족이 하나가 될 것을 예언하고 있다.

> 여호와의 말씀이 내게 임하여 가라사대 인자야 너는 막대기 하나를 취하여 그 위에 유다와 그 짝 이스라엘 자손이라 쓰고 또 다른 막대기 하나를 취하여 그 위에 에브라임의 막대기 곧 요셉과 그 짝 이스라엘 온 족속이라 쓰고 그 막대기를 서로 연합하여 하나가 되게 하라. 네 손에서 둘이 하나가 되리라… 너는 곧 이르기를 주 여호와의 말씀에 내가 에브라임의 손에 있는바 요셉과 그 짝 이스라엘 지파들의 막대기를 취하여 유다의 막대기에 붙여서 한 막대기가 되게 한즉 내 손에서 하나가 되리라… 그 땅 이스라엘 모든 산에서 그들로 한 나라를 이루어서 한 임금이 모두 다 스리게 하리니 그들이 다시는 두 민족이 되지 아니하며 두 나라로 나누이지 아니할지라. 그들이 우상들과 가증한 물건과 그 모든 죄악으로 스스로 더럽히지 아니하리라. 내가 그들을 그 범죄케 한 모든 처소에서 구원하여 정결케 한즉 그들은 내 백성이 되고 나는 그들의 하나님이 되리라(겔 37:16-23).

이 성구에서 예언된 바와 같이 남북통일과 민족 화합의 섭리와 능력은 하나님의 손에 달려 있음을 깨달아야 한다. 솔로몬의 우상숭배로 말미암아 분단의 비극을 안은 선민은 그들의 우상숭배를 버리고 죄악에서 떠날 때 통일된 나라와 화합된 민족이 될 것을 성경은 예고하고 있다.

분단된 우리나라와 민족도 우상숭배와 그 죄악에서 떠나는 민족회개 운동이 시작될 때 하나님의 능력과 섭리에 의해 남북은 통일되고 이산된 민족은 하나가 될 것이다.

정치가들의 정치 협상으로 남북이 통일되고, 경제 교류와 적십자사의 만남으로 이산된 민족이 하나가 된다고 착각해서는 안 된다. 정치적 만남도, 경제 교류도, 적십자사의 만남도 있어야 하지만, 가장 근본적인 문제는 이 민족이 우상숭배를 버리고 민족회개 운동이 일어날 때 정치 회담과 경제 교류와 적십자의 대화로도 풀 수 없는 문제들이 풀리고 통일의 소원은 이루어질 것이다.

우리들이 버려야 할 우상은 자본주의와 공산주의의 이데올로기이다. 해방 이후 이 민족은 이데올로기로 말미암아 남북이 분단된 체 북괴, 남괴의 욕설만 되풀이하고 있다. 북괴란 공산 이데올로기의 괴뢰란 뜻이고, 남괴란 자본주의의 괴뢰란 뜻이다. 6.25의 비극은 우리들이 이데올로기의 대리전쟁을 한 것임을 잊어서는 안 된다. 분단된 남과 북은 40년 동안 이데올로기로 말미암아 서로를 원수시하고 있다.

마귀의 영을 받고 도깨비의 신을 받은 이데올로기의 광신자들에 의해 남북은 분단되고 민족은 서로 미워했으니 하나님의 성령에 의해 이 민족이 거듭나고 제 얼을 회복하여 각성된 민족이 될 때 하나님의 뜻과 섭리에 의해 남북은 통일되고 민족은 하나가 될 것이다.

4. 골고다에 선 세 십자가의 의미

십자가는 속죄와 구원의 상징이다. 우리들이 십자가를 바라보면서 예수를 믿는 이유는 십자가에서 흘린 예수의 보혈이 우리들의 죄를 씻어주고 구원을 약속하기 때문이다.

그런데 갈보리 산 골고다에는 세 개의 십자가가 세워졌다. 성경을 보자.

> 이 때에 예수와 함께 강도 둘이 십자가에 못 박히니 하나는 우편에 하나는 좌편에 있더라(마 27:38).

이 성구는 우리들에게 중대한 암시를 던져주고 있다. 갈보리 산 골고다에는 예수의 십자가와 더불어 두 강도의 십자가도 있었다. 이것은 무엇을 뜻하는가?

예수가 달리신 가운데 십자가를 중심하여 오른편 강도의 십자가와 왼편 강도의 십자가가 있었다. 오른편 강도가 진 십자가는 우익, 유신론적인 자본주의의 십자가를 상징하고, 왼편 강도가 진 십자가는 무신론적 공산주의의 십자가를 상징하고 있다.

오늘날 역사적 종말의 시점에서 초강대국으로 대립하고 있는 우익과 좌익의 이데올로기는 골고다에서 두 강도의 십자가로 표상되어 있다. 무신론적 좌익 공산주의는 자기들의 이데올로기가 인류를 구원할 수 있다고 선전하고, 유신론적 자본주의는 자기들의 이데올로기로 인류를 자유롭게 할 수 있다고 주장하고 있다.

그러나 이들이 선전하는 이데올로기는 시대적 산물이며, 좌익과 우익의 십자가는 속죄와 구원은 십자가가 될 수 없는 사실을 알아야 한다. 우리들이 믿는 십자가는 예수가 달려 보혈을 흘린 가운데 십자가이고, 이 십자가의 자리는 좌익도 우익도 아닌 그것을 뛰어넘은 중초(中超)한 십자가이다.

현대인들의 앞에도 세 개의 십자가가 제시되어 있다. 자본주의의 체제 속에서 무책임하고 방종한 자유와 부와 사치를 누리고 있는 사람들은 자본주의의 이데올로기와 십자가만이 인류를 구원할 수 있다고 착각하고 있고, 공산주의 체제 속에서 강제된 평등과 규격화된 인간 노예로 전락한 인간들은 공산주의의 이데올로기와 십자가만이 인류를 계급투쟁의 모순과 경제적 불평등에서 구원할 수 있다고 광신하고 있다.

그러나 인류를 구원할 수 있는 십자가는 좌익과 우익의 십자가가 아닌 예수의 십자가 밖에는 있을 수 없다. 그러므로 이데올로기를 광신하고 맹신하고 있는 인간들은 십자가에 달리신 예수의 보혈을 믿고 속죄와 구원의 대도를 걸어가야 한다.

우리나라 민족이 남북으로 분단된 원인은 좌익과 우익의 이데올로기 때문이다. 그러므로 우리들이 두 강도의 십자가를 버리고 예수의 십자가를 바라볼 때 우리나라는 통일되고 민족은 하나가 될 것이다.

자본주의와 공산주의는 다 같이 기독교에서 생긴 사상이었다. 막스 베버는『프로테스탄티즘의 윤리와 자본주의 정신』과『사회 경제사』란 그의 명저를 통해서 자본주의가 칼비니즘에서 시작되었음을 해명하고 있다.

예수는 부자는 하늘나라에 갈 수 없다고 했다. 그런데 자본주의가 기독교의 정신과 윤리에서 시작된 역사적 아이러니를 어떻게 해석해야 할까?

우리들이 진정한 예수를 믿었다면 자본주의도 생겨나지 않고, 따라서 공산주의도 생겨나지 않았을 것이다. 기독교에 뿌리한 자본주의가 온갖 비리와 모순 속에서 썩어버릴 때 마귀는 마르크스를 사주하여 공산주의라는 악마의 이데올로기를 창출해 냈던 것이다.

자본주의와 공산주의는 기독교가 생산해 낸 두 개의 사생아이며 쌍태이다. 자본주의의 방종한 자유는 인간의 불평등을 초래했고, 공산주의의 통제된 평등은 인간의 자유를 말살하였다.

자본주의와 공산주의는 오른편 강도와 왼편 강도의 사상의 표정이요 이데올로기임을 잊어서는 안 된다.

그러나 여기에서 우리가 깊이 인식해야 할 사실이 있다. 두 강도중 오른편 강도는 마지막에 가서 예수께 회개하고 낙원의 구원을 약속받았으나 왼편 강도는 끝까지 하나님을 부인했다는 사실을 유의해야 한다. 다시 말하면 자본주의의 이데올로기와 기독교는 끝에 가서 회개하여 구원받을 수 있으나 악마의 사상과 이데올로기인 공산주의는 구원받을 수 없는 사실을 깨달아야 한다.

우리나라와 민족은 자본주의와 공산주의의 이데올로기 때문에 타의에 의해 지금 춤을 추고 있다. 그러므로 제 얼을 찾아 대오각성하여 하나님과 예수의 십자가를 믿는 회개 운동을 일으켜야 한다. 한국의 기독교는 회개하여 대오각성해야 한다. 한국의 기독교는 예수의 십자가를 믿지 않고 자본주의의 십자가와 금송아지 우상을 믿은 아론의 종교였음을 솔직히 시인하고 회개해야 한다.

한국의 기독교가 물질만능, 황금만능의 타락 속에서 회개하고 참된 예수의 십자가를 믿을 때 남북통일 문제는 하나님의 능력과 섭리에 의해 도적같이 임할 것을 굳게 믿어야 한다.

5. 맺는말

제한된 지면 때문에 주마간산격으로 성경의 입장에서 남북통일 문제를 생각해 보았다.

우리나라는 현대사의 자리에서 보면 옛날 이스라엘 민족처럼 하나님의 섭리가 있는 나라이다. 토인비는 21세기의 동북아시아가 세계의 중심지가 된다고 예고하고 있다.

동북아시아는 한국, 중국, 일본이 있는데 일본은 제2차 세계대전을 일으킨 침략국이고, 중공은 공산주의화된 나라지만, 한국은 자본주의와 공산주의의 이데올로기로 분단된 나라이므로 우리 민족이 제 얼을 찾아 좌익과 우익의 이데올로기를 버리고 중초한 자리에 설 때 좌우익으로 양분된 세계 인류를 구원할 수 있는 자격이 하나님으로부터 주어질 것이다.

지금은 남북으로 분단되어 온갖 고통과 도전을 받고 있지만, 우리 민족이 예수의 십자가를 자각하고 역사적 십자가를 질 때 사상의 괴뢰로 전락한 인류와 세계를 구원할 것이다.

토인비는 그의 명저 『역사의 연구』에서 "도전과 응전"의 역사관을 제시하고 있다.

신과 자연이 인간을 향해 도전할 때 용기 있게 응전한 민족은 높은 문명을 생산해 내었다.

오천 년 동안 고난을 받은 우리 민족에게 지금 하나님은 공산주의와 자본주의의 이데올로기로 국토와 민족을 분단시켜 놓고 통일의 과제를 우리 앞에 제출해 놓고 있다.

전 세계 인류를 양분한 자본과 공산의 이데올로기가 이 나라와 이 민족에게 풀 수 없는 문제를 제시해 준 것은 하나님을 믿는 믿음이 우리 민족에게 있나 없나를 시험해 보기 위함이다.

그러므로 남북통일 문제는 정치, 경제, 체육 등 분야도 중요하지만, 그것보다는 하나님을 바르게 믿고, 예수의 십자가를 바르게 믿는 회개 운동부터 시작되어야 한다.

오른편 강도인 자본주의의 이데올로기는 하루빨리 회개하여 낙원을 약속받아야 한다.

우리 민족에게 자본주의와 공산주의를 초극할 능력이 있기 때문에 하나님은 국토와 민족 분단으로 지금 우리들의 믿음을 연단하고 있다.

하나님의 도전에 바르게 응답할 때 남북통일은 도적같이 임할 것이다.

6장

동서사유의 가교담론

I. 呪文攷^{주문고}*

— 聖書的^{성서적} 立場^{입장}에서 본 侍天呪^{시천주}와 太乙呪^{태을주}

1. 머리말

呪文^{주문}이란 呪術^{주술}(종교적인 神秘^{신비}경험 또는 異蹟奇事^{이적기사})의 중심을 이루는 내용으로서 일종의 祈禱文^{기도문}이라 할 수 있다. 呪文^{주문}을 외우면 神^신이나 自然力^{자연력}이나 人間^{인간}의 行動^{행동}을 통제할 수 있다고 呪文^{주문}을 외우는 사람들은 믿고 있다.

呪文^{주문}이란 原始的^{원시적} 어휘 자체에서 現代的^{현대적} 言語感覺^{언어감각}에 젖은 우리는 짙은 애니미즘과 샤마니즘의 체취를 맡을 수 있다. 佛敎^{불교}에도 呪文^{주문}과 비슷한 陀羅尼^{다라니}(dharani)가 있으며, 儒敎^{유교}에는 詠歌^{영가}가 있고, 기독교에는 主祈禱文^{주기도문}이 있다.

低級宗敎^{저급종교}나 高等宗敎^{고등종교}를 막론하고 왜 呪文^{주문}이나 眞言^{진언}이나 詠歌^{영가}나 祈禱文^{기도문}이 필요한 것일까?

이 물음에 알기 쉽게 대답하기 위하여 다음의 例^예를 들기로 하자. 空中^{공중}에는 無數^{무수}한 電波^{전파}가 오고 가고 있다. KBS에서 發信^{발신}하는 電波^{전파}, DBS에서 발신하는 전파, MBC에서 발신하는 전파,

---

* 변찬린, "呪文攷(太乙呪와 侍天呪)," 「甑山思想硏究」 3輯(1977): 252-281.

CBS에서 발신하는 전파, 그 밖에 無數^{무수}한 電波^{전파}들이 왕래하고 있다. 우리는 각자의 기호나 필요에 따라 다이알과 채널을 돌림으로 서 보고 싶은 TV, 듣고 싶은 프로를 視聽^{시청}할 수 있다. 이와 마찬가 지로 宗敎^{종교}의 次元^{차원}, 卽^즉 靈界^{영계}나 天界^{천계}에도 無數^{무수}한 靈波 ^{영파}나 心波^{심파}들이 오고 가고 있다. 기독교적인 啓示波^{계시파}, 佛敎^{불교} 적인 眞言波^{진언파}, 儒敎的^{유교적}인 詠歌波^{영가파}, 그 밖에 수많은 低級靈 ^{저급령}들이 남발하는 巫波^{무파}들과 靈神^{영신}들이 發信^{발신}하는 靈波^{영파}들 이 心靈界^{심령계}에 挑戰^{도전}하고 있다.

우리는 그 타고난 "道^도의 因緣^{인연}"을 따라 각기 그 종교적 신앙을 달리하는데 혼자서 空中^{공중}의 無數^{무수}한 靈波^{영파}와 電波^{전파}와 心波^{심파} 를 다 포착할 수 없다. 여기에서 呪文^{주문}의 필요성이 대두된다. 呪文 ^{주문}이란 다이얼과 채널과 같이 자기가 믿는 宗敎^{종교}의 靈^영들을 降神 ^{강신}케 하는 宗敎學上^{종교학상}의 한 方法論^{방법론}이다. 우리는 모든 放送 局^{방송국}의 消息^{소식}을 同時^{동시}에 청취할 수 없듯이 모든 靈界^{영계}와 神 界^{신계}의 靈^영들을 同時^{동시}에 降神^{강신}시킬 수 없는 것이다.

따라서 채널이나 다이얼을 돌려 자기가 요구하는 放送^{방송}이나 TV를 보고 듣고 하듯 각자가 歸依^{귀의}한 종교의 呪文^{주문}이나 陀羅尼^{다 라니}나 기도문을 외움으로써 그 믿는 神^신들을 降靈^{강령}케 하는 靈的^{영적} 宗敎的^{종교적}인 다이얼이나 채널이 곧 呪文^{주문}이 되는 것이다.

그것을 『聖書^{성서}』에서는 다음과 같이 나타내고 있다.

비록 하늘에나 땅에나 神^신이라 칭하는 자가 있어 많은 神^신과 많은 主^주 가 있으나 그러나 우리에게는 한 하나님 곧 아버지가 계시니 萬物^{만물}이 그에게서 났고 우리도 그를 위하며 또한 한 주 예수 그리스도께서 계시니 **萬物**^{만물}이 그로 말미암고 우리도 그로 말미암았느니라(고전 8:5).

이 聖句^{성구}에서 보는 바와 같이 기독교의 消息^{소식}은 靈神^{영신}을 초극한 자리에서 나타나는 唯一神^{유일신}임을 알 수 있다.

이 세상에는 唯一神^{유일신}의 靈的^{영적} 메시지만 있는 것이 아니고 靈神^{영신}과 巫靈^{무신}들도 저마다의 靈的^{영적} 메시지를 發信^{발신}하고 있어서 天界^{천계}나 靈界^{영계}는 無數^{무수}한 靈的^{영적} 매스콤이 地上^{지상}을 향하여 靈感^{영감}을 發信^{발신}하고 있는 것이다. 이 靈的^{영적} 매스미디어의 地上的^{지상적}인 受信現像^{수신 현상}이 각 宗敎^{종교}와 敎派^{교파}의 형식으로 나타나므로 모든 宗敎^{종교}와 敎派^{교파}들은 저마다 깨달은 次元^{차원}에 따라 呪文^{주문}이나 眞言^{진언}이나 기도문이 다를 수밖에 없는 것이다.

呪文^{주문}이란 靈的^{영적} 다이얼이며 채널이다. 따라서 A呪文^{주문}을 암송할 때 A神界^{신계}가 感應^{감응}하며, B呪文^{주문}을 독송할 때 B靈界^{영계}가 感應^{감응}할 수 있다. A呪文^{주문}에 B라는 靈^영이 감응할 수 없으며, B呪文^{주문}에 A라는 靈^영이 감응할 수 없다. 이것은 宗敎^{종교}의 道版^{도판}을 깊이 뚫어 본 心靈^{심령}들이면 다 경험할 수 있는 사실이다. 채널을 文化放送^{문화방송}에 돌렸는데 KBS의 TV가 受像^{수상}됨이 없음과 같은 理致^{이치}이다.

모든 呪文^{주문}은 降神^{강신}의 秘義^{비의}이다.

侍天呪^{시천주}와 太乙呪^{태을주}는 靈的^{영적} 다이얼과 채널이며, 降靈^{강령}의 秘密^{비밀}이 담긴 기도문임을 잊어서는 안 된다.

2. 呪文^{주문}의 音樂性^{음악성}

어떠한 呪文^{주문}이든 그 呪文^{주문}을 한 번 암송하지 않고 자꾸만 反復^{반복}하여 되풀이 暗誦^{암송}한다. 열 번, 백 번, 천 번을 暗誦^{암송}하든가 讀通^{독통}하는 것이 보통이다.

왜 呪文^{주문}을 反復^{반복}하여 暗誦^{암송}하는가? 이는 呪文^{주문}을 反復^{반복}하여 그곳에 어떤 靈的^{영적} 音樂的^{음악적}인 리듬과 템포가 形成^{형성}됨을 꾀함이다. 이 音樂的^{음악적}인 리듬과 템포 속에서 종교적인 신비한 경험인 엑스터시(Ecstasy) 현상이 생기는 것이다.

諸神^{제신} 등은 呪文^{주문}이 形成^{형성}하는 靈的^{영적} 音階^{음계}를 따라 人間^{인간}에게 下降^{하강}하기 때문에 音樂^{음악}은 모든 종교에 있어서 內的^{내적} 秘義^{비의}의 현상으로 나타나고 있는 것이다.

世間帝王^{세간제왕}의 여러 가지 음악이 轉輪聖王^{전륜성왕}의 모든 음악 중 一音^{일음}의 아름다움에 百千萬倍^{백천만배}가 미치지 못하고 轉輪聖王^{전륜성왕}의 여러 가지 음악이 忉利天王^{도리천왕}의 모든 음악 중 한소리의 아름다움에 백천만배가 미치지 못하고. 忉利天王^{도리천왕}의 여러 가지 음악이 第六天王^{제육천왕}의 모든 음악 중 한소리의 아름다움의 백천만배에 미치지 못하고, 제육천왕의 여러 가지 음악이 阿彌陀佛利中^{아미타불찰중} 모든 七寶樹^{칠보수}의 한 아름다움의 백천만배가 미치지 못하며, 또 자연스러운 여러 가지의 묘한 음악이 있어 그 소리가 妙法^{묘법} 아님이 없으며, 淸暢瞭亮^{청양료양}하고 微妙和雅^{미묘화아}하야 十方世界^{시방세계}의 음정 중 가장 첫째가 된다(『大阿彌陀經』).

이처럼 佛敎^{불교}는 十方世界^{시방세계}의 法界^{법계}가 音樂的^{음악적} 계층으로 구성되어 있음을 보여주고 있다.

正易^{정역}을 大覺^{대각}한 金一夫^{김일부}가 復元^{복원}한 지 詠歌^{영가}의 音階^{음악}인 "음, 아, 어, 이, 우"의 五音^{오음}도 자꾸만 反復^{반복}함으로 나중에는 降靈現象^{강령 현상}인 舞蹈^{무도}의 경지에 이르게 됨도 呪文^{주문}의 音樂性^{음악성}과 同一^{동일}한 宗敎現象^{종교현상}인 것이다.

侍天呪^{시천주}는 21字^자로 構成^{구성}되어 있고, 太乙呪^{태을주}는 23字^자로 構成^{구성}되어 있다. 侍天呪^{시천주}의 21字^자와 太乙呪^{태을주}의 23字^자를 자꾸만 反復^{반복}하여 이곳에서 靈的^{영적} 리듬과 템포가 形成^{형성}되며, 따라서 이 音階^{음계}를 타고 降神現象^{강신현상}이 생기게 되는 것이다. 이는 詠歌^{영가}(呪文)를 反復^{반복}하면 舞蹈^{무도}(엑스터시 現象의 황홀감)를 하게 되는 것과 같은 종교적 현상이라 할 수 있다.

甑山^{증산}은 다른 音樂^{음악}은 즐기지 않았으나 農樂^{농악}만은 참으로 즐기셨다. 이 한 가지 사실은 중대한 意味^{의미}를 내포하고 있는 것이다. 우리나라의 農樂^{농악}은 단순한 리듬, 빠른 템포를 反復^{반복}함으로 興^흥을 돋우는 음악이다. 이 興^흥이라는 槪念^{개념}은 西歐音樂^{서구음악}에서는 볼 수 없고 들을 수 없는 우리만의 固有^{고유}한 音樂感覺^{음악감각}인 것이다.

農樂^{농악}에 있어서 "흥"은 곧 宗敎^{종교}에 있어서 恍惚感^{황홀감}, 즉 엑스터시에 해당되는 것인데 甑山^{증산}은 이 "農樂^{농악}의 興^흥"이 太乙呪^{태을주}와 侍天呪^{시천주}의 리듬과 템포와 同系^{동계}의 音階^{음계}임을 직감하였던 것이다.

이 呪文^{주문}의 音樂性^{음악성}은 이날까지 甑山思想^{증산사상}을 硏究^{연구}하는 많은 人士^{인사}들이 看過^{간과}해버린 사실을 우리는 알아야 한다.

甑山^{증산}은 農者天下之大本^{농자천하지대본}이란 農民^{농민}들의 標語^{표어}를 단순한 식량 증산을 위한 物質的^{물질적} 形而下^{형이하}의 것으로 보지 않고 "道^도의 버리"로 보았다. "農者天下之大本^{농자천하지대본}"이란 玉皇上帝^{옥황상제}가 사람 농사하는 "道^도의 綱領^{강령}"임을 그는 大覺^{대각}하였고, 따라서 農樂^{농악}의 리듬과 템포 속에서 太乙呪^{태을주}와 侍天呪^{시천주}의 反復音階^{반복음계} 속에서 神^신이 降靈^{강령}하는 秘義^{비의}를 터득하였던 것이다.

侍天呪^{시천주}의 21字^자와 太乙呪^{태을주}의 23字^자는 그 反復音階^{반복음계}가 農樂^{농악}의 리듬과 템포와 同一^{동일}한 것임은 앞으로 甑山思想研究家^{증산사상연구가}들과 國樂^{국악}을 專攻^{전공}하는 사람들의 課題^{과제}가 아닐 수 없다. 筆者^{필자}는 專門的^{전문적}인 音樂人^{음악인}이 아니므로 이 機會^{기회}를 통하여 問題^{문제}만 提示^{제시}할 뿐이다.

侍天呪^{시천주}와 太乙呪^{태을주}의 靈的^{영적} 리듬과 템포가 農樂^{농악}과 同系^{동계}의 것임으로 하여 그 呪文^{주문}의 靈力^{영력}이 이 나라 民衆^{민중}인 農民^{농민}들의 心性^{심성}과 魂^혼속에 깊은 感化^{감화}를 주었던 것이다. 水雲^{수운}이나 甑山^{증산}이 共^공히 農民^{농민}들의 의식구조를 깊이 깨닫고 그들의 종교를 創造^{창조}하였음은 그들이 얼마나 위대한 宗敎的^{종교적} 天才^{천재}인가를 다시 한번 인식시켜 주는 것이다.

水雲^{수운}이나 甑山^{증산}은 부르조아의 宗敎^{종교}, 지배계급의 종교를 만든 것이 아니고 民衆^{민중}의 宗敎^{종교}, 歷史^{역사}의 한가운데서 버림받은 農民^{농민}들에게 큰 希望^{희망}을 주는 종교를 摸索^{모색}하였던 것이다.

公又^{공우}에게 일러 가라사대 죽을 사람을 가려내라. 公又^{공우} 이윽히 생각하다가 道人^{도인}으로서 表裏^{표리}가 같지 아니한 자가 먼저 죽어야 옳으니이다. 天師^{천사} 대답 아니하시고 또 물어 가라사대 살 사람은 누구이겠느냐. 가로되 들판에서 농사 짓는 사람과 山中^{산중}에서 火田^{화전}파는 사람과
남에게 맞고도 대항치 못하는 사람이 살아야 하겠나이다. 가로되 네 말
이 옳으니 그들이 上等^{상등}사람이니라.[1]

天師^{천사}께서 개고기를 즐기사 가라사대 이 고기는 上等^{상등}사람의 음식
이니라. 종도들이 그 이유를 물은대 가로되 이 고기는 農民^{농민}들이 즐기
나니 이 세상에 上等^{상등}사람은 곧 農民^{농민}이라.[2]

이 두 甑山^{증산}의 言行^{언행}에서 우리는 그의 종교가 農民^{농민} 속에
뿌리를 있음을 깊이 깨달을 수 있다. 甑山^{증산}같은 위대한 人格^{인격}이
개고기를 탐식할 리 없지만, 그는 農民^{농민}들과 同心^{동심}이 되기 위하
여 개고기를 "道食^{도식}"하셨던 것이다. 다시 말하면 先天^{선천}의 宗教人
^{종교인}들이 개고기를 禁忌^{금기}로 하였던 것처럼 그 종교도 小數人^{소수인}
의 宗教^{종교}, 부르조아의 宗教^{종교}, 지배계급의 종교로 타락하였다. 後
天^{후천}개벽의 仙境^{선경}은 大衆^{대중}의 종교, 광제창생의 종교이므로 그
뿌리를 그 時代^{시대}의 民衆^{민중}인 농민들에게 뿌리박지 않을 수 없었다.
水雲^{수운}이나 甑山^{증산}은 다 같이 民衆^{민중}의 心靈^{심령} 속에서 우러나
오는 農樂^{농악}에다 그 呪文^{주문}의 템포와 리듬을 두었음은 모든 宗教家
^{종교가}들이 깊이 천착해야 할 方法論^{방법론}임을 잊지 말자.

---

1 『大巡典經』 제3장 55, 127.
2 『大巡典經』 제3장 130, 156.

3. 두 呪文^{주문}의 性格^{성격}

現象界^{현상계}는 보이는 部分^{부분}과 보이지 않는 部分^{부분}이 있다. 다시 말하면 나타난 現象^{현상}과 나타나지 않은 現象^{현상}으로 구분할 수 있다. 例^예컨대 나무의 뿌리는 보이지 않는 部分^{부분}이며, 나무의 가지는 보이는 部分^{부분}이다. 기독교 神學^{신학}에서는 神^신을 論^논할 때 "隱蔽^{은폐}된 神^신"과 "啓示^{계시}된 神^신"으로 본다. 或^혹은 "열린 神^신"과 "닫힌 神^신"으로 본다. 이것을 東洋哲學的^{동양철학적} 觀點^{관점}으로 보면 陽^양은 나타난 現象^{현상} 혹은 啓示^{계시}된 神^신이며, 陰^음은 나타나지 않은 現象^{현상} 或^혹은 隱蔽^{은폐}된 神^신으로 볼 수 있다.

이와 마찬가지로 呪文^{주문}에도 두 가지 性格^{성격}으로 大別^{대별}할 수 있다. 卽^즉, "解釋^{해석}할 수 있는 呪文^{주문}"과 "解釋^{해석}할 수 없는 呪文^{주문}"이다. 해석할 수 있는 呪文^{주문}은 陽的^{양적} 呪文^{주문}이며, 해석할 수 없는 呪文^{주문}은 陰的^{음적} 呪文^{주문}이다. 太乙呪^{태을주}는 해석할 수 없는 秘義^{비의}의 呪文^{주문}에 해당하며, 侍天呪^{시천주}는 해석할 수 있는 理致^{이치}의 呪文^{주문}이다. 따라서 太乙呪^{태을주}는 神靈^{신령}한 呪文^{주문}이며, 侍天呪^{시천주}는 眞理^{진리}의 呪文^{주문}이다. 佛敎的^{불교적} 立場^{입장}에서 관찰할 때 太乙呪^{태을주}는 "禪的^{선적} 呪文^{주문}"이며, 侍天呪^{시천주}는 "敎的^{교적} 呪文^{주문}"이다.

侍天呪^{시천주}에 대한 해석은 『東經大典^{동경대전}』의 論學文^{논학문}에서 水雲^{수운}이 論^논하였으므로 다행하나 太乙呪^{태을주}에 대한 해석은 『大巡典經^{대순전경}』의 어느 구석에도 論及^{언급}함이 없다. 다시 말하면 太乙呪^{태을주}는 甑山^{증산}이 印封^{인봉}한 채 둔 呪文^{주문}이다. 侍天呪^{시천주}가 開封^{개봉}된 呪文^{주문}, 곧 陽的^{양적} 呪文^{주문}인데 比^비하여 太乙呪^{태을주}는 印

封인봉된 呪文주문, 곧 陰的음적 呪文주문인 사실을 주목해야 한다. 이는 甑山증산이 豫告예고된 後天仙境후천선경이 周易주역에서 말하는 地天泰지천태와 同一동일한 것임을 감안할 때 진실로 중대한 뜻이 內包내포되어 있는 것이다.

『易經역경』의 地天泰運지천태운이란 무엇이며 그리고 甑山증산이 말한 "吽哆運우치운"과 어떤 관계가 있는가? 『易經역경』에서는 天地천지는 否卦비괘요, 地天지천은 泰卦태괘로 본다. 天地천지는 乾坤건곤인데 우리들 凡人범인들은 이것을 吉卦길괘로 착각하고 있다.

그러나 『周易주역』은 이것을 제일 兇卦흉괘로 생각한다. 이것은 진실로 『周易주역』의 卓見탁견이다. 天地否천지비(☰)는 陽양, 곧 男子남자가 陰음, 곧 女子여자의 上位상위에 처한 卦괘인데 이는 先天度數선천도수를 나타내고 있다. 하지만 地天泰지천태(☷)는 陰음, 곧 女子여자가 陽양, 곧 男子남자의 上位상위에 처한 卦괘인데 이는 後天度數후천도수를 나타내고 있다.

그럼 왜 『易經역경』은 地天泰지천태는 吉卦길괘로 보고, 天地否천지비는 兇卦흉괘로 보는가? 易역은 逆也역야이다. 이것이 『周易주역』의 秘義비의이다. 地天泰지천태는 陰음이 上位상위에 있지만 陰음의 本性본성과 德덕은 含章可貞함장가정, 즉 한없이 겸손한 성격이 있으므로 上位상위에 있으나 항상 下向하향하는 자세에 있고, 陽양은 下位하위에 있으나 항상 上向상향하는 자세에 있으므로 地天泰卦지천태괘야말로 장차 天均천균의 調和조화를 이루는 卦象괘상이므로 大吉대길한 卦괘로 생각하고 이것을 後天度數후천도수로 생각하는 것이다. 後天후천은 男女남녀가 平等調和평등조화를 이루는 天均천균의 時代시대이다.

先天선천의 낡은 天地천지에서는 男尊女卑남존여비의 道運도운으로 女

性여성들은 학대받았으므로 天地천지는 否卦비패인 것이다.

이것을 『聖書성서』는 다음과 같이 기록하고 있다.

또 내가 새 하늘과 새 땅을 보니 처음 하늘과 처음 땅이 없어졌고 바다도
다시 있지 않더라(계 21:1).

보라 내가 새 하늘과 새 땅을 창조하나니 이전 것은 기억되거나 마음에
생각나지 아니할 것이라(사 65:17).

이 두 聖句성구에서 보는바 새 하늘과 새 땅은 後天開闢후천개벽의
仙境선경, 곧 地天泰지천태를 의미하며, 처음 하늘과 처음 땅, 즉 낡은
天地천지는 先天相克선천상극의 天地否천지비를 말하는 것이다.

甑山증산의 太乙呪태을주는 後天仙境후천선경의 개벽을 시도하는 大
呪文대주문이다. 甑山증산은 太乙呪태을주의 時運시운을 다음과 같이 豫告
예고하였다.

하루는 종도들에게 일러 가라사대 오는 잠 적게 자고 太乙呪태을주를 많
이 읽으라. 하늘 으뜸가는 呪文주문이니 오만 년 동안 洞里 洞里동리 동리마
다 各學敎각학교마다 외우리라.[3]

그런데 우리는 太乙呪태을주는 神秘신비한 呪文주문이므로 哲學的철
학적으로 解明해명할 수는 없으나(勿論물론 太乙呪태을주를 억지로 해석할

---

3 『大巡典經』 제7장 18, 358.

수는 있다. 그러나 筆者^{필자}는 이 方法^{방법}은 피하려 한다) 象徵的^{상징적}으로 解釋^{해석}할 수 있다.

吽哆呪^{우치주}, 곧 吽哆^{우치}는 牛性呪^{우성주}로서 어미소를 찾는 송아지의 울음을 상징한 呪文^{주문}이다. 암소, 곧 어미소를 찾는 송아지의 울음은 天地否^{천지비} 속에 놓인 우리들이 地天泰^{지천태}의 後天仙境^{후천선경}을 바라고 『성서』에서 豫言^{예언}한 새 하늘과 새 땅을 갈망하는 상태를 나타내고 있음을 깊이 천착해야 한다.

이런 象徵的^{상징적} 側面^{측면}에서 太乙呪^{태을주}를 해명하도록 하자.

4. 太乙呪考^{태을주고}

太乙呪^{태을주} 原文^{원문}

吽哆吽哆 太乙天上元君 吽哩哆耶都來 吽哩喊哩 娑婆詞

太乙呪^{태을주}는 23字^자 다섯 마디로 構成^{구성}되어 있다. 이 呪文^{주문}의 象徵性^{상징성}을 聖書的^{성서적} 觀點^{관점}에서 考察^{고찰}하고자 한다. 吽哆吽哆^{우치우치}라는 呪文^{주문}의 序頭^{서두}는 송아지가 어미소를 부르는 것으로 이 呪文^{주문}은 動物象徵^{동물상징}으로 後天仙境^{후천선경}을 類感^{유감}하고 있다.

우리는 吽哆^{우치}라는 動物象徵^{동물상징}에서 이 呪文^{주문}의 모티브가 類感呪術^{유감주술}(homeopathic magic or imitative magic)에 근거하고 있음을 알 수 있다. 類感呪術^{유감주술}이란 "類似^{유사}는 類似^{유사}를 낳는다"라는 宗教的^{종교적} 根據^{근거} 原理^{원리}에 기인한 類似律^{유사율}(law of similiarity)에 기초를 둔다. 例예컨데 人形인형을 만들어 놓고 그 심장을 찌르면 현실적으로 그 원수의 심장을 찌르는 결과를 가져온다는 종교적 복수 聯想연상이 바로 유감주술이다. 이처럼 太乙呪태을주는 새로운 後天仙境후천선경의 유토피아를 송아지가 어미소를 찾는 類感유감에 의하여 吽哆우치라는 類感呪유감주로서 시작하고 있는 것이다.

甑山증산은 왜 새로운 時代시대의 到來도래를 吽哆우치라는 소時代시대로 보았던가?

老子노자『道德經도덕경』 6章장에 다음과 같은 語句어구가 있다.

谷神不死 是謂玄牝 玄牝之門 是謂天地根 綿綿若存 用之不動

이 名句명구 속에 玄牝현빈을 주목하기 바란다. 老子노자는 道도의 根本근본을 玄牝현빈, 즉 "검은 암소" 혹은 "그윽한 암소"로 비유하고 있다. 甑山증산의 吽哆우치는 『老子노자』의 玄牝현빈과 同系동계의 自覺자각이었다. 甑山증산의 吽哆우치는 『老子노자』의 玄牝현빈이며, 『周易주역』의 地天泰지천태이며, 『성서』의 "해를 옷 입은 女人여인"이다. 그러므로 吽哆우치란 단순한 암소가 아닌 "그윽한 母性모성"이며 "거룩한 검은 암소"임을 기억해야 한다. 吽哆우치와 玄牝현빈은 이날까지 歷史時代역사시대에 나타났던 宗敎象徵종교상징인 암소들과는 구별된다.

그럼 지금부터 『성서』에 나타난 象徵상징을 통하여 우리는 甑山증산의 吽哆呪우치주를 비교하자.

여호와께서 이르시대 나를 위하여 3年년 된 암소와 3年년 된 암염소와 3年년 된 숫羊양과 山산비둘기와 집비둘기 새끼를 取취할지니라. 아브람이 그 모든 것을 取^취하여 그 中間^{중간}을 쪼개고 그 쪼갠 것을 마주 대하여 놓고 그 새는 쪼개지 아니하였으며 솔개가 그 死體^{사체} 위에 내릴 때에는 아브람이 쫓았더라(창 15:9-11).

이 아브라함의 祭祀^{제사}를 통하여 우리는 時代區分^{시대구분}의 象徵^{상징}을 알아보도록 하자. 다 아는 바와 같이 아브라함은 유대 民族^{민족}의 祖上^{조상}일 뿐만 아니라 모든 믿는 자들의 祖上^{조상}이다. 아브라함은 血代^{혈대}의 조상일 뿐만 아니라 靈代^{영대}와 道脈^{도맥}의 祖上^{조상}이다.

하나님은 아브라함과 契約^{계약}을 맺을 때 암소와 숫羊^양과 비둘기의 燔祭^{번제}를 要求^{요구}하였다. 아브라함의 子孫^{자손}이 하늘의 별같이 바다의 모래 같이 많이 번식되게 할 것을 言約^{언약}하면서 왜 하나님은 세 가지 祭物^{제물}을 헌납할 것을 명령하였을까? 이는 장차 아브라함의 씨로서 낳을 子孫^{자손}이 어떤 時代^{시대}를 경과하여야 하나님의 뜻과 攝理^{섭리}가 이루어질 것인가를 象徵^{상징}하는 祭物^{제물}이었던 까닭이다.

암소와 숫羊^양과 비둘기는 道運^{도운}의 時代^{시대}를 상징하는 동물들이었다. 암소는 구약 시대의 상징이며, 숫羊^양은 신약 시대의 상징이며, 비둘기는 성령의 상징물이었다. 아브라함이 燔祭^{번제}로 바친 3 祭物^{제물}은 각기 세 가지 "道^도의 時運^{시운}"을 상징하였던 것이다.

암소는 타락한 하나의 상징이다. 암소는 血脈^{혈맥}과 肉代^{육대}를 잇는 더럽혀진 女性^{여성}의 상징으로 『성서』는 기록하고 있다. 이 암소는 牝哆^{우치}나 玄牝^{현빈}이 아닌 암소, 즉 타락한 하와의 상징임을 깊이 천착해야 한다. 牝哆^{우치}와 玄牝^{현빈}이 象徵^{상징}하는 암소는 타락하지 않은 母性^{모성}의 심볼이며, 더럽혀지지 않은 거룩한 女人^{여인}의 暗號^{암호}이며, 至純淸淨^{지순청정}한 新婦^{신부}의 비유인 것이다.

아브라함이 燔祭번제한 세 가지 祭物제물을 성서적으로 고찰해 보자.

암소는 타락한 人類母性인류모성인 해와의 심볼이다. 가나안땅의
바알神신도 암소神신이었고, 埃及애급의 바로가 숭배하던 종교도 소神
신이었다. 이것은 비단 가나안 族屬족속과 埃及애급에만 국한된 종교
현상이 아니고 古代고대 農耕民族농경민족의 모든 종교가 거의 소神신을
숭배하는 상징물을 숭배하고 있었던 것이다. 소는 農耕농경의 심볼인
동시에 生殖神생식신의 심볼이었다. 가인이 農事농사하는 자의 祖上조상
이었다는 성서적인 暗號암호는 가인이 숭배하던 神신이 소神신이었다
는 사실을 알아야 한다. 그러므로 애굽이나 가나안의 宗敎종교는 가인
의 脈絡맥락을 이은 타락한 混淆宗敎혼음종교였다. 모세의 40년 曠野生
活광야생활은 진실로 이 偶像神우상신인 소神신과의 싸움이었다.

구약이 "암소의 場장"이었다는 것은 『성서』의 여러 곳에서 散見산견된다.

모든 백성이 그 귀에서 금고리를 빼어 아론에게로 가져오며 아론이 그들
의 손에서 그 고리를 받아 부어서 刻刀각도로 새겨 송아지 形像형상을 만드
니 그들이 말하되 이스라엘아 이는 너희를 埃及애급땅에서 인도하여 낸
너희 神신이로다 하는지라(출 32:3 이하).

모세가 40日일 동안 시내山산에 올라 하나님의 十戒命십계명을 받을
때 曠野광야에서는 소 偶像우상을 조각하여 섬겼던 것이다. 그뿐만 아
니라 東西無比동서무비의 大力士대역사인 삼손이 亡망한 것도 암소로 상
징되는 블레셋 女人여인 때문이었다.

너희가 나의 암소로 밭 갈지 아니하였다면 나의 수수께끼를 풀지 못하였

으리라(삿 14:18).

이처럼 하나님의 뜻에 위배되는 행위를 하는 종교적인 심볼과 暗號^{암호}를 舊約時代^{구약시대}는 소神^신 或혹은 암소神^신으로 비유하였다.

羊^양은 新約時代^{신약시대}, 곧 예수의 상징이다.

구약이라는 타락한 "소의 時運^{시운}"이 끝나므로 예수는 "양의 時運^{시운}"으로 新約^{신약}의 새 幕^막을 열었던 것이다.

보라 세상 罪^죄를 지고 가는 하나님의 어린 羊^양이로다(요 1:27).

이처럼 예수는 소 時代^{시대}를 閉幕^{폐막}하고 羊^양 時代^{시대}의 幕^막을 열었던 것이다.

그뿐만 아니라 예수는 羊^양으로 오셔서 비둘기로 상징되는 聖靈^{성령}을 降靈^{강령}케 하였던 것이다. 그러므로 羊^양으로 상징되는 기독교인을 비둘기로 상징되는 성령을 받고, 새로운 地天泰運^{지천태운}의 時代^{시대}이며 吽哆^{우치}와 玄牝^{현빈}의 時代^{시대}인 새 하늘과 새 땅의 개벽을 고대하고 있는 것이다. 그러므로 甑山^{증산}의 吽哆呪^{우치주}는 타락한 구약적 암소가 아니라는 점이다.

甑山教^{증산교}에서는 "原始返本^{원시반본}"이라는 말을 자주 사용한다. 이 말은 깊은 秘義^{비의}가 있으면서 잘못 사용되고 있는 점이 있다. 原始返本^{원시반본}이란 過去^{과거}로 回歸^{회귀}함이 아니며, 未來^{미래}로 回歸^{회귀}하는 原始返本^{원시반본}임을 인식하고 自覺^{자각}해야 한다. 過去^{과거}의 回歸^{회귀} 속에서는 타락한 암소와 邂逅^{해후}하지만, 未來^{미래}의 回歸^{회귀}에서는 玄牝^{현빈}인 吽哆^{우치}와 邂逅^{해후}하게 진리를 깨닫자.

그런 이 "거룩한 母性^{모성}"이며 "새 시대의 新婦^{신부}"인 玄牝^{현빈}과 吽哆^{우치}는 『聖書^{성서}』에 어떻게 나타나는가?

하늘에 큰 異蹟^{이적}이 보이니 해를 입은 한 여자가 있는데 그 발아래 달이 있고 그 머리에는 열두 별의 면류관을 썼더라. 이 여자가 아이를 배어 해산하게 되며 아파서 애써 부르짖더라… 女子^{여자}가 아기를 낳으니 이는 장차 鐵杖^{철장}으로 萬國^{만국}을 다스릴 男子^{남자}라. 이 아이를 하나님 앞과 그 寶座^{보좌} 앞으로 올려가더라(계 12:1-6).

이 聖句^{성구}는 진실로 중대한 意未^{의미}를 內包^{내포}하고 있다. 요한啓示錄^{계시록}에 나오는 "해를 옷 입은 女人^{여인}"은 누구인가? 이는 두말할 것도 없이 『周易^{주역}』에서 말하는 地天泰^{지천태}의 심볼이며, 後天仙境^{후천선경}을 개명할 吽哆呪^{우치주}의 암소이며, 老子^{노자}의 玄牝^{현빈}인 것이다.

先天^{선천}은 타락한 母性^{모성}의 時代^{시대}였으나 後天^{후천}은 淸淨無垢^{청정무구}한 母性^{모성}의 時代^{시대}이다. "거룩한 母性^{모성}"이며 "그윽한 암소"를 고함쳐 부르는 상태를 太乙呪^{태을주}에서는 "吽哩喊哩^{우리함리}"로 나타내고 있다. 그렇다. 우리 모두가 고함쳐 새 時代^{시대}의 母性^{모성}을 부르자.

甑山^{증산}은 실로 위대한 宗敎的^{종교적} 天才^{천재}였다. 그는 뛰어난 大識見^{대식견}과 照照^{조조}한 炯眼^{형안}으로 다가오는 後天^{후천}의 새 시대가 "소 時代^{시대}"임을 豫見^{예견}하였고, 이에 따라 하늘의 天體^{천체}를 살펴 吽哆呪^{우치주}를 만들었던 것이다. 긴 겨울의 蟄居^{칩거} 속에서 봄노래를 부르는 處女^{처녀}인 양 낡고 헌 先天^{선천}의 긴 겨울 속에서 吽哆呪^{우치주}야말로 侍春賦^{시춘부} 같은 노래가 아니었던가.

그러므로 太乙呪^{태을주}야말로 後天開闢^{후천개벽}의 序幕^{서막}을 여는 呪文^{주문}이라 할 수 있다. 太乙呪^{태을주}야말로 이 나라의 宗敎的^{종교적} 天才^{천재}가 創作^{창작}한 그 어떤 呪文^{주문}보다도 가장 높은 靈峰^{영봉}을 이룩한 呪文^{주문}이며, 先天^{선천}의 여러 宗敎的^{종교적} 상징을 統合^{통합}하여 새 時代^{시대}의 理念^{이념}으로 昇華^{승화}한 呪文^{주문}인 것이다.

甑山^{증산}이 어렸을 때 여러 종교의 呪文^{주문}을 써 燒紙^{소지}한 것도 그 呪文^{주문}의 靈力^{영력}을 시험하기 위해서였던 것이다. 같은 電氣^{전기}도 볼트에 따라 그 電力^{전력}이 달라지듯 呪文^{주문}의 靈力^{영력}은 다 同一^{동일}한 것이 아니다. 太乙呪^{태을주}의 靈力^{영력}은 진실로 높은 次元^{차원}의 靈界^{영계}를 動^동할 수 있는 것이다.

再言^{재언}하거니와 "암소"와 "玄牝^{현빈}"은 구별해야 하며, 따라서 舊約聖書的^{구약성서적} 암소 時運^{시운}과 다가올 玄牝的^{현빈적} 時運^{시운}과는 혼동하지 말아야 한다. 수많은 求道者^{구도자}와 覺者^{각자}들이 "암소"와 "玄牝^{현빈}"을 혼동하였고 이로 말미암아 惑世誣民^{혹세무민}의 邪敎^{사교}로 전락한 사실을 우리는 新興宗敎^{신흥종교}의 行跡^{행적}을 통하여 알고 있는 것이다.

지금 社會的^{사회적}으로 지탄을 받고 있는 기독교의 某敎派^{모교파}도 아브라함의 3 祭物^{제물}을 거꾸로 해석하여 舊約的^{구약적} 암소時代^{시대}와 後天仙境^{후천선경}의 암소時代^{시대}를 혼동하여 混經宗敎^{혼경종교}의 교리를 盜用^{도용}한 사실을 우리는 알고 있는 것이다.

지금은 亂法時代^{난법시대}의 종말이다.

송아지의 울음을 울며 吽哆呪^{우치주}를 암송하는 先天終末^{선천종말}의 모든 大德^{대덕}들과 信者^{신자}들은 "正法^{정법}의 어미소"를 불러야 한다. 미증유한 이 道版^{도판}의 혼란 속에서 先天^{선천}의 夕陽^{석양}은 비끼고 낡은 종교의 太陽^{태양}은 日暮^{일모}의 喀血^{객혈}을 하면서 핏빛 놀이 붉은데 들판을 헤매는 송아지들은 "正法^{정법}의 母性^{모성}"을 찾아 고함(喊哩)지르며 太乙呪^{태을주}를 默誦^{묵송}하자.

그리고 이미 序頭^{서두}에서 밝혔듯이 이 太乙呪^{태을주}는 象徵的^{상징적}인 考察^{고찰}이지 學的^{학적}, 分析的^{분석적} 考察^{고찰}이 아니라는 데 다시 독자들은 유의하기를 바란다. 筆者^{필자}도 물론 太乙呪^{태을주}를 西歐的^{서구적} 知性^{지성}에 의한 分析的^{분석적} 方法^{방법}을 알고 있으나 이 呪文^{주문}을 억지로 解釋^{해석}하고 싶지 않은 것이다.

甑山宗派^{증산종파}의 그 어떤 大德^{대덕}들도 太乙呪^{태을주}를 해석할 수 없을 것이다. 왜냐하면 甑山^{증산} 자신이 太乙呪^{태을주}의 註^주를 남겨놓지 않았기 때문이다.

이 사실은 太乙呪^{태을주}는 "알고 읽는 呪文^{주문}"이 아닌 "모르고 읽는 呪文^{주문}"이기 때문이며, "秘義^{비의}의 呪文^{주문}"이기 때문이다. 太乙呪^{태을주}는 陰的^{음적} 呪文^{주문}이며, 神靈^{신령}한 呪文^{주문}이며, 닫힌 呪文^{주문}이기에 억지로 해석을 시도하지 말자. 이것이 참 求道者^{구도자}들의 靈的^{영적} 禮儀^{예의}일 것이다.

5. 侍天呪考^{시천주고}

侍天呪^{시천주} 原文^{원문}

至氣今至 願爲大降
侍天主造化定 永世不忘 萬事知

或^혹은

至氣今至願爲大降
侍天主即造化定 永世不忘即萬事知

侍天呪^{시천주}는 21字^자 다섯 마디로 構成^{구성}된 呪文^{주문}이다. 侍天呪^{시천주}는 東學^{동학}과 甑山敎^{증산교}가 共有^{공유}하는 呪文^{주문}이다.

太乙呪^{태을주}가 宗敎學的^{종교학적}인 觀點^{관점}에서 볼 때 類感呪術^{유감주술}에 모티브를 두었다면, 侍天呪^{시천주}는 感染呪術^{감염주술}(Contagion magic)에 근거를 두었다고 할 수 있다.

感染呪術^{감염주술}의 宗敎的^{종교적} 根本原理^{근본원리}는 한 번 접촉한 것은 그 후에 먼 거리에 있을지라도 서로 작용한다는 接觸律^{접촉률}(law of contact)에 기초를 두고 있다. 例^예컨데 미개한 토인들 간에 죽인 敵將^{적장}의 혈액이나 두개골이나 심장을 먹는 喰人行爲^{식인행위}는 그 적장의 힘이 자기에게로 옮겨 온다는 接觸律^{접촉률}에 의한 것이며, 사냥하는 捕手^{포수}가 짐승의 발자국에 상처를 줌으로써 그 발자국을 남겨놓은 짐승의 발에 실제로 상처가 생기게 한다고 聯想^{연상}케 하는 것도 感染呪術^{감염주술}의 一種^{일종}이다. 우리가 평소에 손톱, 발톱을 함부로 버리지 않는 금기도 감염주문에 걸릴까 하는 원시적 심리작용의 한 단면이다.

侍天呪^{시천주}는 근본적으로 降靈呪^{강령주}이다. 한울님의 靈^영에 感染^{감염}되어 한울님을 모시려 하는 呪文^{주문}이다. 그러므로 이는 感染呪術^{감염주술}에 그 모티브를 두었다 할 수 있다.

甑山^{증산}은 太乙呪^{태을주}에 대한 註^주를 남겨놓지 않고 化天^{화천}하였

지만, 水雲^{수운}은 侍天呪^{시천주}에 대한 註^주를 『東經大典^{동경대전}』論學文
^{논학문} 속에 남겨놓고 歸天^{귀천}하였다. 그러므로 『東經大典^{동경대전}』論學
文^{논학문} 속에 註^주를 참고하여 聖書的^{성서적}으로 考察^{고찰}코자 한다.

먼저 侍天呪^{시천주}를 두 部分^{부분}으로 나누어 생각하자.

첫째, 至氣今至 願爲大降^{지기금지 원위대강}

둘째, 侍天主造化定 永世不忘 萬事知^{시천주조화정 영세불망 만사지}

(1) 至氣今至 願爲大降^{지기금지 원위대강}

至者 極焉至謂

至氣者 虛靈蒼蒼 無事不涉, 無事不命

然而如形難狀 如聞面難見 是亦渾元之一氣也

今至者 於斯入道 知其氣接者也

願爲者 請祝之意也

大降者 氣化之願也

意譯^{의역}:

至^지라고 한 것은 지극하다는 뜻.

氣^기라고 한 것은 허허창령하여 간섭하지 않는 일이 없고, 명령하
지 않는 일이 없고, 형용이 있는 듯하나 형상하기 어렵고, 말소리가
들리는 것 같으나 보기 어려우니 이것도 혼원지기의 한 가지다.

至今^{지금}이라 한 것은 이에 도에 들어와서 그 기에 접촉함을 안다는 뜻.

願爲^{원위}라 한 것은 이에 청하여 비는 것.

大降대강은 氣化기화를 원하는 것.

註주:

至氣지기 ― 지는 지극하다, 극진하다는 말로 형용할 수 없다는 뜻이니 至氣지기는 비고 신령하고 가득 차서 천지 만유의 生滅생멸 變化변화와 盈虛消長영허소장과 一動일동 一靜일정이 지기에 관계하지 않음이 없건만 형용할 수도 없는 우주의 渾元혼원의 氣기를 至氣지기라 한다.

虛靈蒼蒼허영창창 ― 비고 신령하고 창창함. 창창은 많은 모양이다. 우주 사이의 지기는 지극히 큰 기운이어서 형체도 없이 빈 것이지만 신령하여 우주 만물의 근본이 되며, 우주 사이에 가득히 차 있다는 말.

渾然之一氣혼연지일기 ― 크고 으뜸되는 기라는 뜻으로 大一混然之氣대일혼연지기라고도 함.

천지 자연의 氣기 ― 만물의 원기를 일컫는다.

願爲大降원위대강 ― 신령이 크게 내리기를 원한다는 말. 願爲원위는 축원한다는 말, 大降대강은 우주의 지기와 몸에 있는 기운이 合一합일하여 心和심화 氣和기화하기를 원한다는 말이다.

至氣지기란 기독교에서 말하는 聖靈성령에 해당한다.

성령은 진리니라(요일 5:7).

내가 아버지께 구하겠으니 그가 保惠師보혜사를 너희에게 주어 영원토록 너희와 함께 있게 하리니 성령은 진리의 靈영이라(요 14:16).

내가 아버지께로서 너희에게 보낼 保惠師보혜사 곧 아버지께로서 나오시는 진리의 성령이 오실 때 그가 나를 증거하실 것이요(요 15:26).

이처럼 聖靈^{성령}이란 아버지 곧 창조주의 靈^영인데 이는 東洋哲學^{동양철학}에서 보는 至氣^{지기}에 해당한다고 볼 수 있겠다. 至氣^{지기}가 降靈^{강령}하면 우주 만물의 진리를 인식할 능력이 생기듯 성령이 降臨^{강림}함으로써만이 기독교인도 진리의 로고스를 바르게 인식할 수 있는 것이다.

至氣今至^{지기금지}, 즉 지극한 氣^기가 이제 곧 이른다는 뜻이니 이것은 『聖書^{성서}』에 어떻게 나타나 있는가?

예수는 부활승천하면서 聖靈降臨^{성령강림}을 그 사도들에게 약속하였다. 이 예수의 言約^{언약}을 믿고 사도들은 願爲大降^{원위대강}, 곧 성령의 大降^{대강}을 기다렸던 것이다.

볼지어다 내가 내 아버지의 약속하신 것을 너희에게 보내리니 너희는 위로부터 能力^{능력}을 입히울 때까지 이 城^성에 留^유하라(눅 24:49).

이 聖句^{성구}는 예수가 復活昇天^{부활승천}하면서 聖靈降臨^{성령강림}을 約束^{약속}하신 것인데 이 약속이 그의 昇天後^{승천후} 50일 만에 이루어졌던 것이다.

五旬節^{오순절} 날이 이르매 저희가 다 같이 한곳에 모였더니 홀연히 하늘로부터 급하고 强^강한 바람 같은 소리가 있어 저희 앉은 온 집에 '불의 혀' 같이 갈라지는 것이 저희에게 보여 각 사람 위에 임하여 있더니 저희가 다 성령의 充滿^{충만}함을 받고 성령이 말하게 하심을 따라 다른 方言^{방언}

으로 말하기 시작하니라(행 2:1 이하).

이처럼 五旬節^{오순절}에 이르러 聖靈^{성령}이 大降^{대강}하였으므로 이 靈力^{영력}이 原動力^{원동력}이 되어 기독교 宣敎^{선교}의 근본적인 힘이 되었던 것이다.

侍天呪^{시천주}에서 말하는 至氣今至^{지기금지} 願爲大降^{원위대강}이 곧 기독교에 있어서 聖靈降臨^{성령강림}에 해당되는 것인데 모든 宗敎^{종교}는 靈^영의 降靈^{강령} 없이는 그 敎勢^{교세}를 떨칠 수 없는 것이다. 至氣^{지기}란 곧 하나님의 靈^영이며 多神^{다신}들의 "흩어진 靈^영"이 아니다.

侍天呪^{시천주}는 降靈呪^{강령주}인데 初代敎會^{초대교회}의 使徒^{사도}들도 聖靈降臨^{성령강림}을 위해 깊은 기도에 침잠했던 것이다. 그들의 降靈禱^{강령도}가 무엇인지 『성서』에는 나타나 있지 않으나 使徒^{사도}들도 분명히 至氣今至^{지기금지} 願爲大降^{원위대강}과 같은 類^류의 기도를 했을 것은 틀림없다.

宗敎^{종교}의 敎勢^{교세}는 降靈^{강령}의 靈力^{영력}에 따라 比例^{비례}하며, 靈力^{영력}이 없으면 反比例^{반비례}하여 쇠진하는 것이다. 이것은 宗敎史^{종교사}와 歷史^{역사}가 증명하는 사실인 것이다.

東學^{동학}이 降靈^{강령}의 秘義^{비의}가 없었다면 東學革命^{동학혁명}을 어떻게 일으킬 수 있었겠는가?

앞으로의 역사적인 큰 사명을 담당할 새 宗敎^{종교}가 있다면 하나님의 靈^영을 大降^{대강}케 할 方法^{방법}을 自覺^{자각}하는 종교임을 筆者^{필자}는 豫言^{예언}할 수 있다. 그런데 우리가 한가지 알고 넘어가야 할 사상은 五旬節^{오순절} 聖靈降臨^{성령강림}은 120명 門徒^{문도}에게 同時^{동시}에 臨^임하여 한 神靈^{신령}스러운 "사랑의 共同體^{공동체}"를 탄생시켰다는 사실이

다. 이 "사랑의 共同體^{공동체}"는 "共同覺^{공동각}"을 이루어 새 역사 창조의 근본 세력이 되었던 것이다. 이것은 우리에게 깊은 靈的^{영적} 啓示^{계시}를 주고 있다. 즉, 至氣^{지기}의 大降^{대강}은 한 個人^{개인}에게가 아닌 共同體^{공동체}에 大降^{대강}함으로 歷史改造^{역사개조}의 큰 開闢^{개벽}을 일으킨다는 사실을 알아 새날의 宗敎^{종교}도 五旬節^{오순절}과 같은 降靈^{강령}이 없이는 불가능한 사실을 우리는 깊이 깨달아야 한다.

(2) 侍天主造化定 求世不忘 萬事知^{시천주조화정 구세불망 만사지}

侍者 內有神靈 外有氣化 一世之人 名知不移者也

主者 稱其尊而與父母同事者也

造化者 無爲而化也

定者 合其德 定其心也

永世者 人之平生也

不忘者 存想之意也

萬事者 數之多也

知者 知其道而受其知也 故明明其德 念念不忘則 至化至氣 至於至聖

意譯^{의역}:

侍^시라고 한 것은 안으로 신령이 있고 밖으로 氣化^{기화}가 있어서 온 세상 사람이 각각 옮기지 못할 것을 아는 것. 主^주라 함은 존칭이니 부모와 같이 섬기는 것. 造化^{조화}라 함은 무위이화를 말함이고, 定^정이라 함은 그 덕에 합하여 그 마음을 정하는 것. 永世^{영세}라 함은 사람의 한평생이고, 不忘^{불망}이라 함은 언제나 생각하고 있다는 뜻. 萬事^{만사}

라 한 것은 수의 많음을 표현한 것. 知^지라 한 것은 그 道^도를 알고, 그 지혜를 받는다는 뜻이다.

그러므로 밝고 맑은 그 덕을 생각하고 생각하여 잊지 아니하면 지기에 화하여 지성에까지 도달할 수 있는 것이다.

註^주:

侍天^{시천}— 천주, 즉 한울님을 모신다는 뜻이니 여기에는 侍^시를 세 가지 뜻으로 나누어 설명하고 있다. 즉, 內有神靈^{내유신령}, 外有氣化^{외유기화}, 各知不移^{각지불이}가 그것이다. 내유신령은 본래 사람의 마음은 곧 한울의 마음이니 곧 천주를 내 마음에 모시는 일이며, 외유기화는 밖으로 신령의 기에 접하여 한울님의 영과 내 마음속의 영이 혼연합일의 경지를 이루게 되니 이 또한 천주를 모시는 일이다.

造化定^{조화정}— 조화의 덕에 합치하여 마음을 정한다는 말. 조화라 함은 無爲而化^{무위이화}의 뜻이다. 사람과 萬有^{만유}는 다 같이 무위이화의 힘을 자기의 본능 속에 가지고 있으므로 그 무위이화의 힘에 의지하여 마음을 닦고 일을 하고 세상을 기화케 하라는 뜻이다.

永世不忘^{영세불망}— 하나님을 모시는 侍天主^{시천주}의 경지에 도달하면 한 평생 진리를 잊지 않는 境地^{경지}를 나타내고 있다. 永世^{영세}라는 일생은 60년 육체적 일생뿐만 아니라 歸天^{귀천}하여 靈化^{영화}된 靈的^{영적} 일생을 가르킴으로 永世^{영세}라 한다.

萬事知^{만사지}— 萬事^{만사}는 現象界^{현상계}의 多樣性^{다양성}을 나타내고 있다. 진리를 인식함은 一物^{일물}에 국한된 것이 아니고 萬有^{만유}의 根本原理^{근본원리}를 체득함에 있으므로 萬事知^{만사지}라고 한 것이다.

至氣^{지기}, 곧 神靈^{신령}이 임함으로써 인간은 하나님을 모시게 된다.

이것이, 즉 "吾心汝心^{오심여심}"의 경지이다.

그럼 기독교에서는 이것을 어떻게 表現^{표현}하고 있는가?

> 너희가 하나님의 聖殿^{성전}인 것과 하나님의 聖靈^{성령}이 너희 안에 居^거하시는 것을 알지 못하느냐? 누구든지 하나님의 聖殿^{성전}을 더럽히면 하나님이 그 사람을 滅^멸하시리라(고전 3:16).

> 우리는 살아계신 하나님의 聖殿^{성전}이라(고후 6:16).

> 너희도 聖靈^{성령} 안에서 하나님이 居^거하실 처소가 되기 위하여 예수 안에서 함께 지어져 가느니라(엡 2:22).

이상의 聖句^{성구}에서 보는 바와 같이 기독교에서는 神靈^{신령}을 모시면 하나님의 聖殿^{성전}이 된다고 表現^{표현}하고 있다.

聖靈^{성령}이 居^거하는 하나님의 聖殿^{성전}, 이것이 回復^{회복}된 人間實存^{인간실존}의 참모습이며, 하나님의 形像^{형상}을 닮은 眞理^{진리}의 化身體^{화신체}인 것이다.

인간은 하나님의 靈^영을 받으므로 眞理^{진리}를 알 수 있고, 그 뜻과 攝理^{섭리}와 造化^{조화}를 바르게 알 수 있다. 이 상태가 곧 造化定^{조화정}인 것이다.

> 오직 하나님이 성령으로 이것을 우리에게 보이셨으니 성령은 모든 것 곧 하나님의 깊은 것이라도 통달하시느니라. 사람의 私情^{사정}을 사람의 속에 있는 靈外^{영외}에는 누가 알리요. 이와 같이 하나님의 私情^{사정}도 하

나님의 靈外^{영외}에는 아무도 알지 못하느니라. 우리가 세상의 靈^영을 받지 아니하고 하나님께로 온 받았으니 이는 우리로 하여금 하나님께서 우리에게 은혜로 주신 것들을 알게 하려 하심이라(고전 2:10).

인간은 성령을 모심으로 하나님의 私情^{사정}을 알 수 있는 것이다. 이것이 "吾心汝心^{오심여심}"과 조금도 다를 바 없는 경지가 아닐 수 없다.

이상에서 간단히 考察^{고찰}한 바와 같이 侍天呪^{시천주}나 『聖書^{성서}』의 降靈^{강령}은 그 근본은 다 같은 現象^{현상}이라 할 수 있다. 다시 말하면 根本眞理^{근본진리}는 같으나 그것이 나타내는 東西^{동서}의 종교 現象^{현상}은 다른 것이다.

이것을 水雲^{수운}은 『東經大典^{동경대전}』에서 다음과 같이 나타내고 있다.

曰然則 何道以名之
曰天道也
曰與西道 無異者乎
曰洋學 如斯而有異 如呪而無實 然而運則一也 道則同也 理則非也.

意譯^{의역}:
그러면 道^도 이름은 무엇이라 합니까?
天道^{천도}이다.
西道^{서도}와 다름이 없습니까?
洋學^{양학}은 이와 비슷하지만 다름이 있고, 비는 것 같으나 실지가 없다. 그러나 운수인즉 하나이며 도인즉 같으나 이치인즉 다르다.

여기에서 보는 바와 같이 "道則同也^{도즉동야}", "理則非也^{이즉비야}"라는 귀절에 주목해야 한다. 이는 진리의 바탕은 같으나 그것이 表現^{표현}되는 方法^{방법}은 西學^{서학}과 東學^{동학}으로 다르다는 사실이다. 道^도는 같으나 學^학이 다른 面^면으로 나타나므로 기독교의 聖靈^{성령}강림이 東學^{동학}과 甑山敎^{증산교}에서는 侍天呪^{시천주}의 형태로 나타났던 것이다. 이는 甑山^{증산}이 天下^{천하}를 大巡^{대순}하고 東土^{동토}에 머물렀다는 自覺^{자각}과 同一^{동일}한 것이다.

天下^{천하}를 大巡^{대순}한 자에게 東西^{동서}의 道^도가 分別^{분별}이 있을 수 없음은 자명한 일이 아니겠는가? 하지만 天下大巡^{천하대순}의 道^도는 같으나 甑山^{증산}도 韓國人^{한국인}으로 태어난 이상 韓國的^{한국적} 傳統^{전통}을 벗어날 수 없었던 故^고로 그의 天地公事^{천지공사}의 方法^{방법}을 보면 우리나라의 샤마니즘적인 모습을 답습했던 것이다.

폐일언하고 大人^{대인}에게는 東西洋^{동서양}의 道^도가 다를 수 없다. 오직 小人^{소인}들의 分別心^{분별심}으로 하여 그 理^이가 다르게 나타날 뿐이다.

6. 맺는말

呪文^{주문}은 靈的^{영적} 다이얼이며 채널이다. 또 呪文^{주문}은 天界^{천계}와 地上^{지상} 혹은 靈^영들과 인간들을 연결하여 종교적 秘話^{비화}를 나누게 하는 靈線^{영선}이다. 電話線^{전화선}이 A와 B지점을 연결시켜 對話^{대화}하게 하듯 呪文^{주문}을 외우면 降靈現象^{강령현상}이 일어나 神靈^{신령}한 종교 체험을 얻게 된다.

甑山^{증산}의 太乙呪^{태을주}와 水雲^{수운}의 侍天呪^{시천주}는 이 나라 종교적인 天才^{천재}들이 創出^{창출}해 낸 여러 呪文^{주문} 중 가장 높은 하늘을 開天

^{개천}하였고, 가장 먼 靈峰^{영봉}을 開明^{개명}시킨 呪文^{주문}들이다.

太乙呪^{태을주}는 새 시대를 開明^{개명}하는 開闢呪^{개벽주}이며, 侍天呪^시^{천주}는 聖靈^{성령}을 임재케 하는 降靈呪^{강령주}이다. 그러므로 이 두 呪文^주^문은 韓民族^{한민족}의 心性^{심정}을 파고들어 그 마음의 거문고 줄을 玄妙^{현묘}하게 퉁기며 새 시대의 使命^{사명}을 깨닫게 하는 데 깊은 영향력을 미쳤던 것이다.

韓民族^{한민족}이 가장 암담하던 시대에 民衆^{민중}들의 心弦^{심현}을 깊이 울려 白衣^{백의}의 영혼들은 이 두 呪文^{주문}을 暗誦^{암송}하면서 새 시대의 到來^{도래}를 大望^{대망}하였고, 절망적인 역사적인 상황 속에서도 미래에 대한 희망을 잃지 않았던 것이다.

끝으로 侍天呪^{시천주}에 있어서 "卽^즉" 字^자에 대해 언급하고자 한다.

侍天呪卽造化定 永世不忘卽萬事知

물론 『東經大典^{동경대전}』이나 『大巡典經^{대순전경}』에는 "卽^즉"字^자가 없다. 그러나 어떤 大德^{대덕}들은 이 "卽^즉"字^자를 넣어야 한다고 생각하고 있다. 理致^{이치}로 따져서는 "卽^즉"字^자를 揷入^{삽입}하는 것이 타당하다. 그러나 이 "卽^즉"字^자를 넣으면 侍天呪^{시천주}의 音樂性^{음악성}이 喪失^상^실된다. 21字^자의 侍天呪^{시천주}는 音樂的^{음악적}인 템포와 리듬을 그 反復^{반복성}으로 강조되나 "卽^즉"字^자를 揷入^{삽입}하면 그 템포와 리듬이 단절 현상을 나타내게 된다. 따라서 理致^{이치}로는 옳으나 降靈^{강령}이 音樂的^{음악적} 音階^{음계}를 따라 되는 것을 볼 때 이 "卽^즉"字^자는 당연히 揷入^{삽입}되어서는 안 된다.

太乙呪^{태을주}는 23字^자이나 "哩^리"字^자를 두 번 揷入^{삽입}하였다. 그

理由^{이유}는 太乙呪^{태을주}는 21字^자로서는 音樂性^{음악성}을 살릴 수 없으므로 아무 뜻도 없는 語助詞^{어조사}인 "哩^리"를 두 번 挿入^{삽입}하므로 甑山^{증산}은 呪文^{주문}의 音樂性^{음악성}을 살렸던 것이다. 그러므로 侍天呪^{시천주}는 21字^자의 音樂性^{음악성}이 있고, 太乙呪^{태을주}는 23字^자의 音樂性^{음악성}이 있음을 알아야 한다.

이상으로 走馬看山格^{주마간산격}으로 太乙呪^{태을주}와 侍天呪^{시천주}를 小考^{소고}하였다.

끝으로 이 나라의 종교 運勢^{운세}를 豫言^{예언}한 한 詩人^{시인}의 글로서 結語^{결어}를 맺으려 한다.

孔夫子^{공부자} 뵈오러 明倫堂^{명륜당}에 갔더니

道學君子^{도학군자} 내 손목 잡더이다

이 말이 書院^{서원}밖에 나돌면

쪼그만 새끼 小人^{소인}아 내 말이라 하리라

그 자리 나도 자러 가리라

자고난 그 자리같이 어수선한 곳도 없더라.

부처님 뵈오러 曹溪寺^{조계사}에 갔더니

그 절 主持^{주지} 내 손목 잡더이다

이 말이 山門^{산문} 밖에 나돌면

쪼그만 새끼 上座^{상좌}야 네 말이라 하리라

그 자리 나도 자러 가리라

자고난 그 자리같이 어수선한 곳도 없더라.

山神산신님 뵈오러 七星閣칠성각에 갔더니

神仙신선아비 내 손목 잡더이다

이말이 草庵초암밖에 나돌면

쪼그만 새끼童子동자야 네 말이라 하리라

그 자리 나도 자러 가리라

자고난 그 자리같이 어수선한 곳도 없더라.

예수님 뵈오러 예배당에 갔더니

復興牧師부흥목사 내 손목 잡더이다

이 말이 敎會교회밖에 나돌면

쪼그만 새끼執事집사야 네 말이라 하리라

그 자리 나도 자러 가리라

자고난 그 자리같이 어수선한 곳도 없더라.

애고 더러운 내 八子팔자야

보소 이 淫事음사를

화냥질이라 침 뱉고 돌을 던지면

天下천하의 때(垢)를 어느 잘난 계집이 받읍니까?

宗敎종교아비들의 染心염심을 빨래하던

그 어수선한 잠자리의 뒤 안

아, 거룩한 꽃이 피더이다

아, 거룩한 香氣향기가 나더이다.

(〈新雙花店歌〉)

註^주:

雙花店^{쌍화점}은 高麗歌辭^{고려가사}의 일종이다. 雙花^{쌍화}는 만두를 의미한다. 이 雙花店歌^{쌍화점가}에는 네 가지 淫事^{음사}를 노래하고 있는데 回回^{회회}아비, 절寺主^{사주}, 우물龍^용, 술집이 등장한다. 이 雙花店歌^{쌍화점가}는 단순히『麗史樂志^{여사악지}』에 기록된 歌辭^{가사}일 뿐만 아니라 이 노래 속에는 이 民族^{민족}의 宗教性^{종교성}이 깊이 暗示^{암시}되어 있다.

하여 筆者^{필자}는 이 麗謠^{여요}인 雙花店^{쌍화점}을 現代的^{현대적} 狀況^{상황}에 맞게 再構成^{재구성}하여 新雙花店歌^{신쌍화점가}를 지은 것이다.

II. 『聖書성서』와 『易역』의 邂逅해후*
― 『正易정역』에는 甑山증산의 天地公事천지공사가 豫示예시되어 있다

1. 緒論서론

東동은 東동

西서는 西서

東동과 西서는 만날 수 없다.

빅토리아朝조의 鷄冠詩人계관시인 키플링(Joseph Rudyard Kipling, 1856~1936)은 이처럼 노래하였다.

그는 東洋동양과 西洋서양은 영원히 만날 수 없다고 단언하였다. 現代人현대인의 立場입장에서 보면 이 詩시가 얼마나 편협하고 치졸한 思考사고의 産物산물인가를 우리는 쉽게 알 수 있다.

이 키플링의 詩句시구처럼 現代현대에 사는 우리들도 『聖書성서』와 『易역』은 아무런 관계가 없고 邂逅해후할 수 없다고 믿고 있다. 정말 『聖書성서』와 『易역』은 아무런 관계가 없는 것일까?

---

* 변찬린, "聖書와 易의 邂逅,"「甑山思想硏究」4輯(1978): 39-184.

이날까지 『聖書성서』를 연구하는 神學者신학자들은 『周易주역』을 迷信的미신적인 東洋동양의 占書점서로 信仰신앙의 聖域성역에서 경원시하였고 蛇蝎視사갈시하였다. 또 『周易주역』을 盲信맹신하는 犬儒견유들은 『聖書성서』는 洋夷양이들의 文書문서로 遺棄유기하였다. 그리하여 東西洋동서양의 知性人지성인들은 『聖書성서』와 『易역』은 아무런 關係관계가 없는 文書문서라고 서로가 공언하였다.

『聖書성서』는 『聖書성서』
『易역』은 『易역』
『聖書성서』와 『易역』은 서로 만날 수 없다.

이런 전근대적인 思考方式사고방식은 키플링의 詩句시구처럼 편협한 思考사고가 아닐 수 없다.

本稿본고의 目的목적은 『聖書성서』와 『易역』을 邂逅해후시킴에 있다. 달팽이 껍질처럼 고정된 죽은 思考사고와 우매한 선입관념의 우상을 타파하고 『聖書성서』와 『易역』은 깊은 函數關係함수관계가 있음을 밝히려 한다.

피상적으로 고찰하면 『聖書성서』와 『易역』은 서로가 다른 文化圈문화권에서 전혀 관계없이 저술된 文書문서처럼 보인다. 『聖書성서』와 『易역』이 쓰여진 上古時代상고시대는 東동과 西서가 전혀 交通교통함이 없고 험준한 山脈산맥과 넘을 수 없는 沙漠사막과 바다로 단절되어 서로가 고립된 文化문화와 文明문명을 발생시킨 듯 보인다. 그러나 하나님의 眞理진리가 文化圈문화권의 특질에 따라 그 表現표현된 樣式양식이 다를지라도 究竟구경의 자리에서 보면 萬法歸一만법귀일인 것이다. 그러므로 『聖書성서』와 『易역』의 表現樣式표현양식은 다를지라도 그 속에 暗號化암호화되고 歷史化역사화된 진리의 근본 뜻은 서로가 通통하는 血脈혈맥과 溫氣온기가 있는 법이다.

『易역』에 의하여 暗號化암호화된 八卦팔괘의 體系체계는 『聖書성서』에 歷史的역사적 事件사건으로 展開전개되었고, 『聖書성서』에 歷史的역사적 事件사건으로 展開전개된 暗號암호와 象徵상징과 比喩비유는 八卦팔괘에 陰陽음양으로 符號化부호화된 차이뿐이다. 다시 말하면 『易역』에는 陰陽음양의 符號부호가 있을 뿐 歷史역사는 없고, 『聖書성서』 속에는 歷史역사가 있으나 符號부호가 없을 뿐이다.

그러므로 『易역』에 圖式化도식화된 陰陽음양의 符號부호를 『聖書성서』의 歷史的역사적 事件사건으로 해명하고, 『聖書성서』의 歷史的역사적 事件사건을 『易역』의 符號부호로 해석할 때 『聖書성서』와 『易역』은 邂逅해후하고 交感교감할 것이다.

『聖書성서』와 『易역』이 어떻게 관계되어 있는가를 한두 가지 例예를 들어 보자. 舊約구약 예레미야 豫言書예언서에는 다음과 같은 難澁난삽한 詩句시구가 발견된다.

悖逆패역한 딸아 네가 어느 때까지 彷徨방황하겠느냐? 하나님이 새 일을 世上세상에 創造창조하였나니 곧 女子여자가 男子남자를 안으리라(렘 31:22).

이 詩句시구는 西洋동서의 知慧지혜와 知性지성으로는 解讀해독할 수 없다.

女子여자가 男子남자를 안는 것이 하나님이 하실 새 創造창조란 무슨 뜻인가? 聖書的성서적 立場입장에서 보면 先天선천은 女子여자(하와)로 인하여 타락된 세상이다. 東洋的동양적인 觀念관념으로 설명하면 坤곤이 成道성도못한 時代시대이다. 『易역』의 表現표현을 빌면 抑陰尊陽억음존양하던 時運시운이었다.

낡은 先天선천, 타락된 歷史역사는 男子남자가 女子여자를 안던 시대, 곧 天地否천지비(☷)로 暗號化암호화된 時代시대였다. 女子여자가 男子남자를 안으리란 뜻은 『易역』의 立場입장에서 보면 地天泰運지천태운(☷)을 말하고 있는 것이다. 女子여자가 男子남자를 안는 새 일을 하나님이 創造창조하리란 뜻은 天地否掛천지비괘의 낡고 헌 先天時代선천시대가 물러가 새로운 新婦신부 같은 地天泰運지천태운이 올 것을 豫告예고하고 있는 것이다. 구약의 先知者선지자 예레미야는 『易역』을 모르던 이스라엘 사람이었음으로 地天泰掛지천태괘(☷)를 女子여자가 男子남자를 포용한 것으로 表現표현하였던 것이다. 抑陰尊陽억음존양의 先天선천은 男子남자가 女子여자를 포용한 시대였던 것이다.

『大巡典經대순전경』에 보면 甑山증산이 지은 다음과 같은 道詩도시가 있다.

運來重石何山遠

粧得尺推古木秋

이 道詩도시 속에서 "重石중석의 運운"이란 무엇인가? 이 重石중석은 "무거운 돌"이 아닌 "맷돌"을 比喩비유하고 있는 것이다. 맷돌은 숫돌이 밑에 놓이고 암돌이 위에서 돌면서 곡물을 가루로 만드는 것이다. 現象界현상계의 모든 理致이치가 수컷이 能動的능동적인 운동을 하는데 맷돌만이 암돌이 위에서 움직이는 것이다. 그러므로 이 맷돌의 비유는 道的^{도적} 立場^{입장}에서 보면 "女子^{여자}가 男子^{남자}를 안는 地天泰運^{지천태운}"을 말하고 있다.

이와 같은 비유는 『聖書^{성서}』에서도 發見^{발견}된다.

> 그때에 두 사람이 밭에 있으매 하나는 데려감을 당하고 하나는 버려둠을
> 당할 것이요, 두 女子^{여자}가 매를 갈매 하나는 데려감을 당하고 하나는
> 버려둠을 당할 것이다(마 24:40-41).

이 聖句^{성구}에서 보듯이 맷돌을 갈고 있는 두 女人^{여인} 중에서 한 女人^{여인}은 새로운 시대의 地天泰運^{지천태운}을 깨친 女子^{여자}이고, 한 女人^{여인}은 새 시대를 깨닫지 못한 낡은 母性^{모성}이므로 遺棄^{유기}되는 것이다.

구약에도 이와 같은 事件^{사건}이 發見^{발견}된다. 敵的^적그리스도型^형의 아비멜렉을 한 女人^{여인}이 맷돌 윗짝으로 그 골을 깨뜨리는데 이는 地天泰運^{지천태운}이 도래하면 거짓 眞理^{진리}를 審判^{심판}할 것을 暗示^{암시}하는 것이다(사 9:50 이하). 審判^{심판} 때 南方二七火^{남방이칠화}의 女王^{여왕}이 일어난다는 예수의 말씀도 地天泰運^{지천태운}을 말하고 있는 것이다(마 12:42).

또 한 가지 例^예,

하나님의 形象^{형상}은 아무도 볼 수 없다. 하나님은 無形^{무형}한 존재인 까닭이다. 그러나 하나님의 形象^{형상}을 圖式化^{도식화}할 때 그 모습은 太極^{태극}으로 나타남을 『聖書^{성서}』는 보여주고 있다.

내가 곧 聖靈성령에 感動감동하였더니 보라 하늘에 寶座보좌를 베풀었고
그 寶座보좌 위에 앉으신 이가 있는데 앉으신 이의 모양이 碧玉벽옥과 紅寶
石홍보석 같고…(계 4:2).

이 성구를 보면 하나님의 모습이 碧玉벽옥과 紅寶石홍보석 같다 했
다. 碧玉벽옥과 紅寶石홍보석이란 다름 아닌 太極태극무늬인 것이다.

이상에서 引用인용한 두 聖句성구만 보더라도 『聖書성서』와 『易역』
이 얼마나 밀접한 관계가 있는가를 알 수 있다. 『聖書성서』를 모르면
『易역』을 正解정해할 수 없고, 『易역』을 모르면 『聖書성서』를 正讀정독할
수 없는 것이다. 『聖書성서』와 『易역』은 陰陽음양과 같고, 男子남자와 女
子여자와 같다.

하루빨리 『聖書성서』와 『易역』을 邂逅해후시켜 結婚결혼시켜야 한
다. 이 두 사이에서 새 時代시대의 새로운 아들이 탄생될 것이다.

그럼 이제부터 『易역』이 보여주는 八卦팔괘들이 『聖書성서』 속에
어떻게 전개되었는가를 査經사경하도록 하자.

2. 伏羲八卦복희팔괘에 대한 聖書的성서적 考察고찰

天生神物 聖人則之…
天垂象 見凶象 聖人象之…
河出圖 落出書 聖人則之…

이 구절들은 『易역』이 어떻게 作卦작괘되었는가를 나타내고 있다.
즉, 하늘이 蓍龜시귀와 같은 신령한 물건을 내어놓으니 聖人성인이 이

것을 본떠 점치는 법을 만들었고, 하늘이 象^상을 드리워 吉凶^{길흉}을 보이니 聖人^{성인}이 이것을 法則^{법칙}으로 삼았다.

『周易^{주역}』繫辭下傳^{계사하전}에 보면 또 다음과 같은 구절이 있다.

古者包義氏之王天下也 仰則觀象於天 俯則觀法於地 觀鳥獸之文 與地
之宜 近取諸身遠取諸物 於是始作八卦 以通神明之德 以類萬物之情
(옛날 包義氏^{포희씨}가 천하를 다스릴 때 우러러 천체의 현상을 관찰
하고 굽어 땅에 법칙을 살피어 새와 짐승의 문채와 땅의 마땅한 바
를 살펴 가까이는 몸에서 취하고 멀리는 천지만물에서 가져다가
처음 八卦^{팔괘}를 만드니 신명한 덕에 통달하고 만물의 정상을 유추
하여 알게 되었다.)

繫辭傳^{계사전}에 나오는 이상한 구절들을 종합해 보면 하늘이 내리
신 神物^{신물}인 河圖^{하도}와 洛書^{낙서}를 보고 聖人^{성인}이 作卦^{작괘}하게 되는
데 그것도 "象天法地^{상천법지}" 하늘에 兆朕^{조짐}을 살펴 作卦^{작괘}하였음을
알 수 있다.

龍馬^{용마} 등에 떠올린 河圖^{하도}를 보고 伏義^{복희}가 만든 符號^{부호}가
伏犧八卦^{복희팔괘}이며, 神龜^{신귀}가 떠올린 洛書^{낙서}를 보고 文王^{문왕}이 만
든 符號^{부호}가 文王八卦^{문왕팔괘}임을 우리는 알고 있다.

그럼 왜 하늘은 河圖^{하도}와 洛書^{낙서}의 神物^{신물}을 啓示^{계시}하였고 또
왜 聖人^{성인}은 河圖^{하도}와 洛書^{낙서}를 얻어 象天法地^{상천법지}한 연후 두
가지 다른 卦^괘를 만들었던가?

이제부터 이 문제를 聖書的^{성서적} 立場^{입장}에서 考察^{고찰}할 것이다.
먼저 河圖^{하도}를 分析^{분석}하기로 하자.

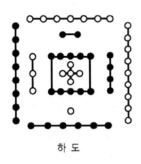

하 도

이 그림을 보면 河圖하도는 十數
象심수상을 點점으로 圖式化도식화하고
있는데 자세히 보면 그 相對상대한 數
수가 偶數우수와 寄數기수가 잘 調和조화
를 이루고 있음을 알 수 있다.

北북은 一일과 六육, 南남은 二이와
七칠, 東동은 三삼과 八팔, 西서는 四사와
九구, 中央중앙은 五오와 十십이 調和조화를 이루고 있음을 알 수 있다.
『周易주역』 繫辭계사를 보면 다음과 같은 구절이 있다.

天一地二 天三地四 天五地六 天七地八 天九地十… 天數五地數五… 天
數二十有五 地數三十 凡天地之數 五十有五 此所以成變化 而行鬼神也
(하늘의 數수는 一三五七九일삼오칠구요, 땅의 數수는 二四六八十이사육
팔십이다… 천수와 지수는 각각 다섯씩 있다… 천수인 一三五七九일
삼오칠구를 합하면 二十五이십오가 되고 지수인 二四六八十이사육팔십을
합하면 三十삼십이 된다. 무릇 천수와 지수를 합하면 五十五오십오가
된다. 이 五十五오십오라는 天地천지의 數수 여기에서 陰陽음양의 변화
가 생기고 神신의 작용이 일어나는 것이다.)

이처럼 十數象십수상인 河圖하도는 偶數우수와 寄數기수가 陰陽음양의
調和조화를 나타내고, 그 實數실수 五十五點오십오점이 昭昭소소하여 그
意味의미는 지극히 深遠심원하고 微妙미묘하다.
이 十象數십상수의 原理원리 外외에 河圖하도는 또 五行上오행상으로도
相生상생의 原理원리를 內包내포하고 있다. 河圖하도는 土生金토생금, 金生

水금생수, 水生木수생목, 木生火목생화, 火生土화생토의 順순으로 左旋좌선하여 相生相상생상을 보여주고 있다. 그런데 우리가 깊이 천착해야 할 사실은 河圖하도가 나타내는 十象數십상수는 단지 數수를 東西南北동서남북으로 圖式化도식화하였을 뿐 이 數수 자체는 아무런 倫理性논리성과 道德性도덕성과 宗敎性종교성이 없다는 事實사실이다.

그러나 이 十象數십상수를 보고 作卦작괘한 伏義八卦圖복희팔괘도는 倫理논리와 道德도덕과 宗敎的종교적인 여러 暗號암호로 탈바꿈하는데『易역』의 奧義오의가 있는 것이다. 伏義복희는 河圖하도를 보고 왜 乾南坤北건남곤북의 八卦圖팔괘도를 그렸을까? 그 理由이유는 무엇인가? 伏義八卦복희팔괘와 文王八卦문왕팔괘를 보고『易역』에 倫理논리와 道德도덕과 宗敎的종교적 暗號암호가 숨어 있는 사실을 최초로 깊이 파헤친 聖人성인이 孔子공자였다.

孔子공자는 열 날개(十翼)을『周易주역』에 달아 易역을 높은 道도의 次元차원으로 跳躍飛翔도약비상시켰던 것이다.

設卦傳설괘전에 보면 다음과 같은 구절이 있다.

伏羲八卦

乾天也 故稱乎父 坤地也 故
稱乎母 震一索而得男 故謂之
長男 巽一索而得女 故謂之長
女 坎再索而得男 故謂之中男
離再索而得女 故謂之中女 艮
三索而得男 故謂之小男 兌三
索而得女 故謂之小女

(乾^건은 하늘을 의미한다. 그러므로 칭하여 아버지인 것이다.

坤^곤은 땅을 상징한다. 그러므로 어머니인 것이다.

震卦^{진괘}는 맨 아래 爻^효가 陽爻^{양효}이다. 첫 번 찾아서 아들을 얻는 것이므로 震^진은 長男^{장남}을 상징한다.

巽^손은 맨 아래 爻^효가 陰爻^{음효}이다. 첫 번 찾아서 딸을 얻는 것이므로 巽^손은 長女^{장녀}를 상징한다.

坎^감은 두 번째 찾아서 아들을 얻었으므로 中男^{중남}이라 한다.

離^리는 두 번째 찾아서 딸을 얻었으므로 中女^{중녀}라고 한다.

艮^간은 세 번째 찾아서 아들을 얻었으므로 小男^{소남}이라 한다.

兌^태는 세 번째 찾아서 딸을 얻었으므로 小女^{소녀}라고 한다.)

孔子^{공자} 이전에도 易^역은 있었지만 孔子^{공자}가 『周易^{주역}』에 十翼^{십익}을 붙임으로써 비로소 易^역은 數^수와 符號^{부호}와 暗號^{암호}의 次元^{차원}을 넘어 倫理^{윤리}와 道德^{도덕}과 宗敎^{종교}의 道的次元^{도적차원}으로 高揚^{고양}되는 것이다. 다시 말하면 ☰ ☷ ☳ ☴ ☵ ☲ ☶ ☱ 이들 符號^{부호} 自體^{자체}에는 아무런 뜻도 없으나 이 부호에 父母^{부모}, 長男長女^{장남장녀}, 中男中女^{중남중녀}, 小男小女^{소남소녀}의 의미를 부여할 때 八卦^{팔괘}는 人格^{인격}을 갖춘 道的^{도적} 여덟 食口^{식구}로 탈바꿈된다는 것이다.

孔子^{공자}는 『周易^{주역}』의 부호를 자유자재로 해석하여 卦^괘를 人格視^{인격시}하였다. 이 卦^괘의 人格^{인격}을 自然^{자연}으로 상징할 때 父母^{부모}는 하늘과 땅으로, 長男長女^{장남장녀}는 우뢰와 바람으로, 中男中女^{중남중녀}는 물과 불로, 小男小女^{소남소녀}는 산과 못으로 自然化^{자연화}된다.

우리는 卦^괘의 여러 가지 解讀方法^{해독방법} 중에 다음 한 가지에 특히 유의하기 바란다.

乾爲首 坤爲腹 震爲足 巽爲股 坎爲耳 离爲目 艮爲手 兌爲口

(乾^건은 머리, 坤^곤은 배, 震^진은 발, 巽^손은 다리, 坎^감은 귀, 离^리는 눈, 艮^간은 손, 兌^태는 입이다.)

공자는 設卦傳^{설괘전}에서 왜 八卦^{팔괘}를 인체의 각 부분에 맞춰 설명했을까?

여기에는 진실로 깊은 뜻이 내포되어 있는 것이다. 河圖^{하도}를 보고 作卦^{작괘}한 伏羲^{복희}는 왜 乾^건을 南^남에 位置^{위치}시키고, 坤^곤을 北^북에 位置^{위치}시켰을까? 乾南坤北^{건남곤북}은 그 卦象^{괘상}으로 볼 때는 天地否卦^{천지비괘}로 兒卦^{흉괘}이다. 그러나 道^도가 順産^{순산}되는 秘義^{비의}의 자리에서 보면 乾南坤北^{건남곤북}은 順産^{순산}하는 모습인 것이다. 孔子^{공자}는 道^도의 順産^{순산}하는 原理^{원리}를 나타내기 위하여 乾爲首^{건위수} 坤爲腹^{곤위복}의 解釋^{해석}을 試圖^{시도}하였던 것이다.

그럼 이 문제를 보다 구체적으로 설명하도록 하자.

河圖^{하도}는 偶數^{우수}와 寄數^{기수}가 調和^{조화}를 이루고, 五行^{오행}은 相生^{상생}하는 原理^{원리}를 나타내고 있는데, 이것을 보고 伏羲^{복희}는 道^도의 順産^{순산}하는 모습이 무엇인가를 깨닫고 乾南坤北^{건남곤북}으로 八卦^{팔괘}를 그렸던 것이다.

우리는 伏羲八卦^{복희팔괘}에서 乾兌离震卦^{건태리진괘}는 그 初爻^{초효}가 다 陽卦^{양괘}이고, 坤艮坎巽卦^{곤간감손괘}는 그 初爻^{초효}가 다 陰卦^{음괘}로서 陰陽^{음양}이 잘 조화되어 있음을 볼 수 있다. 그뿐 아니라 乾^건이 南^남에 位置^{위치}함으로 머리가 먼저 나오고 다음에 耳目鼻口手^{이목비구수}를 나타내는 坎离艮兌震巽^{감리간태진손}이 차례로 나니 결국 胴體^{동체}인 배(腹)를 상징하는 坤^곤이 北^북에 位置^{위치}하여 맨 나중에 나옴을 보게 된다.

이로 볼 때 伏羲八卦^{복희팔괘}는 生産卦^{생산괘}로서 道胎^{도태} 속에서 道^도가 順産^{순산}되어 나오는 모습을 暗號化^{암호화}하고 象徵化^{상징화}하고 있는 것이다.

그럼 이제부터 이것을 聖書的^{성서적} 立場^{입장}에서 관찰하기로 하자.

아담에게 하나님은 두 가지 나무의 暗號^{암호}를 보여주었다. 生命^{생명}나무와 善惡^{선악}나무가 그것이다.

아담은 이 두 暗號^{암호}를 解讀^{해독}해야 했다. 그러나 아담은 이 나무의 暗號^{암호}가 무엇인지 생각하지 못하였던 것이다. 生命^{생명}나무는 예수의 상징이고, 善惡^{선악}나무는 반역을 試圖^{시도}한 知慧天使^{지혜천사} 루스퍼의 상징이었다. 하나님이 아담에게 善惡^{선악}나무의 道果^{도과}를 따먹지 말라는 뜻은 道胎^{도태} 속에서 로고스를 逆産^{역산}하지 말라는 暗號^{암호}였다. 왜냐하면 예수는 道^도의 머리이며, 피조물인 天使^{천사}는 道^도의 肢體^{지체}였기 때문이다.

또 그 만물을 그 발아래 굴복케 하시고 그를 만물 위에 교회의 머리로 주었느니라. 교회는 그의 몸이니 만물 안에서 만물을 충만케 하시는 자의 충만이니라(엡 1:22).

오직 사랑 안에서 참된 것을 하여 凡事^{범사}에 그에게까지 자랄지니라. 그는 머리이니 곧 그리스도라(엡 4:15).

우리는 그 몸의 肢體^{지체}이니라(엡 5:29).

그는 몸인 교회의 머리라 그가 근본이요, 죽은 자들 가운데 먼저 나신

자니 이는 친히 만물의 으뜸이 되려 함이요(골 1:18).

이상의 聖句^{성구} 등에서 본 바 같이 하나님의 獨生聖者^{독생성자}인 예수는 宇宙^{우주}의 머리이고 모든 피조물은 肢體^{지체}임을 알 수 있다. 靈的天使^{영적천사}들은 그들이 비록 神的^{신적}인 存在^{존재}들이라 할지라도 道^도의 立場^{입장}에서 보면 그들도 肢體^{지체}인 것이다. 그러므로 하나님이 아담에게 善惡^{선악}나무를 경계시킨 것은 戒律^{계율}의 순종 여부를 시험하기 위함이 아니었고 천사의 道^도가 예수 앞에 나옴을 경계시키기 위함이었다. 즉, 아담이 에덴東山^{동산}의 求道^{구도} 속에서 道^도를 死産^{사산}하게 됨을 경계하신 말씀인 것이다. 例^예컨대 母胎^{모태}에서 갓난 아이의 머리가 먼저 나오면 順産^{순산}이지만, 손이나 발이 먼저 나오면 아기는 死産^{사산}하게 된다. 이와 마찬가지로 宇宙^{우주}의 道胎^{도태} 속에서 아담이 生命^{생명}나무인 예수를 자각하면 이는 道胎^{도태} 속에서 머리가 먼저 나오는 格^격이므로 順産^{순산}하게 된다.

그러나 머리인 예수를 알기에 앞서 肢體^{지체}인 天使^{천사}의 거짓 道^도를 받아들이면 이는 道胎^{도태} 속에서 손발이 먼저 나오는 格^격임으로 道^도가 사산되어 죽음이 인간에게 침입하게 되는 것이다(흔붉 著,『聖書의 原理』中 眞理扁 타락論 참조).[1] 하나님이 아담에게 善惡果^{선악과}를 따 먹으면 반드시 죽으리란 消息^{소식}은 바로 道^도의 逆産^{역산}으로 인한 죽음을 경계시킨 것이다.

---

1 [엮은이주] 변찬린은 생존에 정식 출간한 『聖經의 原理』(1979), 『聖經의 原理 中』(1980), 『聖經의 原理 下』(1982)의 저본이 되는 『聖書의 原理(眞理篇)』와 『聖書의 原理(神靈篇)』를 1970년 전후에 인쇄하여 성서 강의에 사용하였다. 당시 이 성서 강의에 참여하였던 복수의 관계자가 이 인쇄본을 소장하고 있다.

이와 같은 道胎^{도태}와 生産^{생산}의 暗號^{암호}가 있기 때문에 『聖書^{성서}』 속에는 해산을 중심한 하나님의 攝理^{섭리}가 여러 번 등장한다. 例^예컨 대 야곱과 에서가 胎外^{태외}에서 싸우는 事件^{사건}과 베레스와 세라가 胎中^{태중}에서 싸우는 事件^{사건}은 다 道胎^{도태} 속에서 참 道^도와 거짓 道^도 가 먼저 나오려고 싸우는 것을 보여주기 위함이었다. 유다의 며느리 다말의 胎中^{태중}에서 臨産^{임산}할 때 세라가 먼저 손을 내밀었다. 이는 道^도가 逆産^{역산}내지 死産^{사산}할 것을 의미한다. 손이 먼저 나오면 産母 ^{산모}나 乳兒^{유아}가 同時^{동시}에 죽는 것이다. 그러나 베레스가 胎中^{태중}에 서 세라를 잡아당기고 먼저 머리가 나오므로 雙童^{쌍동}이 順産^{순산}되고 産母^{산모}도 무사하게 된다. 이는 道^도의 順産^{순산}을 보여주는 『聖書^{성서}』 의 暗號^{암호}인데 이날까지 正覺^{정각}한 者^자가 없었다.

周易的^{주역적}인 觀點^{관점}에서 보면 다말의 解産^{해산}은 乾南坤北^{건남곤북} 의 卦象^{괘상}을 보여주고 있다.

예수는 道^도의 머리이며, 천사는 肢體^{지체}였다. 아담은 道^도의 머 리인 예수를 붙잡고 正覺^{정각}을 이루어야 永生^{영생}할 수 있었는데, 도 의 肢體^{지체}요 손발인 天使^{천사}의 거짓 道^도를 참 道^도인 것처럼 받아들 여 知慧天使^{지혜천사}가 전한 죽음의 道果^{도과}를 生命果^{생명과}인 줄로 誤 覺^{오각}한 것이 타락이었던 것이다. 道^도가 胎中^{태중}에서 生産^{생산}될 때 는 머리가 먼저 나오게 되므로 伏羲八卦^{복희팔괘}는 머리인 乾^건을 南^남 쪽에 位置^{위치}시켰던 것이다. 그러므로 伏羲八卦^{복희팔괘}는 卦象^{괘상}으 로 보면 天地否^{천지비}이나 道^도가 탄생하는 根本^{근본} 자리에서 보면 正 卦^{정괘}인 것이다. 道^도가 탄생할 때는 天地否^{천지비}로서 머리가 먼저 나 오나 생산된 아이는 자라서 서게 될 때는 그 卦象^{괘상}은 地天泰^{지천태}로 바뀌는 것이다.

다시 『聖書성서』를 査經사경토록 하자.

누구든지 일부러 겸손함과 천사 숭배함을 인하여 너희 賞상을 빼앗지 못하게 하라. 저가(天使) 그 본 것을 依支의지하여 그 肉體육체의 마음을 좇아 헛되이 과장하고 머리를 붙들지 아니하는지라. 온몸이 머리로 말미암아 마디와 힘줄로 공급함을 얻고 연합하여 하나님을 자라게 하심으로 자라느니라(골 2:18).

또 자기 지위를 지키지 아니하고 자기 처소를 떠난 천사들을 큰 날의 심판 때까지 영원한 결박으로 암흑에 가두었으며…(유 1:16).

이 두 聖句성구를 보더라도 타락된 천사는 그 머리인 예수를 무시하고 지체인 자기 위치를 떠나 肢體지체인 자가 道도의 머리로 自處자처하였음을 알 수 있다. 야곱과 에서의 胎外태외 싸움 그리고 베레스와 세라의 胎內태내 싸움도 다른 말로 하면 長子장자와 次子차자의 싸움이었다.

예수와 天使천사와의 關係관계는 道的象徵도적상징으로는 生命생명나무와 善惡선악나무인 동시에 하나님 나라의 主從關係주종관계는 예수는 道도의 長子장자이며, 天使천사들은 아들들, 곧 次子차자인 것이다.

또 맏아들(예수)을 이끌어 世上세상에 들어오게 하실 때에 하나님의 모든 天使천사들은 저에게 경배할지이다(히 1:6).

하나님이 미리 아신 자들로 또한 그 아들(예수)의 形象형상을 본받게 하기 위하여 미리 定^정하셨으니 이는 그로 많은 兄弟中^{형제중}에서 맏아들이 되게 하려 하심이라(롬 8:29).

또 충실된 증인으로 죽은 자들 가운데서 먼저 나시고 땅의 임금의 머리가 되신 예수 그리스도로 말미암아…(계 1:5).

이상 聖句^{성구}에서 보듯이 예수는 道的長子^{도적장자}로 『聖書^{성서}』는 나타내고 있다. 이에 비하여 天使^{천사}들은 아들들, 곧 次子^{차자}로 나타난다.

하루는 하나님의 아들들(天使)이 와서 여호와 앞에 섰고…(욥 1:6).

하나님의 아들들(베네아 엘로힘으로 타락한 天使群을 말함)이 사람의 딸들의 아름다움을 보고…(창 6:2).

生命^{생명}나무인 예수는 道^도의 長子^{장자}요 善惡^{선악}나무인 知慧天使^{지혜천사}는 道^도의 次子格^{차자격}임으로 아담이 善惡果^{선악과}를 따먹었다는 사실은 長子^{장자}의 참 道^도가 먼저 道胎^{도태} 속에서 나오지 못하고 거짓 道^도인 次子^{차자}가 먼저 나와서 長子格^{장자격}으로 행세함을 의미하는 것이다. 次子^{차자}인 天使^{천사}의 거짓 道^도가 長子格^{장자격}으로 먼저 손발을 내밀고 長子^{장자}인 예수의 참 道^도가 次子格^{차자격}으로 나온 것이 타락인 것이다. 다시 말하면 道胎^{도태} 속에서 道^도가 거꾸로 轉倒^{전도}되어 나온 것이 타락인 것이다.

그러므로 거꾸로 나온 道^도의 位置^{위치}를 正常位^{정상위}로 回復^{회복}하려는 努力^{노력}이 모든 求道者^{구도자}들의 苦行^{고행}이며, 이것이 戒律化^계

율화되어 나타나는 것이다. 우리들 각자의 체험을 두고 봐도 次子格^차^{자격}인 肉體^{육체}의 所慾^{소욕}과 私心^{사심}이 항상 앞서 나오고, 長子^{장자}인 靈^영의 所慾^{소욕}은 육신의 노예가 되어 괴로워하고 있지 않은가?

> 내 속 곧 내 肉身^{육신}에 선한 것이 居^거하지 아니하는 줄을 아노니 願^원함
> 은 내게 있으나 善^선을 행하는 것은 없노라. 내가 願^원하는 바 善^선은 하지
> 아니하고 도리어 원치 아니하는 惡^악은 행하도다… 그러므로 내가 한 法
> ^법을 깨달았노니 곧 善^선을 행하기 願^원하는 나에게 惡^악이 함께 있는 것이
> 로다. 내 속사람(長子格)으로는 하나님의 法^법을 즐거워하되 내 지체 속
> 에 한 다른 法^법(次子格)이 내 마음의 法^법과 싸워 내 肢體^{지체} 속에 있는
> 罪^죄의 法^법 아래로 나를 사로잡아 오는 것을 보는도다. 嗚呼^{오호}라 나는
> 困苦^{곤고}한 사람이로다. 이 死亡^{사망}의 몸에서 누가 나를 건져내랴(롬
> 7:14-25).

이 바울의 탄식은 모든 求道者^{구도자}들의 고뇌를 대변하고 있다. 야곱이 胎中^{태중}에서 싸우다가 長子權^{장자권}과 祝福^{축복}을 빼앗지 못하였음으로 胎^태 밖에 나와서 어머니 리브가의 도움을 얻어 에서에게서 長子權^{장자권}과 祝福^{축복}을 빼앗는 秘義^{비의}는 전도된 道^도의 正常位^{정상위}를 回復^{회복}하려는 道的^{도적} 투쟁의 피비린 싸움인 것이다. 야곱이 胎中^{태중}에서 싸우다가 실패하고 胎^태 밖에 나와서 어머니 리브가의 도움을 얻어 長子權^{장자권}과 祝福^{축복}을 빼앗은 事件^{사건}은 深遠^{심원}한 意味^{의미}가 함축되어 있다. 어머니의 도움 없이는 長子^{장자}의 位^위를 빼앗을 수 없는 것이다. 이는 地天泰^{지천태}의 時運^{시운}이 아니면 道^도가 正常位^{정상위}를 회복할 수 없음을 暗示^{암시}하고 있는 것이다. 야곱과

에서에서 비롯된 長子權^{장자권} 싸움은 유다의 며느리 다말이 잉태한 道^도의 雙胎^{쌍태}에 이르러서는 胎中^{태중}에서 베레스가 長子權^{장자권}을 回復^{회복}하여 그 머리가 먼저 탄생하여 道的順産^{도적순산}을 하기에 이른다. 이뿐 아니라 모세가 出埃及^{출애급}할 때 열 가지 異蹟^{이적}과 寄事^{기사}를 행하였으나 파라오王^왕은 이스라엘 民族^{민족}을 解放^{해방}하지 않았다. 그러나 모세가 애굽人^인의 長子^{장자}를 모두 죽였을 때 사탄 상징인 파라오王^왕은 이스라엘 民族^{민족}을 해방시킨 事件^{사건}도 우리에게 깊은 뜻을 示唆^{시사}하고 있는 것이다.

舊約^{구약}에 展開^{전개}된 모든 事件^{사건}은 道的^{도적} 長子^{장자}와 次子^{차자}의 판가리 싸움인 것이다. 아담이 道^도의 머리이신 예수를 붙잡지 못하고 肢體^{지체}인 天使^{천사}를 붙잡아 道^도가 死産^{사산}하여 인류가 죽음에 이르는 病^병에 시달려 實存的^{실존적}인 不安^{불안}과 憂愁^{우수}와 絶望^{절망} 속에서 방황하는 不條理^{부조리}한 存在^{존재}로 死亡^{사망}의 深淵^{심연}으로 墜落^{추락}한 것이 타락인 것이다. 참 道^도가 나오기 앞서 거짓 道^도가 먼저 나와 道^도의 版圖^{판도}를 어지럽힌 것이 先天世界^{선천세계}의 宗敎的^{종교적}인 原理^{원리}였다.

"知慧出有大僞^{지혜출유대위}"라고 갈파한 老子^{노자}『道德經^{도덕경}』의 消息^{소식}도 바로 知慧天使^{지혜천사}가 道^도의 長子格^{장자격}으로 나오므로 거짓이 시작된 것을 말해주고 있는 것이다.

이와 같은 例^예는 『聖書^{성서}』의 도처에 散見^{산견}되고 있다. 眞王^{진왕} 다윗이 나오기 전에 僞王^{위왕} 사울이 먼저 나온다. 참 메시아 예수에 앞서 구약의 열매인 세례자 요한이 먼저 出世^{출세}하는 것이다. 先天世界^{선천세계}의 道^도의 原理^{원리}가 이와 같은 것이므로 先天^{선천}이 끝나고 後天^{후천}이 開明^{개명}되는 末日^{말일}에도 먼저 참 구세주에 앞서 거짓 구세주와 가짜 先知者선지자들이 먼저 나와서 道版도판을 혼잡시키고 人心인심을 미혹시키는 것이다.

그러므로 伏羲八卦복희팔괘는 아담에게 주어진 卦괘라 할 수 있다. 이 卦괘를 보고 아담은 道도의 靑寫眞청사진을 깨닫고 順産순산해야 하였는데 그는 誤覺오각함으로 거짓 知慧지혜를 참 道도인 줄 알고 받아들였던 것이다. 伏羲八卦복희팔괘를 자세히 보면 이 卦괘는 道도가 順産순산하는 生産卦생산괘이므로 三男三女삼남삼녀는 서로가 相對상대를 이루고 있음을 알 수 있다.

『周易주역』設卦傳설괘전은 이것을 다음과 같이 나타내고 있다.

天地正位 山澤通氣 雷風相薄 水火不相射 八卦相錯 數往者順 知來者逆 是故易逆數也

(하늘과 땅이 그 위치를 정하였다. 산과 못은 서로 기운을 통하고 우뢰와 바람은 서로 다닥치게 되고, 물과 불은 서로 침범치 아니한다. 그러므로 八卦팔괘는 서로 거듭되고 교차한다. 지나간 일은 아는 것은 順理순리이지만 미래의 일을 알아낸다는 것은 거꾸로 거스리는 것이다. 그러므로 周易주역은 미래를 거꾸로 알아내는 것이다.)

神也者 妙萬物而爲言者也 動萬物者 莫疾乎雷 橈萬物者 莫疾乎風 燥萬物者 莫熯乎火 說萬物者 莫說乎澤 潤萬物者 莫潤乎水 終萬物 始萬物者 莫盛乎艮 故水火相逮 雷風不相悖 山澤通氣 然後能變化 旣成萬物

(神신이라고 하는 것은 奧妙오묘하고 不可思議불가사의한 천지만물의 法則법칙을 말한다. 만물을 고동하는 것은 우뢰보다 빠른 것이 없다. 우레는 震卦진괘를 말한다. 만물을 흔들어 놓은 것은 바람보다 바른

것이 없다. 바람은 巽卦^{손괘}를 말한다. 만물을 건조하게 하는 데는 불보다 더 잘 마르게 하는 것은 없다. 불은 离卦^{리괘}를 말한다. 만물을 즐겁게 하는 것은 가득히 물이 고인 못보다도 즐겁게 하는 것은 없다. 못은 兌卦^{태괘}를 말한다. 만물을 적셔주는 것은 물보다 더 적셔주는 것은 없다. 물은 坎卦^{감괘}이다. 만물을 종결하고 만물을 시작하게 하는 데는 艮卦^{간괘}보다 성한 것은 없다. 그러므로 물과 불은 침노하지 아니하지만 그 효용이 서로 미치고, 우뢰와 바람이 서로 다닥치지만 충돌하지 아니하고, 산과 못이 그 형상은 다르나 서로 기운을 통한다. 그러한 뒤라야 능히 만물을 변화하게 하여 골고루 만물을 성취할 수 있는 것이다.)

이 두 구절 속에서 "天地正位^{천지정위}"라는 구절에 주목하기 바란다. 또 먼저 "山澤通氣^{산택통기}"가 나오다가 나중에는 "水火相逮^{수화상체}"가 먼저 나온다. "天地正位^{천지정위}"라는 구절은 伏羲八卦^{복희팔괘}나 文王八卦^{문왕팔괘}에 맞추어 보면 이 말은 맞지 않는다. 乾南坤北^{건남곤북}의 伏羲卦^{복희괘}나 离南坎北^{리남감북}의 文王卦^{문왕괘}는 天地正位^{천지정위}가 아닌 것이다. 하늘과 땅 天地父母^{천지부모}가 그 바른 位置^{위치}를 定^정해야만 山澤^{산택}은 通氣^{통기}되고, 雷風^{뇌풍}은 相薄^{상박}하고, 水火^{수화}는 不相射^{불상사}가 되는데 『周易^{주역}』의 두 卦^괘는 天地正位^{천지정위}를 하지 못하고 있다.

그러므로 設卦傳^{설괘전}에 나오는 "天地正位^{천지정위} 山澤通氣^{산택통기} 雷風相薄^{뇌풍상박} 水火不相射^{수화불상사}"의 구절은 새로운 제三卦^{삼괘}를 豫告^{예고}하고 있는 것이다.

聖書的^{성서적} 立場^{입장}에서 볼지라도 아담이 生命^{생명}나무의 道^도인

하나님과 예수를 正覺^{정각}하지 못하였으므로 天地正位^{천지정위}를 못하였다.

伏羲卦^{복희괘}는 生産卦^{생산괘}임으로 아담이 道胎^{도태} 속에서 로고스인 生命^{생명}나무를 正覺^{정각}하여 道^도를 順産^{순산}하고, 그 후 머리를 높이 쳐들고 道的直立^{도적직립}을 하면 새로운 제三卦^{삼괘}인 正易卦^{정역괘}를 얻어 天地正位^{천지정위}을 하고, 山澤^{산택}은 通氣^{통기}하고, 雷風^{뇌풍}은 相薄^{상박}하고, 水火^{수화}는 不相射^{불상사}하는 세 아들과 세 딸을 얻을 수 있었을 것이다. 그러나 아담이 타락함으로 카인은 아벨을 殺害^{살해}하고, 混淫^{혼음}과 亂倫^{난륜}과 無道^{무도}가 창궐하는 죄악 세상이 전개된다.

『易^역』의 觀點^{관점}에서 보면 悖倫卦^{패륜괘}인 文王卦^{문왕괘}가 등장하는 것이다. 또 우리가 깊이 천착해야 할 사실은 伏羲卦^{복희괘}는 順産^{순산}을 豫告^{예고}하는 生産卦^{생산괘}로 주어졌으나 아담이 이것을 자각 못함으로 坤^곤인 배(腹)가 먼저 나오는 결과를 초래한 것이 타락이었다. 하와가 거짓 道果^{도과}요 法果^{법과}인 善惡菓^{선악과}를 따서 아담에게 주었음으로 아담은 이것을 먹고 온갖 善惡^{선악}의 차별상에 떨어지고, 온갖 것에 住^주하는 忘念^{망념}의 노예가 되었던 것이다.

『周易^{주역}』에서는 坤^곤은 배(腹)를 나타내는데 『聖書^{성서}』에서도 배는 타락한 天使^{천사}의 거짓 道^도를 상징하고 있다.

저희의 神^신은 배(腹)요, 그 榮光^{영광}은 저희의 부끄러움에 있고 땅에 일을 생각하는 자라. 오직 우리의 市民權^{시민권}은 하늘에 있는지라(빌 3:20).

이와 같은 자들은 우리 주 예수를 섬기지 아니하고 다만 자기의 배만 섬

기나니 공교하고 아부하는 말로 순진한 자들의 마음을 미혹하느니라
(롬 16:18).

하와, 곧 坤母^{곤모}는 天使^{천사}가 주는 거짓 道^도인 善惡果^{선악과}를 따 먹음으로 그 道^도는 머리가 아닌 배(腹)의 道^도로 전락되었고, 땅의 일만 생각하는 下次元^{하차원}으로 道^도가 전락되었던 것이다. 뱀이 배를 땅에 붙이고 기는 것도 이와 같은 低級^{저급}의 宗敎^{종교}를 暗示^{암시}하고 있는 것임을 잊어서는 안 된다.

聖人之治 虛基心 實基腹…
(聖人^{성인}이 세상을 다스림에는 그 헛된 마음을 비우게 하고 그 참된
배를 채우게 하며…)

『道德經^{도덕경}』 三章^{삼장}에 나오는 이 말씀의 참뜻도 인간의 배는 헛된 道心^{도심}으로 꽉 차 있음으로 그것을 비우고 참 것으로 그 배를 채우게 함을 나타내고 있다. 배는 모든 私心^{사심}과 我執^{아집}과 分別知^{분별지}의 伏魔殿^{복마전}인 것이다. 그러므로 이 타락된 배를 致虛^{치허}하게 비우고, 그 빈 心器^{심기}에 참 道^도로 채울 때 참 배가 되는 것이다.

이상으로 아담을 中心^{중심}하여 河圖^{하도}와 伏羲八卦^{복희팔괘}를 일별하였다. 『聖書^{성서}』와 『易^역』이 얼마나 깊은 관계를 가지고 있는가를 알 수 있다.

그럼 洛書^{낙서}와 文王八卦^{문왕팔괘}로 넘어가 보자.

3. 文王八卦문왕팔괘에 대한 聖書的성서적 考察고찰

神龜신귀 등에 실려 洛書낙서는 啓示계시되었고, 이 洛書낙서를 보고 文王문왕이 그린 것이 文王八卦문왕팔괘이다. "河出圖 洛出書 成人則之하출도 낙출서 성인칙지"라 하여 이 河圖하도를 則之칙지한 聖人성인은 伏羲복희라 하고, 洛書낙서를 則之칙지한 聖人성인은 大禹대우라 한다. 大禹대우는 九年治水中구년치수중 洛書낙서를 얻었고, 이 洛書낙서의 九宮圖구궁도를 보고 거미와 도마뱀과 지네가 우굴거리는 土窟토굴에서 七年칠년 동안 옥살이하던 文王문왕은 殷은나라 紂王주왕의 눈을 피해 文王卦문왕괘를 作卦작괘하게 된다.

그럼 왜 文王문왕은 离南坎北리남감북의 卦괘를 긋고, 坤母곤모는 艮간과, 震진은 兌태와, 巽손은 乾父건부와 상대하는 悖倫卦패륜괘를 作卦작괘하였을까? 이제부터 이 문제를 聖書的성서적 入場입장에서 살펴보도록 하자.

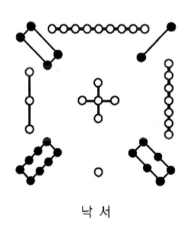

낙서

먼저 洛書낙서를 分析분석하자.

河圖하도가 一六일육 · 二七이칠 · 三八삼팔 · 四九사구 · 五十오십의 偶數우수와 奇數기수가 調和조화를 이루고, 金水木火土금수목화토가 相生상생을 이루었는데 반하여 洛書낙서의 九宮數구궁수는 전혀 逆理數역리수와 矛盾律모순율로 不調和부조화를 이루고 있음을 알 수 있다.

洛書낙서를 보면 一九일구·二八이팔·三七삼칠·四六사육과 같이 數수가 전혀 不調和부조화를 이룬다. 그뿐 아니라 中央중앙의 五數오수는 十數십 수를 상실하고 있다. 그러므로 洛書낙서는 그 數수가 四十五數사십오수가 斑斑반반한 것이다. 十數십수, 즉 하나님 數수를 喪失상실하고 있는 것이 洛書낙서인 것이다.

또 이 洛書낙서의 특징은 一六일육·三八삼팔은 北북과 東동을 固守고수 하고 있지만, 四九사구·二七이칠은 南西남서로 뒤바뀌어 火鄕화향과 金 鄕금향이 서로 그 位置위치가 轉位전위되어 있는고로 火金화금이 서로 故 鄕고향을 喪失상실한 失鄕圖실향도임을 나타내고 있다.

또 洛書낙서는 土克水토극수, 水克火수극화, 火克金화극금, 金克木금극목, 木克土목극토의 右旋우선 相克相상극상을 보여주고 있음을 알 수 있다.

이처럼 모순 상극 부조화의 洛書낙서를 보고 文王문왕은 타락된 人 類歷史인류역사의 앞을 豫見예견하고 悖倫卦패륜괘인 文王八卦문왕팔괘를 그린다.

文王八卦

그럼 文王八卦문왕팔괘를 분석하자.

왜 文王문왕은 乾坤건곤의 자리에 离坎리감을 놓고 있는 것일까?

이것을 『聖書성서』로 解 明해명토록 하자.

乾坤건곤의 자리에 坎离감 리가 位置위치한 文王八卦문왕

^{팔괘}는 아담이 誤覺^{오각}으로 말미암아 父母^{부모}를 喪失^{상실}하고 그 代身^대^신 구름기둥과 불기둥으로 이스라엘 民族^{민족}을 인도하던 攝理^{섭리}가 나타남과 같다.

모세가 이스라엘 民族^{민족}을 파라오王^왕의 압제에서 解放^{해방}시킬 때 坎离^{감리}로 상징되는 구름기둥(坎)과 불기둥(离)이 그들을 인도하였던 것이다.

여호와께서 그들 앞에 행하사 낮에는 구름기둥으로 그들의 길을 인도하시고 밤에는 불기둥으로 그들에게 비추사 주야로 진행하게 하시니 낮에는 구름기둥 밤에는 불기둥이 백성 앞에서 떠나지 아니하니라(출 1:21-22).

이스라엘 陣^진 앞에서 행하던 하나님의 사자(구름기둥)가 옮겨 그 뒤로 향하며 구름기둥도 그 앞에서 뒤로 옮겨…(출 14:19).

이 두 성구를 綜合分析^{종합분석}해 보면 구름기둥과 불기둥은 天使^천^사들의 상징임을 알 수 있다.

구약은 天使^{천사}들이 方便^{방편}으로 하나님처럼 나타났던 時代^{시대}였다.

그런데 한 가지 주목할 사실은 坎离^{감리}는 中男中女^{중남중녀}인데 이 둘이 어찌하여 長男長女^{장남장녀}인 震巽卦^{진손괘}를 밀어내고 南北父母^{남북부모}의 자리를 차지하고 있는 것일까? 이 문제는 이미 伏羲八卦^{복희}^{팔괘}에서 論^논한 바와 같이 次男^{차남}이 長男格^{장남격}으로 나타났기 때문에 震巽^{진손}이 南北父母^{남북부모}의 位^위에 앉을 수 없고 東^동과 東南^{동남}에서 雷風用事^{뇌풍용사}하면서 모세에게 시내山^산에서 十戒^{십계}를 주게 되

는 것이다. 이 문제는 잠시 후 解明^{해명}될 것이다.

　그런데 모세 路程^{노정}에서 주목할 사실은 가나안 福地^{복지}를 찾아가는 出埃及路程^{출애급노정}이 失鄕民^{실향민}들이 잃어버린 고향을 찾아가는 路程^{노정}이라는 데 깊은 意味^{의미}가 있는 것이다. 洛書^{낙서}를 分析^{분석}할 때는 이미 밝힌 바 있지만 洛書^{낙서}는 金火^{금화}가 轉位^{전위}된 失鄕卦^{실향괘}인 것이다. 그러므로 모세가 애굽을 脫出^{탈출}하여 三代祖上^{삼대조상}의 뼈가 묻힌 가나안 福地^{복지}로 찾아가는 路程^{노정}은 金火正易^{금화정역}의 卦象^{괘상}을 깨닫고 가는 路程^{노정}이 아닐 수 없었다. 잃어버린 故鄕^{고향}을 찾아 귀향하는 路程^{노정}에 구름기둥과 불기둥인 坎离^{감리}는 南北^{남북}에 자리하여 이스라엘 민족을 인도하고, 震巽^{진손}은 東^동과 東南^{동남}에서 雷風用事^{뇌풍용사}하고 있다.

　그러므로 모세 路程^{노정}은 文王八卦^{문왕팔괘}와 여합부절로 일치하고 있다. 坎离^{감리}를 代身^{대신} 父母^{부모} 자리에 세워두고, 아담이 喪失^{상실}한 天地父母^{천지부모}는 天傾西北^{천경서북}하고 地危西南^{지위서남}하여 天地傾危^{천지경위}한 타락 역사를 구약성서는 보여주고 있다. 天地^{천지}가 定立^{정립}치 못하여 구약은 그 자리에 天使^{천사}를 方便^{방편}으로 앉히고, 西南^{서남}과 西北^{서북}으로 기울어진 父母^{부모}가 그리스도의 新婦^{신부}인 兌^태를 養育保護^{양육보호}하고 있는 것이다.

　아담이 타락된 이래 罪^죄에 오염된 인류 역사가 전쟁과 불륜과 모순과 부조리로 전개된 것도 文王八卦^{문왕팔괘}를 歷史的^{역사적}으로 展開^{전개}시킨 것에 不過^{불과}하다.

　그러나 洛書^{낙서}가 보여주듯이 죄악의 상황 속에서도 二四六八^{이사육팔}의 땅數^수는 네 발로 자라나는 모습을 보여주고 있다. 타락된 歷史^{역사} 속에서도 道^도의 乳兒^{유아}가 거슬러 자라고 있지 않은가? 河

圖^{하도}는 네 귀에 발이 없으나 洛書^{낙서}가 네 귀에 발이 있는 것은 이 같은 道秘^{도비}가 있기 때문이다.

故鄕^{고향}을 찾아가는 이스라엘 民族^{민족} 앞에 坎离^{감리}로 役事^{역사}하던 天使^{천사}는 모세가 시내山^산에 올라 十誡命^{십계명}을 받을 때는 震巽^{진손}인 雷風^{뇌풍}으로 用事^{용사}하고 있음을 『聖書^{성서}』는 보여주고 있다. 시내山^산에서 神^신은 우뢰와 바람과 번개 속에서 現顯^{현현}되고 있다.

> 第三日^{제삼일} 아침에 雨雷^{우뢰}와 번개와 빽빽한 구름이 山^산 위에 있고 喇叭^{나팔}소리가 심히 크니 陣中^{진중} 백성들이 다 떨더라. 모세가 하나님을 맞으려고 백성을 거느리고 陣中^{진중}에서 나오며 그들이 山^산기슭에 섰더니 시내山^산에 연기가 자욱하며 여호와께서 불 가운데 강림하심이라(출 19:16-18).

이 聖句^{성구}에서 보듯이 神^신은 모세와 이스라엘 民族^{민족} 앞에 恐怖^{공포}와 저주와 질투의 神^신으로 우뢰와 번개와 바람 속에 강림하고 있는 것이다. 이는 文王八卦^{문왕팔괘}의 震巽^{진손}이 生命^{생명}의 方位^{방위}인 東^동과 東南^{동남}에서 用事^{용사}함과 같다.

하나님은 사랑의 존재인데 어찌하여 電雷^{전뢰}의 恐怖神^{공포신}으로 구약에는 나타나는가? 예수가 役事^{역사}한 新約^{신약}에 보면 神^신은 봄바람처럼 부드러운 福音^{복음}으로 자비와 사랑의 化身^{화신}으로 나타나고 있다.

> 하나님은 사랑이시다(요일 4:8).

하나님이 세상을 이처럼 사랑하사 獨生子^{독생자}를 주셨으니 이는 저를 믿는 자마다 멸망치 않고 永生^{영생}을 얻게 하려 하심이다(요 3:16).

이처럼 新約^{신약}은 사랑의 하나님을 증거하고 있다.

그러나 구약은 질투와 공포와 저주의 神^신을 증거하고 있다. 왜 그런가? 生命^{생명}나무이신 예수가 오기 전까지는 天使^{천사}들이 하나님을 代身^{대신}하여 役事^{역사}하던 때임으로 震巽^{진손}의 두려운 존재로 나타나지 않을 수 없었던 것이다.

그러나 구약 속에서도 사랑의 하나님의 단서를 보여주고 있다. 엘리야에게 나타난 하나님은 우뢰와 바람 속에서 나타난 공포의 神^신이 아닌 細微^{세미}한 바람 속에 나타난 사랑의 神^신인 것이다.

여호와께서 가라사대 너는 나가서 여호와 山^산 앞에서 山^산에 섰으라 하시더니 여호와께서 지나가시는데 여호와 앞에 크고 강한 바람이 山^산을 가로 가르고 바위를 부수나 바람 가운데 계시지 아니하며 바람 후에 地震^{지진}이 있으나 地震^{지진} 가운데 계시지 아니하며 또 지진 후에 불이 있으나 불 가운데도 여호와께서 계시지 아니하더니 불후에 細微^{세미}한 소리가 있는지라(왕상 19:11-12).

이 聖句^{성구}를 보면 雷風用事^{뇌풍용사} 속에는 참사랑이 神^신이 不在^{부재}함을 보여 주고 있다.

우뢰와 번개와 폭풍 속에 나타났던 神^신은 虛像^{허상}이었고, 細微^{세미}한 소리 속에 나타났던 神^신이 참 하나님의 모습이었다.

모세와 엘리야는 구약 최대의 선지자였다. 하나님은 震巽^{진손}으로 雷風用事^{뇌풍용사}하면서도 한편으로는 사랑의 존재로 啓示^{계시}하였던 것이다. 그러므로 모세가 文王卦^{문왕괘}가 展開^{전개}된 歷史的^{역사적} 現場^{현장}의 人物^{인물}이라면 엘리야는 文王卦^{문왕괘}의 歷史的^{역사적} 悲劇^{비극}의 現場^{현장} 안에 존재하면서 正易卦^{정역괘}의 앞날을 眺望^{조망}한 존재였던 고로 그는 仙化^{선화}되어 昇天^{승천}하는 것이다. 이 秘義^{비의}를 이날까지 누가 알았던가?

또 洛書^{낙서}에서 보여주고 있는 失鄕圖^{실향도}에 대하여 잠시 더 생각해 보기로 하자. 南方二七火^{남방이칠화}와 西方四九金^{서방사구금}이 그 위치가 뒤바뀐 것이 洛書^{낙서}이다. 그러므로 잃어버린 故鄕^{고향}을 찾으라고 暗示^{암시}하고 있는 것이 洛書^{낙서}인 것이다.

아담(人類)의 고향은 에덴樂土^{낙토}였다. 그러나 그는 타락으로 인하여 樂土^{낙토}에서 내쫓겨 道^도의 故鄕^{고향}을 잃은 失鄕民^{실향민}이 되어 에덴 東^동쪽에서 流離^{유리}하고 彷徨^{방황}하게 된다. 모든 人類^{인류}의 念願^{염원}은 잃어버린 에덴樂土^{낙토}에로의 回歸^{회귀}이다. 英國詩人^{영국시인} 밀톤의 『失樂園^{실낙원}』과 『復樂園^{복락원}』은 이것을 노래하고 있다. 이 잃어버린 에덴樂土^{낙토}를 『聖書^{성서}』의 地平^{지평}에 歷史的^{역사적}으로 展開^{전개}시킨 것이 젖과 꿀이 흐르는 가나안 福地^{복지}에로의 回歸^{회귀}인 것이다.

하나님은 갈대아 우르에서 아브라함을 召命^{소명}하여 모를 떠서 심듯 가나안 땅에 심어 놓고 그곳에 三代^{삼대}의 뼈를 묻게 한다. 아브라함, 이삭, 야곱과 그의 아내들인 사라, 리브가, 레아의 뼈가 막벨라 窟^굴에 묻힌다. 이 三代^{삼대}의 뼈가 가나안 땅에 묻힘으로 말미암아 이스라엘 民族^{민족}에게는 가나안 땅이 祖上三代^{조상삼대}의 先塋^{선영}이 있는 故鄕^{고향}이 되는 것이다.

埃及애급은 낡은 世上세상, 곧 先天선천의 상징이고, 가나안 福地복지
는 새로운 世上세상, 곧 後天후천의 상징인 것이다. 낡은 世上세상을 脫
出탈출하여 새 世上세상에 가려면 반드시 광야를 건너야 한다. 曠野광야
는 十戒십계를 받는 求道者구도자의 道場도량의 暗號암호이다. 낡은 世上세상
→ 曠野광야의 求道구도 → 새 世上세상. 이것이 『聖書성서』가 우리에게
보여주는 原理원리인 것이다.

文王八卦문왕팔괘는 失鄕民실향민이 故鄕고향, 에덴樂土낙토, 後天仙境
후천선경을 찾아가는데 悖倫패륜 속에 苦惱고뇌하며, 相克상극 속에 悲憫비
민하고, 不安불안 속에 模索모색하는 卦象괘상인 것이다.

曠野광야에 나온 60萬만 이스라엘 民族민족은 낡은 埃及애급을 동경
하다가 다 死滅사멸되고 광야 路程노정에서 出生출생한 새로운 世代세대
가 여호수아의 인도로 요단江강을 넘는다.

낡은 宗敎종교, 낡은 倫理윤리, 낡은 道德도덕, 낡은 가치, 낡은 관념
의 소유자는 先天선천과 後天후천이 뒤바뀌는 曠野광야에서 다 死滅사멸
하고 새로 거듭난 世代세대, 새 무리만이 後天仙境후천선경을 볼 것을
『聖書성서』는 暗示암시하고 있다.

이 사람들은 다 믿음에 따라 죽었으며 約束약속을 받지 못하였으되 그것
들을 멀리 보고 환영하며 또 땅에서 외국인과 나그네로 증거 하였으니,
이같이 말하는 자들은 本鄕본향을 찾는 것을 나타냄이라. 저희가 나온 바
本鄕본향을 생각하였다면 돌아갈 기회가 있으려니와 너희가 이제는 더
나은 本鄕본향을 思慕사모하니 곧 하늘에 있는 것이다. 그러므로 하나님이
저희 하나님이라 일컬음을 받으심을 부끄러워 아니하시고 저희를 위하
여 한 성을 예비하였느니라(히 11:13-15).

너희는 마음에 근심하지 말라. 하나님을 믿으니 또 나를 믿으라. 내 아버지 집에 居거할 곳이 많도다… 내가 處所처소를 豫備예비하러 가노니 가서 너희를 위하여 處所처소를 예비하면 내가 다시 와서 너희를 내게로 영접하여 나 있는 곳에 너희도 있게 하리라(요 14:1 이하).

이 두 聖句성구만 보더라도 歷代역대의 믿음의 先輩선배들이 피의 故鄕고향이 아닌 道도의 故鄕고향, 곧 에덴樂土낙토와 後天仙境후천선경을 동경하면서 방황하고 모색하고 고뇌하는 나그네 생활을 하였던 까닭도 洛書낙서의 失鄕圖실향도에서 비롯되었던 것이다.

그럼 이제부터 文王八卦圖문왕팔괘도가 보여주는 悖倫卦패륜괘에 대하여 『聖書성서』를 査經사경토록 하자.

坤母곤모와 長男장남이 相對상대하고 乾父건부와 巽女손녀가 相對상대하고, 震兌진태의 男妹남매가 相對상대한 悖倫패륜의 卦象괘상에 대하여 설명하자.

먼저 坤母곤모와 長男장남에 대하여, 이 卦象괘상은 『聖書성서』에는 노아 家庭가정에서 나타난다. 노아 둘째 아들 함은 그 어미와 密通밀통하여 가나안 七族칠족의 祖上조상을 낳는다(흔 붉著, 『聖書의 原理』神靈篇 노아의 葡萄酒事件 참조). 노아가 홍수 심판 후 포도 農事농사를 시작하고 포도주에 大醉대취했을 때 함이 아비의 下體하체를 보고 저주를 받는다. 함이 아비의 下體하체를 보았다는 것은 무엇을 意味의미하고 있는가?

이날까지 神學者신학자나 기독교인들은 함이 아비의 下體하체를 본 것을 男根남근으로 착각하고 있다. 아비의 男根남근을 본 것이 무슨 罪죄가 되기에 代代孫孫대대손손이 저주를 받을 수 있단 말인가? 함이 아비의 下體^{하체}를 보았다는 暗號^{암호}와 象徵^{상징}은 아비의 男根^{남근}이 아니라 어미의 下體^{하체}를 犯^범했다는 사실임을 깨달아야 한다.

이 문제를 查經^{사경}토록 하자.

네 어미의 下體^{하체}는 곧 네 아비의 下體^{하체}니 犯^범치 말라. 그는 네 어미 인즉 너는 그의 下體^{하체}를 犯^범치 말지니라(레 18:7).

이 聖句^{성구}만 보아도 아비의 下體^{하체}는 곧 어미의 下體^{하체}임을 알 수 있다. 제 어미와 不倫^{불륜}을 저지른 事件^{사건}은 여러 곳에서 散見^{산견}된다. 이스라엘의 長子^{장자} 루우벤도 親母^{친모} 레아에게 合歡菜^{합환채}를 주고 通姦^{통간}하려 하였으나 라헬의 道覺^{도각}으로 좌절당하고 끝내 庶母^{서모} 빌하와 姦通^{간통}하여 장자의 名分^{명분}을 喪失^{상실}하고 만다.

先知者^{선지자} 에스겔도 親母相姦^{친모상간}의 大罪^{대죄}를 질책하고 있다.

네 가운데 自己^{자기} 아비의 下體^{하체}를 드러내는 者^자도 있으며…(겔 22:10).

이 聖句^{성구}에 나오는 아비의 下體^{하체}를 드러내는 者^자도 제 어미와 相姦^{상간}한 者^자의 간접 表現^{표현}인 것이다.

이와 같은 事件^{사건}은 新約^{신약}에도 發見^{발견}된다.

너희 중에 심지어 淫行^{음행}이 있다 함을 들었으니 이런 淫行^{음행}은 異邦人^{이방인} 중에라도 없는 것이다. 누가 그 아비의 아내를 取^취하였다 하는도다(고전 5:1).

이 聖句성구에서 보듯이 使徒사도 바울은 親母相姦친모상간의 부끄러운 죄를 직접 표현할 수 없어서 완곡하게 "아비의 아내"라고 말하였다. "아비의 아내"는 곧 어머니를 말하고 있다.

그럼 함은 어찌하여 親母相姦친모상간의 大罪대죄를 지었던가? 노아가 葡萄農事포도농사를 한 것은 포도나무로 상징되는 예수의 진리를 求道구도하는 상태를 나타내고 있으며, 포도주에 大醉대취한 상태는 降神강신의 엑스타시 現象현상을 隱喩은유한 것이다.

五旬節오순절날에 120門徒문도가 聖靈성령을 받고 方言방언을 말하니 그때 예루살렘 居民민족들은 사도들을 조롱하며 "새 술에 醉취하였다"고 표현하고 있다. 노아가 포도주에 취한 상태는 예수의 生命생명나무의 道도를 模索모색하는 求道구도 상태를 나타내며, 반대로 롯이 술에 醉취하여 딸과 相姦상간한 것은 淫亂음란한 異邦宗教이방종교의 거짓 眞理진리에 大醉대취한 상태를 나타내고 있는 것이다. 노아는 아담이 誤覺오각한 生命생명나무의 道도를 깨닫기 위하여 道的農事도적농사인 포도나무를 심고 포도주에 大醉대취하였는데 이때 사단 마귀는 함에게 거짓 道도를 注入주입시켜 淫亂宗教음란종교인 密教밀교로서 親母相姦친모상간케 하여 八卦팔괘의 八食口팔식구의 道版도판을 파괴시켰던 것이다. 함은 그 어미 親母相姦친모상간에서 不倫불륜의 열매, 가나안을 얻었던 고로 노아는 술에서 깨어 가나안을 저주하기에 이른다.

가나안은 함의 네 번째 아들이고, 가나안 七族칠족의 祖上조상이 되는 人物인물이다. 가나안 七族칠족의 종교는 淫亂음란한 混合宗教혼합종교와 密教化밀교화된 混淫宗教혼음종교였고, 그들은 親母相姦친모상간과 親父相姦친부상간과 심지어 獸姦수간까지 하는 죄악의 열매였던 고로 하나님은 모세에게 명하여 가나안 땅에 들어가거든 가나안 七族칠족을 아낌없이 멸망시키라고 당부하였던 것이다. 그러나 이스라엘 民族^{민족}은 가나안 七族^{칠족}을 멸망시키지 못하고 그들의 混淫宗教^{혼음종교}에 오염되어 멸망하기에 이른다.

가나안 福地^{복지}는 前述^{전술}한 바와 같이 에덴樂土^{낙토}를 상징하는 땅이다. 그런데 이 가나안 땅에는 親母相姦^{친모상간}으로 생산되는 가나안 七族^{칠족} 外^외에도 모압族^족과 암몬族^족이라는 不倫^{불륜}의 열매들이 先住^{선주}하고 있었다. 암몬族^족과 모압族^족이란 다름 아닌 아브라함의 조카 롯이 그 두 딸과 相姦^{상간}하여 낳은 족속들이었던 것이다.

親父相姦^{친부상간}과 親母相姦^{친모상간}으로 인하여 生産^{생산}된 族屬^{족속}들이 가나안 땅에 先住^{선주}했다는 사실은 무엇을 뜻하고 있는가? 우리들이 잃어버린 道^도의 故鄕^{고향}에는 온갖 雜神^{잡신}과 邪靈^{사령}들과 巫鬼^{무귀}들이 잠입하고 있음을 보여주고 있다. 그뿐 아니라 이들 萬神^{만신}들의 密命^{밀명}을 받고 密封敎育^{밀봉교육}된 온갖 雜多^{잡다}한 邪敎^{사교}와 惑世誣民^{혹세무민}하는 거짓 先知者^{선지자}들이 百家爭鳴^{백가쟁명} 百花齊放^{백화제방}함을 보여 주고 있다.

그러므로 金火正易^{금화정역}의 度數^{도수}가 되고 時運^{시운}이 와서 우리가 잃어버린 道^도의 故鄕^{고향}을 찾아 後天仙境^{후천선경}을 開明^{개명}할 때 먼저 가나안 七族^{칠족}을 멸망시키듯 모든 靈界^{영계}와 神界^{신계}와 法界^{법계}에서 邪靈^{사령}과 雜神^{잡신}과 巫鬼^{무귀}들을 추방하고 怨^원과 恨^한으로 꽉 찬 하늘땅을 淨火^{정화}해야 한다.

親父相姦^{친부상간}과 親母相姦^{친모상간}의 悖倫^{패륜}과 無道德^{무도덕}은 人間原罪^{인간원죄}의 두 가지 暗號^{암호}이다.

프로이드의 精神分析學^{정신분석학}에서도 우리들의 無意識^{무의식} 속에는 오이디푸스 콤플렉스(親母相姦)와 엘렉트라 콤플렉스(親父相

姦)가 있음을 보여주고 있다. 이는 『周易주역』으로 볼 때 坤母곤모와 艮男간남의 不倫불륜과 乾父건부와 巽女손녀의 原罪원죄와 悖倫패륜을 말하고 있는 것이다. 프로이드의 精神分析學정신분석학 立場입장에서 보면 오이디푸스 콤플렉스가 『聖書성서』 속에 隱蔽은폐된 事件사건이 노아의 포도주 事件사건이고, 엘렉트라 콤플렉스가 露出노출된 사건이 롯이 洞窟동굴 속에서 두 딸과 混淫相姦혼음상간한 事件사건인 것이다. 乾父건부와 巽女손녀가 相姦상간한 卦괘는 롯이 두 딸과 相姦상간한 것의 聖書的성서적 展開전개였다.

『聖書성서』는 롯의 事件사건은 露出노출시키고, 노아의 事件사건은 隱蔽은폐시킨다. 그 原因원인은 무엇일까? 롯은 陽양이며, 노아의 夫人부인은 陰음인 까닭이다. 때문에 露出노출된 롯의 事件사건은 우리가 쉽게 알 수 있으나 『聖書성서』의 地下지하 속에 깊이 파묻힌 密敎事件밀교사건인 함과 그 어미의 不倫불륜의 暗號解讀암호해독은 기독교 2000年史上년사상 그 누구도 파헤치지 못한 未知미지의 事件사건이었던 것이다.

그럼 震진과 兌태가 相對상대한 卦괘는 무엇일까? 이 오누이의 姦淫事件간음사건은 聖王성왕 다윗의 家庭가정에서 展開전개된다. 聖王성왕 다윗이 우리아의 妻처 밧세바를 姦通간통하므로 말미암아 다윗家가에 사단이 侵入침입하고, 그 결과 다윗의 長男장남인 암논이 압살놈의 누이 다말을 强姦강간하는 事件사건이 展開전개되고, 피비린 骨肉相爭골육상쟁이 시작되는 것이다.

암논이 그를 붙잡고 이르되 내 누이야 와서 나와 同寢동침하자. 저가 대답하되 아니라 내 오라비여 나를 욕되게 말라. 이런 일은 이스라엘에서 마땅히 행치 못할 것이니 이 괴악한 일을 행치 말라… 암논이 그의 말을 듣지 아니하고 다말보다 힘이 세므로 臆志^{억지}로 同寢^{동침}하니라(삼하 13:11 이하).

坤母^{곤모}와 艮男^{간남}, 乾父^{건부}와 巽女^{손녀}, 震兌^{진태}의 男妹^{남매}가 不倫^{불륜}하는 文王卦圖^{문왕팔도}는 인간이 타락하므로 사단 마귀가 침입한 세 가지 흔적인데 文王^{문왕}은 이것을 卦象^{괘상}으로 符號化^{부호화}시켰고 『聖書^{성서}』는 이것을 歷史的^{역사적} 事件^{사건}으로 전개시켰던 것이다. 四 千年^{사천년} 구약史^사는 온갖 性的^{성적} 스캔들이 난무한 "聖書^{성서} 아닌 性書^{성서}"였다.

구약은 洛書^{낙서}와 文王八卦^{문왕팔괘}가 보여주듯 失鄕民^{실향민}이 故 鄕^{고향}을 찾는 피어린 기록이고, 참 新婦^{신부}를 찾기까지 온갖 亂倫^{난륜} 과 無道德的^{무도덕적}인 창절한 역사였다. 그러므로 文王八卦^{문왕팔괘}를 展開^{전개}시킨 六十四卦^{육십사괘}가 火水未濟^{화수미제}로 끝나는 原因^{원인}도 타락된 구약史^사가 未完成^{미완성}으로 끝남을 보여주고 있는 것이다.

4. 正易八卦^{정역팔괘}에 대한 聖書的^{성서적} 考察^{고찰}

正易八卦圖^{정역팔괘도}는 一夫^{일부}가 啓示^{계시}받고 大覺^{대각}한 卦^괘이 다. 이 卦^괘가 고요한 아침의 나라에서 作卦^{작괘}됨은 이미 文王卦^{문왕괘} 에서 東北艮方^{동북간방}이 죄악 역사를 종결짓고 새 시대를 開明^{개명}함 을 은밀히 보여주고 있었음으로 당연한 귀결이 아닐 수 없다.

一夫卦^{일부괘}인 正易^{정역}은 한 눈으로 보아 乾北坤南^{건북곤남}이므로 天地定位^{천지정위}임을 알 수 있다. 天地^{천지}가 定位^{정위}함으로 山澤^{산택}은 通氣^{통기}하고 雷風相薄^{뇌풍상박}하고 水火不相射^{수화불상사}함을 알 수 있다.

그럼 一夫正易^{일부정역}을 聖書的^{성서적} 立場^{입장}에서 考察^{고찰}해 보자.

창세기를 分析^{분석}해보면 『聖書^{성서}』는 우리에게 세 가지 類型^{유형}의 祖上^{조상}을 보여주고 있다. 그 첫째가 아담이요, 그 둘째가 노아요, 그 셋째가 아브라함이다. 아담과 노아에게 하나님은 生育^{생육}하고 번성하여 땅에 充滿^{충만}하라고 祝福^{축복}한다. 그러나 아담과 노아 家庭^{가정}은 사단이 侵入^{침입}하여 파괴되어 八卦^{팔괘}의 家庭^{가정}을 喪失^{상실}하고 만다.

그러므로 『聖書^{성서}』의 참 道脈^{도맥}은 아브라함에 이르러 열매를 맺게 된다. 하나님은 아브라함에게 네 자손이 하늘의 별처럼 허다히 번식할 것을 祝福^{축복}하고 言約^{언약}한다. 하나님은 아담의 하나님 노아의 하나님이 아닌 아브라함의 하나님, 이삭의 하나님, 야곱의 하나님이 되는 원인도 아브라함으로 말미암아 그 道脈^{도맥}이 비로소 하나님과 연결되었기 때문이다.

『聖書^{성서}』에는 두 가지 脈^맥이 있다. 산 者^자의 脈^맥과 죽은 者^자의 脈^맥이며, 血代^{혈대}의 脈^맥과 言約^{언약}의 자식의 脈^맥이 바로 그것이다. 血代^{혈대}를 따라 낳은 자식은 하늘나라를 遺業^{유업}으로 받을 수 없으며 靈脈^{영맥}을 따라난 言約^{언약}의 자식만이 後天仙境^{후천선경}을 유업으로 받을 수 있는 것이다.

아담과 노아는 外形上^{외형상}으로 보면 八卦^{팔괘}의 家庭^{가정}을 이룬

듯이 보이나 그들 가정의 內部^{내부}를 살펴보면 사단 마귀가 侵入^{침입}하여 不倫^{불륜}의 가정으로 전락하였다. 그러므로 아담과 노아는 血代^{혈대}로 볼 때는 人類^{인류}의 祖上^{조상}이 될 수 있을지라도 靈脈^{영맥}의 道的^{도적} 祖上^{조상}은 될 수 없는 것이다. 아브라함만이 믿음의 祖上^{조상}이 되는 것이다. 伏羲八卦^{복희팔괘}가 아담에게, 文王八卦^{문왕팔괘}가 노아에게 해당된 卦象^{괘상}이라면, 아브라함, 이삭, 야곱 三代^{삼대}에는 正易卦^{정역괘}의 비밀이 숨어 있는 것이다.

먼저 잠시 언급한 바 있거니와 아담 家庭^{가정}과 노아 家庭^{가정}에는 坤道^{곤도}인 여인들의 이름이 발견되지 않는다. 이는 그 여인들이 타락한 주인공들이며, 坤道^{곤도}가 成道^{성도}치 못한 까닭이다. 그러나 아브라함·이삭·야곱의 부인인 사라와 리브가와 라헬은 成道^{성도}한 道女^{도녀}들이므로 그 三代^{삼대}의 이름이 기록되는 것이다. 아브라함이 믿음의 祖上^{조상}이 된 것은 『易^역』의 表現法^{표현법}으로 말하면 天地定位^{천지정위}의 道^도를 깨달아 三代^{삼대}에 걸쳐 山澤通氣 雷風相薄 水火不相射^{산택통기 뇌풍상박 수화불상사}하는 卦^괘를 鼎立^{정립}시켰기 때문이다.

그럼 아브라함이 모든 믿는 자의 祖上^{조상}이 되었는데 그가 무엇을 믿었기에 하나님은 義^의로 印^인치셨는가? 하나님은 갈대아 우르에 있는 아브라함에게 肉的^{육적} 故鄕^{고향}인 친척과 고향을 떠나라고 명령한다. 그 원인은 아브라함에게 영원한 道^도의 故鄕^{고향}이며 後天仙境^{후천선경}의 상징인 젖과 꿀이 흐르는 가나안 福地^{복지}를 주기 위함이었다.

여기서 우리가 알 수 있는 것은 洛書^{낙서}에서 본 바 火金^{화금}이 뒤바뀐 失鄕^{실향}의 道版^{도판}에서 金火正易^{금화정역}의 땅으로 故鄕^{고향}을 찾아가는 路程^{노정}을 아브라함을 通^통해 展開^{전개}시킨 것이다.

아브라함은 오직 하나님의 말씀에 순종하여 낯설고 물선 가나안 땅에서 20餘年여년 流浪유랑하면서 하나님 앞에 祭壇제단을 쌓았다. 가나안 七族칠족들의 음란한 宗敎종교, 즉 文王卦문왕괘의 狀況상황 속에서 오직 아브라함만이 金火正易금화정역의 먼 時運시운을 바라보면서 祭壇제단을 쌓고 燔祭번제를 드렸던 것이다. 가나안 땅으로 아브라함을 移住이주시킨 하나님은 아브라함에게 네 자손이 하늘의 별같이 번식하리라 祝福축복하였다. 그런데 아브라함의 아내 사라는 나이 늙고 經水경수가 끊어져 임신할 수 없었고, 젊어서도 不姙불임의 石女석녀였던 것이다. 바로 이곳에 道도의 秘義비의와 奧妙오묘한 하나님의 攝理섭리가 있는 것이다.

사라가 石女석녀인데 어찌 하나님은 아브라함의 子孫자손이 하늘의 별같이 많이 번식하겠다고 하였을까? 이 하나님의 言約언약을 正覺정각하기까지 아브라함은 많은 信仰신앙의 試行錯誤시행착오를 범한다. 그 첫 번째가 養子양자 다메섹 엘리에셀이다. 아브라함은 無子무자하였으므로 종 가운데 다메섹 엘리에셀을 택하여 養子양자로 세우고 그로 번식케 하여 자기의 代대를 이을 것을 생각하였다. 그러나 하나님은 養子양자를 후사로 허락하지 않았다. 두 번째 아브라함은 사라의 여종인 하갈과 同寢동침하여 庶子서자 이스마엘을 얻어 후사라고 생각한다. 그러나 肉體육체를 따라 낳은 이스마엘도 하나님은 후사로 허락하지 않는다. 하나님이 바라는 후사는 사라로 말미암아 낳은 嫡子적자였다.

그런데 사라는 石女석녀였고 더구나 經水경수까지 끊어진 소망 없는 女人여인이었다. 사라는 죽은 枯木고목 같은 존재였고, 물 없는 沙漠사막 같은 존재였고, 죽은 盤石반석 같은 존재였다. 이런 사라가 잉태하려면 한 가지 方法^{방법}밖에 없다. 하나님의 能力^{능력}이 사라에게 挑戰^{도전}하는 方法^{방법}이다.

여기에서 사라가 낳은 자식은 血肉^{혈육}의 자식이 아닌 言約^{언약}의 子息^{자식}, 復活^{부활}의 씨임은 『성서』는 暗示^{암시}하는 것이다.

아브라함이 여호와를 믿으니 여호와께서 이를 의로 여기시고 또 그에게 이르시되, 나는 이 땅을 네게 주어 業^업을 삼게 하려고 너를 갈대아 우르에서 이끌어 낸 여호와로다(창 15:6).

아브라함이 무엇을 믿었기에 義^의로 여기셨는가?

그가 百歲^{백세}나 되어 자기 몸은 죽은 것 같음과 사라의 胎^태에 죽은 것 같음을 알고도 믿음이 약해지지 아니하고 믿음이 없어 하나님의 약속을 의심치 않고 믿음에 더욱 견고하여져서 하나님께 영광을 돌리며 約束^{약속}하신 그것을 또한 能^능히 이루실 줄을 확신하였으니 그러므로 이것을 義^의로 여기셨느니라(롬 4:16 이하).

이 聖句^{성구}를 보면 아브라함의 믿음이 무엇인가 확연히 드러난다. 아브라함은 죽은 사라의 胎^태를 통해 言約^{언약}의 자식 靈脈^{영맥}의 자식이 출생할 것을 믿었던 것이다. 이 신앙은 죽은 자가 다시 살아나는 復活^{부활}의 信仰^{신앙}을 暗示^{암시}하고 있는 것이다.

伏羲八卦^{복희팔괘}나 文王八卦^{문왕팔괘}를 보면 父母^{부모}가 定位^{정위}치 못하므로 三男三女^{삼남삼녀}들은 言約^{언약}의 子息^{자식}이 아닌 血肉^{혈육}의 子息^{자식}으로 山澤通氣^{산택통기}하지 못함을 알 수 있다.

"山澤通氣 雷風相薄 水火不相射^{산택통기 뇌풍상박 수화불상사}"하는 子息^자식들은 바로 言約^{언약}의 子息^{자식}을 말하고 있는 것이다.

아브라함은 죽은 胎^태 속에서 言約^{언약}의 子息^{자식}이 生産^{생산}될 것을 믿었다. 이는 아브라함뿐만 아니라 이삭도 야곱도 그러하다. 이삭의 부인 리브가도 不姙^{불임}의 石女^{석녀}였고, 야곱의 夫人^{부인} 라헬도 不姙^{불임}의 石女^{석녀}였다. 三代^{삼대}가 모두 石女^{석녀}였던 것이다.

그러나 하나님은 이 不姙^{불임}의 石女^{석녀}, 곧 무덤 같은 女人^{여인}들을 通^통하여 言約^{언약}의 三代^{삼대} 이삭과 야곱과 요셉을 生産^{생산}시켰던 것이다. 하나님이 아브라함의 하나님, 이삭의 하나님, 야곱의 하나님이 된 理由^{이유}가 바로 이 三代^{삼대}가 죽은 胎^태를 통하여 하나님이 言約^{언약}의 자식을 生産^{생산}시켜줄 것을 믿었기 때문이다.

> 죽은 者^자의 살아난다는 것은 모세도 가시나무떨기에 관한 글에 보였으되 주를 아브라함의 하나님이요, 이삭의 하나님이요, 야곱의 하나님이라 칭하였으니 하나님은 죽은 자의 하나님이 아니요, 산 자의 하나님이시다(눅 20:37 이하).

이 聖句^{성구}에서 보듯 하나님은 아브라함, 이삭, 야곱 三代^{삼대}를 통하여 復活^{부활}의 脈^맥을 깊이 묻어 두었던 것이다.

아브라함은 아담도 노아도 正覺^{정각} 못한 天地定位^{천지정위}를 깨닫고 正易八卦^{정역팔괘}를 이룰 復活^{부활}의 子息^{자식}이며, 言約^{언약}의 子息^{자식}을 낳는 道秘^{도비}를 正覺^{정각}하였던 것이다. 그러므로 正易八卦^{정역팔괘}에 나오는 天地定位^{천지정위}는 예수와 聖靈^{성령}의 자리이며, 아브라함과 사라는 長男^{장남} 長女^{장녀}로서 震巽^{진손}의 자리에서 天地父母^{천지부모}

를 보필해야 하므로 맏아들 震^진은 西北^{서북}에서 乾父^{건부}를 보필하고, 맏딸 巽^손은 東南^{동남}에서 坤母^{곤모}를 보필하게 되는 것이다. 이삭과 리브가는 中男^{중남}과 中女^{중녀}로서 西南^{서남}과 東北^{동북}에서 각기 父母^{부모}를 보필하고 있다. 山澤通氣^{산택통기}하는 艮兌^{간태}는 東西^{동서}에서 제 자리를 잡고 어린 羊^양 잔치를 준비하고 있는 卦象^{괘상}인 것이다. 이것이 야곱과 라헬이다.

正易八卦^{정역팔괘}는 天地定位^{천지정위}한 참 父母^{부모}를 모시고 부활한 言約^{언약}의 子息^{자식}들인 三男三女^{삼남삼녀}가 제 자리를 찾았으므로 하나님은 아브라함의 하나님(震巽의 하나님), 이삭의 하나님(坎離의 하나님), 야곱의 하나님(艮兌의 하나님)이 되는 것이다.

다시 『易^역』으로 돌아가자.

天地定位 山澤通氣 雷風相薄 水火不相射 八卦相錯…

이 說卦傳^{설괘전}에 나오는 구절은 伏羲卦^{복희괘}나 文王卦^{문왕괘}에 맞지 않는다. 天地定位^{천지정위}는 乾北坤南^{건북곤남}일때 비로소 가능한 것이다. 山澤通氣^{산택통기}도 艮東兌西^{간동태서}가 되어야 通氣^{통기}인 것이다. 왜냐하면 이 山澤通氣^{산택통기}는 성서적 개념으로 볼 때 어린 羊^양 잔치를 의미하고 있으므로 이는 小男^{소남}과 小女^{소녀}의 時運^{시운}으로 東西^{동서}가 하나가 되는 때이기 때문이다.

그러나 伏羲卦^{복희괘}에는 西北^{서북}에 艮^간, 東南^{동남}에 兌^태가 넘실거리고 있지 않은가. 雷風相薄^{뇌풍상박}은 西北^{서북}과 東南^{동남}이 相薄^{상박}인데 伏羲卦^{복희괘}는 震巽^{진손}은 東北^{동북}과 西南^{서남}에 위치하고 있다.

그뿐인가? 水火不相射^{수화불상사}는 坎离^{감리}가 東北^{동북}과 西南^{서남}에

위치해야 하는데 伏羲卦^{복희괘}를 보면 离東坎西^{리동감서}로 水火^{수화}가 東西^{동서}에서 相射^{상사}하고 있지 않은가. 文王八卦^{문왕팔괘}서도 이미 論^논한 바 坎离^{감리}는 南北^{남북}에서 하나님格^격으로 役事^{역사}했고, 震巽^{진손}은 東^동과 東南^{동남}에서 用事^{용사}하면서 十戒命^{십계명}을 모세에게 준 공포의 神^신으로 役事^{역사}하고, 제 使命^{사명}을 다 했으므로 正易卦^{정역괘}에보면 震巽坎離^{진손감리}는 제 자리를 찾아 父母^{부모}를 보필하고, 구약시대 아무 일도 하지 못한 小男小女^{소남소녀}인 艮兌^{간태}가 비로소 通氣^{통기}되어 사랑의 時運^{시운}을 豫告^{예고}하니 이가 곧 어린 羊^양 잔치인 것이다.

그러므로 正易卦^{정역괘}는 艮兌^{간태}가 交感^{교감}하는 사랑의 卦^괘인 것이다.

기록된 바 아브라함에게 두 아들이 있으니 하나는 계집종에게서 하나는 自由^{자유}하는 여자에게서 났다 하였으니 계집종에게서는 육체를 따라 낳고 自由^{자유}하는 女子^{여자}에게서는 約束^{약속}으로 말미암았느니라. 이것은 비유니 이 두 女子^{여자}들은 두 言約^{언약}이라 하나는 시내山^산으로부터 종을 낳은 자니 곧 하가라. 이 하가는 아라비아에 있는 시내山^산으로 지금 있는 예루살렘과 같은 데니 저가 그 자녀들로 더불어 종노릇하고 오직 위에 있는 예루살렘은 自由者^{자유자}니 곧 우리 어머니라. 기록된 바 잉태치 못한 자여 즐거워하라. 그렇지 못한 자여 소리 질러 외쳐라. 이는 홀로 사는 자의 子女^{자녀}가 남편 있는 자의 자녀보다 많음이라 하였으니 兄弟^{형제}들아 너희가 이삭과 같이 約束^{약속}의 자녀라. 그러나 그때 육체를 따라난 자가 성령을 따라난 자를 핍박한 것같이 이제도 그러하도다. 그러나 성령이 무엇을 말하느뇨. 계집종과 아들을 내어 쫓으라. 계집종의 아들이 自由者^{자유자}의 아들과 더불어 유업을 얻지 못하리라 하였느니

라. 그런즉 兄弟^{형제}들아 우리는 계집종의 子女^{자녀}가 아니요 自由^{자유}하는 女人^{여인}의 子女^{자녀}니라(갈 4:22 이하).

이 聖句^{성구}를 보더라도 血代^{혈대}의 子息^{자식}과 言約^{언약}의 자식의 두 脈^맥이 있음을 알 수 있다.

文王八卦^{문왕팔괘}가 血肉^{혈육}을 中心^{중심}하여 恣行^{자행}된 原罪^{원죄}의 悖倫卦^{패륜괘}라면, 正易八卦^{정역팔괘}는 言約^{언약}의 子息^{자식}들, 이 正陰正 陽^{정음정양}으로 結婚^{결혼}하는 正卦^{정괘}인 것이다.

肉^육과 血^혈은 하늘나라를 유업으로 받을 수 없느니라(고전 15:30).

살리는 것은 靈^영이니 肉^육은 無益^{무익}하니라(요 6:63).

너희가 거듭난 것은 썩어질 씨로 된 것이 아니요. 썩지 아니할 씨로 된 것이니, 하나님의 살아있고 항상 있는 말씀으로 되었느니라(벧전 1:23).

이상의 聖句^{성구}를 보더라도 道脈^{도맥}이 아닌 肉脈^{육맥} 속에서 낳은 자들은 새로운 仙境^{선경}에 살 수 없음을 알 수 있다.

그러므로 正易八卦圖^{정역팔괘도}는 靈脈^{영맥}으로 道胎^{도태} 속에서 거 듭난 言約^{신약}의 子息^{자식}들의 卦象^{괘상}인 것이다. 그러므로 伏羲八卦^{복 희팔괘}나 文王八卦^{문왕팔괘}나 正易八卦^{정역팔괘}가 다 같이 乾^건·坤^곤·震^진· 巽^손·坎^감·離^리·艮^간·兌^태의 述語^{술어}를 쓰고 있으나 그 質的^{질적} 次元^{차원} 은 血代^{혈대}의 子息^{자식}과 언약의 子息^{자식}만큼 雲尼^{운니}의 次^차인 것이다.

아담과 노아의 家庭^{가정}은 血代^{혈대}의 자식이었으나 아브라함, 이삭, 야곱 三代^{삼대}는 長男^{장남}, 中男^{중남}, 小男格^{소남격}으로 言約^{언약}의 子息^{자식}이기 때문에 이들이 믿음의 祖上^{조상}으로 메시아와 연결되며 또 再臨^{재림} 예수와도 직결되는 것이다.

비록 一夫正易^{일부정역}이 지금부터 百年前^{백년전} 우리나라에서 그어져 세상에 나타났으나 이미 『聖書^{성서}』 속에는 暗號化^{암호화}되어 隱蔽^{은폐}되어 있었던 것이다.

그러므로 『正易^{정역}』이 나온 艮方^{간방}인 韓國人^{한국인}의 智慧^{지혜}가 아니면 『聖書^{성서}』도 正解^{정해}되지 못할 것이다. 이처럼 『聖書^{성서}』와 『正易^{정역}』은 밀접한 관계를 지니고 있는 것이다.

5. 正歷^{정역}(正易)에 대한 聖書的^{성서적} 考察^{고찰}

一夫^{일부}의 大易序^{대역서}에 "聖哉 易之爲易 易者歷也^{성재 역지위역 역자역야}…"라는 말이 있다. 易^역은 歷^역이다. 日月爲易^{일월위역}이나 해와 달의 운행 度數^{도수}를 아는 것이 易^역인 것이다.

그런데 『正易^{정역}』에는 두 가지 큰 豫言^{예언}이 있다. 그 첫째는 "後天^{후천}은 360日^일 正度數^{정도수}로서 地球^{지구}가 太陽^{태양} 주위를 公轉^{공전}할 것"과 그 둘째는 "先天^{선천}의 十六日^{십육일}달이 後天^{후천}의 초하루달이 된다"는 難解^{난해}한 豫言^{예언}이다.

그럼 이 문제를 『聖書^{성서}』를 査經^{사경}하여 解明^{해명}하도록 하자. 先儒^{선유}들은 伏羲八卦^{복희팔괘}를 原易圖^{원역도}라고 보고, 文王八卦^{문왕팔괘}를 閏易圖^{윤역도}라고 본다. 365 1/4日^일로 地球^{지구}는 太陽^{태양}을 公轉^{공전}하고 있으며, 따라서 閏月^{윤월}이 생기게 된다. 伏羲八卦^{복희팔괘}가 作卦^{작괘}될 때는 地球^{지구}의 公轉^{공전}하는 度數^{도수}가 360日^일인듯 하나

文王卦^{문왕괘}가 그어지던 당시에는 地球^{지구}는 360 1/4日^일로 閏易化^{윤역화}된 듯하다.

이와 같은 사실은 『聖書^{성서}』에서도 발견된다. 노아 洪水^{홍수} 審判^{심판} 前^전에는 한 달은 30日^일이고, 1년은 360日^일인 증거가 『聖書^{성서}』에서 나타나고 있다. 그러나 홍수 심판 후부터 地球^{지구}의 軸^축은 기울어져 閏易^{윤역}의 度數^{도수}로 뒤바뀌고 혹한과 혹서의 四季^{사계}가 시작되고 있음을 보여 주고 있다.

> 땅이 있을 동안에는 심음과 거둠과 추위와 더위와 여름과 겨울과 낮과 밤이 쉬지 아니하리라(창 8:22).

이 聖句^{성구}를 보아도 노아 洪水^{홍수} 後^후에 閏易^{윤역}의 四季^{사계}가 시작되었음을 볼 수 있다. 노아가 洪水^{홍수} 심판을 받기 전 한 달이 30일로 계산되고 있음을 『聖書^{성서}』는 보여주고 있다(창세기 7, 8章^장 참조). 홍수 심판 후 閏易^{윤역}이 시작되고, 大禹^{대우}도 9년 洪水^{홍수} 中^중에서 落書^{낙서}를 얻는 것도 다 같은 道的^{도적} 象徵^{상징}인 것이다.

『正易^{정역}』은 後天世界^{후천세계}가 360일 正度數^{정도수}로써 운행될 것을 豫告^{예고}하고 있다. 이미 言及^{언급}한 바 있지만 易^역은 歷^역이다. 日月^{일월}의 바른 運行^{운행}을 豫告^{예고}한 것이 正易^{정역}이므로 正歷^{정역}인 것이다.

一夫^{일부}는 喝破^{갈파}하였다. "天地^{천지}도 匪日月^{비일월}이면 空殼^{공각}이라" 하였고, "日月^{일월}이 不正^{부정}이면 易匪易^{역비역}이다" 하여 先後天^{선후천}에 있을 日月^{일월}의 變化^{변화}를 깊이 豫言^{예언}하였다.

『正易^{정역}』에는 새로운 後天^{후천}의 日月^{일월}의 탄생을 다음과 같이 보여주고 있다.

太陰^{태음}(달)은 戊位^{무위} 成道^{성도}하는 달의 第^제1度^도에 胞^포하여 21度^도에 生^생하고 己位^{기위} 成度^{성도}하는 날의 제7度^도에 胞^포하여 제27度^도에 生^생하니 太陰^{태음}과 太陽^{태양}이 胞^포에서 生^생에 이르기까지 21度^도를 要^요한다. 이렇게 탄생한 日月^{일월}은 각기 成道^{성도}하기까지는 復上月^{복상월}, 즉 先天月^{선천월}을 免^면치 못하여 閏易^{윤역}을 이루었으나 太陰^{태음}이 30度^도에서, 太陽^{태양}이 36度^도에서 成道^{성도}함에 따라 復上月^{복상월}이 皇中月^{황중월}로 바뀌는 동시에 一年^{일년}이 360日^일, 一月^{일월}이 30日^일로 正易^{정역}을 이루니 先天^{선천}의 抑陰尊陽^{억음존양}은 後天^{후천}의 調陽律陰^{조양율음}으로 化^화하는 것이다.

이와 같은 日月^{일월}의 변화는 『聖書^{성서}』에도 豫言^{예언}되고 있다.

여호와께서 그 百姓^{백성}의 상처를 싸매시며 그들의 맞은 자리를 고치시는 날에는 달빛은 햇빛 같겠고 햇빛은 칠 배가 되어 일곱 날의 빛과 같으리라(사 30:26).

그러므로 우리가 쓰는 365 1/4日^일의 閏歷^{윤역}은 장차 360日^일의 正歷^{정역}으로 바뀌어질 것이다.
日月^{일월}이 변화할 이날은 아무도 모른다. 『성서』는 다음과 같이 기록하고 있다.

그 날과 그때는 아무도 모르나니 하늘의 천사들도 모르고 오직 아버지만 아시느니라(마 24:36).

형제들아 때와 시기에 관하여는 너희에게 쓸 것이 없음은 主^주의 날이 밤에 도적같이 이를 것을 너희 자신이 자세히 앎이라. 저희가 不安^{불안}하다 安全^{안전}하다 할 때에 잉태된 女子^{여자}에게 해산 고통이 이름같이 멸망이 홀연히 저희에게 이르리니 결단코 면치 못하리라(살전 5:1 이하).

번개가 東便^{동편}에서 나서 西便^{서편}까지 번쩍임 같이 人子^{인자}의 臨^임함도 그러하리라(마 24:27).

이『聖書^{성서}』의 豫言^{예언}은 周易^{주역}의 豫言^{예언}과 동일하다.『周易^{주역}』繫辭傳^{계사전}에는 "重門擊柝 以待暴客^{중문격탁 이대폭객}"이라 하여 캄캄 漆夜^{칠야} 重陰中^{중음중}에 忽然夜半^{홀연야반} 一聲雷^{일성뢰}와 같이 뜻아니한 때 갑자기 나타나는 도적같이 日月^{일월}의 코페루닉스的^적인 大變化^{대변화}가 있을 것을 豫言^{예언}하고 있는 것이다.

지금 낡고 타락한 先天^{선천}은 물러가고 새 新婦^{신부}인 後天^{후천}은 서서히 오고 있다. 그러나 이 地球^{지구}가 아직 360日^일 正度數^{정도수}로 運行^{운행}되지 않고 있으니 後天^{후천}은 아닌 것이다. 先後天^{선후천}이 뒤바뀌는 그 날은 하나님만 아시는 一級天機^{일급천기}이다.

그런데 新興宗教^{신흥종교}의 邪教主^{사교주}들은 제멋대로 그날을 定^정하고 온갖 宗教的^{종교적}인 流言蜚語^{유언비어}로 惑世誣民^{혹세무민}하고 있다. 몇 년 후에 무엇이 된다 豫言^{예언}하고 그때가 오면 또 延長^{연장}되었다고 妄言^{망언}을 서슴지 않고 있으니 이들의 無知^{무지}를 어찌할 것인가?

다음 "先天^{선천} 16日^일 달이 後天^{후천} 初^초하루 달이 된다"라는 一夫^{일부}의 豫言^{예언}을 생각하자.

『正易^{정역}』에는 다음과 같은 말이 있다. "復上起月當天心 皇中起

月當皇心복상기월당천심 황중기월당황심" 또 "月復于子월복우자 하니 三十日삼십일이 晦회니 後天후천이다"라는 말이 있다. 윗글의 뜻은 달을 先望선망第제1日일에 起算기산하면 15日일에 가서는 天心천심에 當당하니 이것이 天心月천심월이고, 달을 第제16日일에서 起算기산하면 15日일 後후에는 皇心황심에 當당하니 이것이 皇中月황중월이다. 따라서 起算點기산점을 표준하여 말할 때는 先天月선천월이 復上月복상월이요, 後天月후천월이 皇中月황중월이지만, 15日 後후 달을 표준하여 말할 때는 前者전자가 天心月천심월이요, 後者후자가 皇心月황심월이 된다. 그러므로 皇中月황중월은 先天선천 16日일의 달이요, 後天후천 初초하루의 달인 것이다.

이와 같은 문제는 『聖書성서』에는 다음과 같이 暗示암시되어 있다.

> 이스라엘 자손들이 길갈에 陣진쳤고 그 달 14日일 저녁에는 여리고 平地평지에서 유월절을 지켰고 유월절 이튿날에 그 땅의 所産소산을 먹되 그 날에 무교병과 볶은 곡식을 먹었더니 그 땅 所産소산을 먹은 다음 날에 만나가 그쳤으니 이스라엘 사람들이 다시는 만나를 얻지 못하였고 그 해에 가나안 땅의 열매를 먹었더라(수 5:10).

이 聖句성구는 진실로 놀라운 暗示암시를 우리에게 주고 있다. 이스라엘 民族민족이 여호수아의 인도로 요단江강을 건너 가나안땅에 가서 처음 유월절을 1월 14일 밤에 지키고, 이튿날 15일에 가나안땅의 所産소산을 먹었더니 16일에 만나가 그친다.

이 사실은 무엇을 暗示암시하고 있는가? 만나가 끝난 16日일은 새 가나안의 初초하루의 시작이 된다는 사실에 깊이 유의하기 바란다. 이미 上述상술한 바 있거니와 애굽은 낡은 先天선천의 상징이고, 가나안땅은 道^도의 故鄕^{고향}인 後天仙境^{후천선경}이 상징이다.

광야는 求道^{구도}하는 道場^{도량}의 상징이다. 애굽(낡은 先天)을 脫出^{탈출}하여 가나안(後天仙境)에 살기 위한 몸부림이 求道者^{구도자}와 道人^{도인}들의 生活^{생활}이다. 구도자에게 내린 眞理^{진리}의 양식인 만나가 先天^{선천} 16일 날에 끝날 때 새로운 가나안땅의 初^초하루가 시작되는 것이다.

우리들도 거짓 道^도가 아닌 참 眞理^{진리}의 만나를 道食^{도식}하며 求道^{구도}할 때 先天^{선천} 16日^일에 낡은 宗敎^{종교}의 雜多^{잡다}한 敎理^{교리}로부터 解放^{해방}되고, 後天^{후천} 初^초하루부터 生命果^{생명과}를 먹고 生命水^{생명수}를 마실 것이다.

6. 結語^{결어}

이상으로 伏羲八卦^{복희팔괘}와 文王八卦^{문왕팔괘}와 正易八卦^{정역팔괘}에 대하여 聖書的^{성서적} 査經^{사경}을 대강 끝마쳤다.

『聖書^{성서}』와 『易^역』은 깊은 函數關係^{함수관계}가 있는 것이다. 『易^역』의 符號^{부호}가 『聖書^{성서}』 속에는 歷史的^{역사적} 事實^{사실}로 展開^{전개}되었고, 『聖書^{성서}』의 歷史的^{역사적} 事實^{사실}은 『易^역』에 符號化^{부호화}되어 있는 차이뿐이다. 다른 말로 表現^{표현}하면 『易^역』에는 歷史^{역사}가 없고, 『聖書^{성서}』에는 符號^{부호}가 없을 뿐이다. 더구나 伏羲八卦^{복희팔괘}와 文王八卦^{문왕팔괘}를 극복한 正易八卦^{정역팔괘}는 東方^{동방}의 塞士^{새사}인 一夫^{일부}로 인하여 作卦^{작괘}된 사실은 하나님의 攝理^{섭리}가 이 땅에 있음을 보여주고 있다.

『正易^{정역}』을 그런 一夫^{일부}도 曜陰殿^{요음전}에서 甑山^{증산}을 뵙고 그

를 禮^예로서 대우하였다. 一夫^{일부}는 正易八卦^{정역팔괘}를 낡은 歷史^{역사} 속에 提示^{제시}하였고, 甑山^{증산}은『易^역』에 근거하여 새 시대를 開明^{개명} 하는 天地公事^{천지공사}를 하였던 것이다.

後天仙境^{후천선경}을 開明^{개명}하는 天地公事^{천지공사}는 文王八卦^{문왕팔괘} 로 인하여 惹起^{야기}된 怨^원과 恨^한을 正易八卦^{정역팔괘}의 度數^{도수}로 解怨 ^{해원}하고 하늘과 땅, 東^동과 西^서, 男^남과 女^여의 막혔던 氣^기를 山澤通氣 ^{산택통기}함으로써 正陰正陽^{정음정양}의 새 시대를 연 것이다.

그러므로『正易^{정역}』의 참 열매는 甑山^{증산}에 의하여 結實^{결실}될 것이다.

우리는 이날까지『易^역』을 너무 타락시켰다. 鐘路^{종로} 뒷골목을 가보라. 鬼氣^{귀기}가 서린 旅人宿^{여인숙} 뒷방에 죽치고 앉아 周易占^{주역점} 을 치는 뜨내기 道人^{도인} 아닌 盜人^{도인}들에 의해『易^역』은 巫俗化^{무속화} 되었고, 迷信化^{미신화}되고 있다.

『易^역』이란 聖人^{성인}이 백성을 匡救^{광구}하는 문서이다. 돌이켜 보 면 易東^{역동} 禹倬^{우탁}(1263~1343)이 宋^송나라의 程子學^{정자학}을 처음 東 土^{동토}에 수입하여『周易^{주역}』을 貫珠^{관주}한 이래 이 나라의 수많은 高士 大德^{고사대덕}들이『易^역』에 沈潛^{침잠}하여 깊은 思索^{사색}을 展開^{전개}시켰다. 혹은『易^역』을 工夫^{공부}하다 狂人^{광인}이 되기도 하고 혹은『易^역』을 誤 覺^{오각}하고 市井^{시정}의 점쟁이로 전락되기도 하고 혹은『易^역』을 제멋 대로 해석하여 似而非^{사이비} 宗敎^{종교}의 敎主^{교주}로 變身^{변신}되기도 한다.

『易^역』을 高揚^{고양}하자.『易^역』을 迷信^{미신}의 深淵^{심연}에서 救出^{구출} 하자.『易^역』을『聖書^{성서}』의 자리까지 高揚^{고양}시킬 때『易^역』안에 隱藏^{은폐}된 黃金鑛脈^{황금광맥}이 새 빛을 발할 것이다.

이 간단한 論文^{논문}으로 筆者^{필자}는『聖書^{성서}』와『易^역』을 邂逅^{해후} 시켰고, 仲媒^{중매}시켰다.

이제부터 『聖書성서』와 『易역』은 交感교감하여 새 시대의 새 아들딸을 낳을 것이다. 우리는 만다라꽃 마하 만수사꽃의 꽃비를 맞으며, 만수사꽃 마하 만다라꽃비를 맞으면서 後天仙境후천선경 에덴樂土낙토로 回歸회귀하고 있는 艮兌간태의 新郞신랑 新婦신부를 위하여 合掌합장하며 拍手박수치자.

보라. 地天泰지천태의 時運시운 속에 自由자유의 聖日성일은 開明개명되고 平和평화의 聖代성대는 開天개천되고 있지 않은가. 東方동방의 빛이 빛나는 고요한 아침의 나라에서 道도의 旗기빨은 날리고 無窮무궁한 生命생명의 꽃들이 필 것이다.

잠시 후 어린 양 잔치는 시작되고, 禮服예복을 입은 萬民만민은 招待초대될 것이다.

정녕 그날은 올 것이다.

讀易曉窓하고 丹砂를 硏松間之露하며

談經午案하고 寶磬를 宣竹下之風하나니라.

(새벽 창 앞에 周易주역을 읽으며 숲속의 이슬로 朱墨주묵을 갈도다.

한낮의 책상 앞에 불경을 얘기하나니

대숲에서 불어오는 바람에다 寶磬보경 소리를 실어 보내는 도다.)

III. 聖經^{성경}과 漢文^{한문}*

1. 머리말

『성경』을 理解^{이해}하는 데는 여러 가지 方法^{방법}이 있다. 哲學者^{철학자}들은 철학적인 방법으로 『성경』을 이해하고, 신학자는 신학적인 방법으로, 과학자는 과학적인 방법으로 『성경』을 이해하려 할 것이다. 언어학자는 어원을 분석하여 『성경』을 보다 깊이 이해하려 할 것이다.

『성경』을 이해하는 여러 가지 方法^{방법} 중에서 이날까지 기독교 신학자들이 가장 즐겨 쓴 方法^{방법}은 히브리語^어와 헬라語^어의 어원을 연구하여 성경의 숨은 뜻을 보다 깊이 있게 해명하려 시도한 방법이 있다.

지금도 神學者^{신학자}들 사이에는 어원을 탐색하는 작업이 끊임없이 전개되고 있고, 어느 정도 성과도 거두고 있다.

히브리語^어나 헬라語^어의 語源^{어원}을 연구하여 『성경』을 이해하려는 방법은 西歐神學^{서구신학}에서 2천 년 동안 綿綿^{면면}히 내려오는 신학적 방법론이었다.

그러나 漢文^{한문}의 語源^{어원}을 따져 『성경』을 이해하려는 試圖^{시도}

---

* 한박산, "聖經과 漢文," 「종교신문」(1993. 4. 7.), 2.

는 그리 많지 않은 듯하다.

한문은 동양 문화권에서 라틴語^어라 할 수 있는데 동양인의 思考方式^{사고방식}이나 精神構造^{정신구조}로 헬라語^어나 라틴語^어의 뿌리를 완전히 이해한다는 것은 文化的^{문화적}인 차이 때문에 완전한 方法^{방법}이 될 수 없다.

동양인은 수천 년 동안 漢文文化圈^{한문문화권} 안에서 思考^{사고}하고 著述^{저술} 활동을 했기 때문에 한문으로 『성경』을 이해하는 방법이 히브리語^어나 헬라語^어나 라틴語^어의 이해 방법보다는 더 깊이가 있을 수 있다.

紙面^{지면}이 제약된 관계로 자세히 설명할 수 없지만 『성경』에 나타나는 몇 가지 槪念^{개념}에 대하여 漢文的^{한문적} 理解^{이해}를 시도해 보려한다.

2. 道^도에 대하여

로고스를 최초로 사용한 철학자는 그리스의 헤라클레이토스였다.

로고스는 말씀, 理性^{이성}, 論理^{논리}, 道理^{도리}, 揭示^{계시} 등 여러 가지 뜻으로 나타나고 있다.

神^신과 인간 사이에 뜻을 전달하는 言語^{언어}의 길이 로고스였다.

요한복음 1장 1절에 로고스라는 槪念^{개념}이 나타나는데 이것이 동양 문화권을 주도한 한문에서는 道^도로 번역되었다.

로고스 ‖ 道^도

그럼 道^도란 어떤 의미를 내포하고 있는가!

道^도 — '所行道也^{소행도야}, 一達謂之道^{일달위지도}'.

사람이 다니는 길이 道도이다.

사람이 왕래하는 길의 뜻에서 道德도덕, 道理도리의 말이 생겼다.

論語논어에 나오는 "道聽而途說도청이도설"의 道도가 사람이 다니는 길(路)이라는 뜻이다.

그러나 이 정도의 해석으로서는 『성경』에 나타나는 로고스, 道도의 뜻에서 未及미급한 해석이 된다.

그럼 이제부터 성경적 입장에서 道도의 槪念개념을 해석해 보자.

道도는 머리 수(首)字자와 책침 착(辵)字자의 合成語합성어이다.

道字도자는 벌레(虫)가 꾸물꾸물 기면서 앞을 향해 가는 것을 象形文字상형문자로 표시한 문자이고, 首字수자는 벌레가 머리를 찾아 앞으로 前進전진한다는 뜻이 내포되어 있다.

타락한 인간은 벌레 같은 존재이다(욥 25:6, 시 22:6, 사 41:14).

그럼 首수인 머리는 누구인가!

『성경』을 보면 머리는 예수이다.

그리스도는 만물의 머리요(엡 1:22) 진리의 머리이다(엡 4:15).

예수는 그리스도는 모든 存在존재의 머리가 된다.

그러므로 벌레인 인간이 존재의 머리를 찾아가는 길이 곧 道도이다. 다른 종교 經典경전을 찾아보면 그들의 敎主교주가 머리라는 말이 없다.

그런데 『성경』은 예수를 萬有만유와 敎會교회의 머리로 소개하고 있다.

이 얼마나 오묘한 道理도리인가.

로고스를 道도의 槪念개념으로 번역한 것은 『성경』의 감동으로 된 일이 아닐 수 없다.

3. 誠^성에 대하여

誠^성은 말씀(言)이 이루어진(成) 자리를 뜻한다.

예수는 말씀이 육신이 되어 道成人身^{도성인신}한 자다(요1:14).

誠^성 — '信也^{신야}'.

誠^성은 言行^{언행}이 附合^{부합}하고, 진실하고 거짓이 없음을 뜻한다.

하나님은 미쁘신 존재요(고전 1:9) 참된 존재이므로(롬 3:4) 誠^성그 自體^{자체}라 할 수 있다.

『中庸^{중용}』에 보면 "誠者 天之道也^{성자 천지도야}, 誠之者 人之道也^{성지자 인지도야}"라 했다.

誠^성은 하늘의 道^도요, 誠^성해지려고 하는 것은 사람의 道^도다.

하나님은 誠自體^{성자체}요, 말씀이 육신이 되신 예수도 誠自製^{성자제}의 존재였다. 그러나 타락한 인간은 誠之^{성지}의 存在^{존재}이다.

"誠之^{성지}"는 誠^성한 존재가 되려고 애쓰고 최선을 다하는 태도를 뜻한다.

誠^성이신 하나님과 예수의 形象^{형상}을 닮기 위해 부단하게 기도하며 신앙생활을 하는 성실한 태도가 곧 "誠之^{성지}"인 것이다.

또 『中庸^{중용}』에 보면 "誠者 物之終始 不誠無物^{성자 물지종시 불성무물}"이라 했다. 誠^성은 사물의 시작이요 끝이니 誠^성이 없으면 事物^{사물}은 존재할 수 없다.

이것은 하나님은 알파와 오메가, 처음과 나중, 시작과 끝이라는 聖句^{성구}와 같은 뜻이다(계 1:17, 2:8, 22:13, 41:4).

4. 아담(亞當)에 대하여

아담은 인간의 시조인데 선악과를 먹고 타락했다.

아담은 漢文聖經^{한문성경}을 보면 "亞當^{아당}"으로 번역되어 있다.

왜 타락한 始祖^{시조}에게 亞字^{아자}를 붙이는가!

亞字^{아자}는 사람이 곱사등이가 된 것을 나타낸 象形文字^{상형문자}이다. 아담은 에덴동산에서 구도하다가 곱사등이가 된 자다. 곱사등이가 되면 바르게 진리를 알 수 없는 존재가 된다. 그가 선악과를 따먹은 것도 곱사등이가 되었기 때문이다.

亞字^{아자}는 두 곱사등이 마주 보고 서 있는 글자이다.

아담과 하와 두 사람이 곱사등이가 되어 타락했다. 그러기 때문에 『성경』을 보면 다윗도 원수를 저주할 때 곱사등이가 되라고 했다. 곱사등이가 되면 하나님의 진리를 모르게 되기 때문에 그렇게 저주했다.

저희의 눈은 흐려 보지 못하고 저희 등은 항상 굽게 하소서(롬 11:10).

『성경』에서 가장 많이 사용되는 槪念^{개념}은 "惡^악"字^자이다.

아담의 마음이 곧 惡^악이다. 惡^악은 또 버금가는 마음이다. 타락한 아담은 버금가는 존재가 되었다. 버금가는 마음이란 "첫 마음"이 아닌 오염된 마음을 뜻한다. 순결한 마음이 아닌 더럽혀진 마음을 뜻한다.

亞^아를 '醜也^{추야}'라 한 것도 마찬가지다.

아담은 도깨비술(鬼西二酒를 뜻함)을 먹고 하나님의 계명을 破戒^{파계}했다.

그러나 성도들은 성령의 새 술에 취한다(행 2:13).

5. 罪죄에 대하여

『성경』속에 가장 많이 사용된 글자가 罪字죄자이다.

罪죄의 본뜻은 고기를 낚는 그물을 뜻한다. 고대에는 대나무로 그물을 만들었다.

여하간에 罪字죄자는 고기 잡는 그물을 뜻한다.

그런데 고기 잡는 그물이 왜 인간의 행위를 타락하게 하는 나쁜 뜻으로 사용될까!

예수가 이 세상에 오신 목적은 苦海고해에 빠져 괴로워하는 인간을 건지기 위해서였다.

苦海고해의 바다, 淫女음녀의 바다에서 허우적거리는 인간을 구원하자면 그물 치는 漁夫어부가 되어야 한다.

예수가 갈릴리 바다에서 어부를 택한 이유가 바로 이것이다. 베드로는 갈릴리 바다에서 고기를 낚는 어부였다. 그러나 예수와의 邂逅해후를 통해 그는 사람 낚는 漁夫어부로 탈바꿈한다.

예수가 베드로에게 주신 사람 낚는 그물은 福音복음이었다. 하나님의 말씀이 그물이었다. 그러므로 하나님의 말씀을 믿지 않고 복음에 그물에 걸리지 못하면 罪죄가 된다.

죄란 하나님의 말씀에 낚이지 않고 福音복음의 투망에 걸리지 않는 행위를 뜻한다.

聖人성인의 말씀을 모은 책을 經경이라 하는데(聖經, 佛經, 베다經, 코란經, 三經四書 등) 聖人성인의 말씀集집에 經경자를 붙이는 이유도 經경은 그물을 뜻하기 때문이다. 福音복음의 그물에 낚인 고기라도 不淨부정한 것은 버림받는다(마 13:47-48).

6. 善선에 대하여

모든 종교의 공통점은 善선을 최고의 행동규범으로 생각하고 있는 것이다.

善선의 漢子語義한자어의는 어떻게 되어 있는가!

羊양은 성질이 온순하며, 인간에게 吉祥길상을 상징하는 동물이다.

善字선자는 羊양과 語어의 合成語합성어로 羊양의 말씀을 뜻한다. 예수는 양을 치는 선한 牧者목자였다(요 10:11).

羊양은 그의 음성을 듣나니 그가 자기 羊양의 이름을 각각 불러낸다(요 10:3).

義의, 美미, 祥상, 善선 등이다. 羊字양자를 가지고 있는 것은 樣양은 모든 善선한 행동의 근거가 됨을 상징한다.

예수는 어린羊양이었다. 그는 인류를 위해 殺身成仁살신성인한 희생羊양이었다.

어린羊양을 달이라 하는데 이것은 美미와 통한다.

아름다울 미(美)字자는 羊字양자와 大字대자의 合成語합성어인데 큰 羊양은 곧 어린양인 것이다.

자기(我)가 나타내는 善祥선상의 일이 義의의 본뜻이다.

타락한 ego(自我)를 버리고 羊양의 자기(我)로 돌아가 행동하는 것이 곧 義의이다.

『論語논어』里仁篇이인편에 나오는 "君子喩於義 小人喩於利군자유어의 소인유어리"의 義의는 天理正路천리정로의 義의를 뜻한다.

善선, 義의, 美미는 『성경』 속에서 중요한 概念개념으로 나타내고 있음을 명심해야 한다.

7. 眞^진에 대하여

漢文字義^{한문자의}로 眞字^{진자}의 뜻은 참으로 오묘하게 나타나고 있다.

道^도를 닦아 神仙^{신선}이 되어 보이지 않게 구름을 타고 하늘로 올라간 자를 뜻한다.

道^도를 닦아 진리를 깨쳤다 하여 "참되다"는 뜻으로 쓰여지기도 했다. 옛날 사람은 선인을 진인이라 했다. 하늘로 구름을 타고 승천한 자는 예수이다. 그러므로 眞字^{진자}는 예수를 表象^{표상}하는 字^자다.

하나님은 참된 존재요(롬 3:4), 예수도 참된 존재이다(8:31-32).

그는 참된 존재이기 때문에 죽었다. 부활하여 구름을 타고 승천했던 것이다.

예수는 참된 존재였기 때문에 그는 眞理^{진리}의 임금이었다(요 18:37).

그러므로 예수의 진리가 인간을 自由^{자유}케 할 수 있다(요 8:32).

타락한 인간은 다 거짓된 존재이다. 그러므로 罪人^{죄인}들에게는 眞字^{진자}를 붙일 수 없다. 오직 하나님과 예수만 참된 존재이기 때문에 眞字^{진자}를 붙일 수 있다. 眞^진은 道^도를 完成^{완성}하고 구름타고 하늘로 올라간 자를 의미함을 銘心^{명심}하자.

8. 聖^성에 대하여

하나님은 인간에게 거룩할 것을 요구하고 계신다.

聖^성의 字義^{자의}는 무엇을 뜻하는가.

사람이 말하는 소리를 듣고(耳), 情^정을 알며, 무슨 일에든지 無所

不通무소불통한 사람이 곧 聖人성인이다.

남의 말을 알아들을 줄 알기 때문에 "風俗通풍속통"에 "聖者성자, 聖也성야"라 했다.

예수는 하나님의 말씀을 증언한 후 반드시 "귀 있는 자 들으라"고 했다.

이 세상에 귀가 없는 자 어디 있는가!

인간들은 온갖 잡소리와 소음은 민감하게 알아듣고 反應반응하지만, 진리의 말씀을 듣는 귀가 없는 귀머거리다.

예수의 말씀은 대제사장과 바리새인도 알아들을 수 없었다.

예수의 말씀을 알아듣는 자는 聖人성인의 견지에 이르지 않으면 안 된다.

孔子공자는 六十육십에 耳順이순했다.

그는 오랜 修道수도 끝에, 아니 六十才육십재가 되어서 모든 소리를 알아들을 수 있는 귀(耳)가 열렸고, 드디어 聖人성인의 견지에 도달한 것이다.

聖人성인의 견지에 이르면 모든 것에 通통하게 된다.

이 때문에 「白虎通백호통」에 "聖者성자, 通也통야, 聞聲문성, 和情화정, 故曰聖也고왈성야"라 했다. 귀가 있는 자 몇 사람이나 될까.

9. 死사에 대하여

아담이 선악과를 따먹은 후 모든 인간은 죽음의 존재가 되었다.

어느 종교를 막론하고 마지막으로 제기되는 문제가 어떻게 하면 죽음에서 해방되고, 죽음을 초극하는가 하는 문제이다.

死사의 意味의미는 무엇인가!

死사는 歹字알자와 匕字비자가 合합한 글자이다. 알은 뼈와 살을 다 발가먹고 남은 뼈인 "殘骨잔골"을 의미한다. 사람이 精血정혈이 마르고 뼈만 남는 것은 죽음을 뜻한다.

"人所離也인소리야" 사람의 情氣정기가 다하면 영혼과 육체가 분리됨을 뜻한다.

그러나 이런 해석으로는 『성경』의 뜻과 깊이 통하지 않는다.

사람이 生鮮생선을 먹거나 肉類육류를 먹을 때 살과 고기를 다 먹으면 나중에는 뼈만 앙상하게 남는다. 이와 마찬가지로 마귀는 인간의 살과 피를 다 발가먹었기 때문에 인간은 영적으로 보면 뼈만 있는 骸骨해골의 존재이다.

에스겔 先知者선지자가 본 해골 골짜기가 바로 골고다인데 이것은 타락한 인간 실존의 비참한 모습을 암시하고 있다(겔 37:1-10 참조).

인간이 사는 地球村지구촌은 巨大거대한 裏家이가요 骸骨處해골처요 共同墓地공동묘지이다.

모든 인간은 죽은 자이다. 죽은 인간을 살리기 위해 예수는 왔다.

마귀는 모든 인간의 살과 피를 먹은 존재이기 때문에 인간은 뼈만 남은 알의 존재이다. 骸骨해골만 있고 살과 피가 없기 때문에 예수는 자기 살을 먹고 피를 마시라 했다.

> 내 살을 먹고 내 피를 마시는 자는 영생을 가졌고 마지막 날에 내가 그를 다시 살리리니 내살은 참된 糧食양식이요 내 피는 참된 飮料음료로다. 내 살을 먹고 내 피를 마시는 자는 내 안에 居거하고 나도 그안에 居거하나니…(요 6:54-56).

예수의 이 말씀은 참으로 중대한 뜻이 있다.

마귀가 비수(匕)로 인간의 살을 발가먹고 피를 마셨기 때문에 인간은 죽음의 존재, 즉 "알의 존재"가 되었는데 뼈만 앙상한 자들에게 살을 붙여 주고 피가 돌게 하여 다시 살려 주기 위하여 예수는 자기 살을 먹고 피를 마시라고 했지만, 귀가 먹은 바리새인들은 이 말씀을 알아듣지 못하고 食人教理식인교리로 오해하고 물러갔다(요 6:60-61).

死사는 歹字알자와 匕字비자의 合成語합성어인데 歹알은 "뼈 앙상함 알" 또는 "살 발린 뼈알"이요, 匕비는 "비수 비"字자로 날카로운 칼을 뜻한다.

마귀는 人間白丁인간백정으로 예리한 비수로 인간의 살을 발가먹고 피를 마신 존재임을 다시 한번 명심하자.

예수의 살과 피를 상징하는 盛饌式성찬식은 骸骨人間해골인간을 다시 살려주는 상징적인 秘義비의가 있음을 명심해야 한다.

10. 主주에 대하여

유대인은 하나님의 이름을 부르기를 피하기 위해 하나님을 부르는 대명사로 아도나이(Adonai), 즉 나의 주님(my Lord)이라 불렀다.

기독교인도 예수의 이름을 대신하여 부를 때 "주"라 한다.

主주 ― "鐙中火主也등중화주야".

主주는 등잔에서 타오르는 火形화형을 본뜬 자다. 예수는 성도들에게 세상을 밝히는 등불이 되라고 했다(마 5:14-16). 인간의 영혼은 하나님이 켜신 등불이었다(잠 20:27). 예수는 어두운 세상을 밝힌 진리의 등불이었다.

성신도 일곱 등불이었다. 主字^{주자}가 본래는 등불의 火形^{화형}을 본 뜬 자였는데 후세에는 君主^{군주}의 뜻으로 사용하게 되었다.

예수는 진리의 君主^{군주}이다.

만왕의 왕, 만주의 주다(계 19:16).

등불을 본뜬 主字^{주자}가 君主^{군주}로 쓰이게 된 데는 原因^{원인}이 있다.

上古時^{상고시}에는 능히 用火^{용화}의 기술을 발명한 사람이 主^주가 되었던 것이다.

神展^{신전}은 一名^{일명} 炎帝^{염제}라 하고, 그 號^호를 然山^{연산}이라 했는데, 그 이름은 불을 뜻하고 있다.

세상의 어둠을 밝히는 참 등불은 예수요, 참 君主^{군주}도 예수이다.

11. 正^정에 대하여

타락한 세상 인간은 바름(正)을 喪失^{상실}한 존재이다.

세상에는 正義^{정의}가 없다.

不義^{불의}와 죄악이 貫盈^{관영}할 뿐이다.

正^정은 一□에 머무는 자리다.

一^일은 하나님을 表象^{표상}하는 數^수다.

인간은 하나의 자리, 곧 하나님의 진리의 자리에 머물 줄 알아야 正行^{정행}할 수 있고, 正義^{정의}로울 수 있다. 이 세상에 正義^{정의}가 없는 것은 진리에 머문 자 없기 때문이다.

아모스 先知者^{선지자}는 외쳤다.

오직 公義^{공의}를 물 같이 正義^{정의}를 河水^{하수}같이 흘릴지로다(암 5:24).

正義^{정의}의 탈을 쓰고 不義^{불의}를 행하는 이 세상에 아모스와 같이 외칠 선지자는 없는가.

이사야는 예수가 正義^{정의}의 왕임을 예언했다.

그 政事^{정사}와 平康^{평강}의 더함이 무궁하며 또 다윗의 位^위에 앉아서 그 나라를 굳게 세우고 自今以後^{자금이후}로 영원토록 公平^{공평}과 正義^{정의}로 그것을 보존할 것이라 萬軍^{만군}의 여호와의 열심히 이를 이루리라(사 9:7).

예수는 하나(一)이신 아버지께 온전히 충성하여 진리에 머문 正^정의 存在^{존재}였다.

12. 맺는말

이상의 『聖經^{성경}』 속에 나타나는 중요한 몇 가지 概念^{개념}을 漢字^{한자}로 해명해 보았다.

漢字^{한자}는 表意文字^{표의문자}이기 때문에 깊은 뜻이 포함되어 있다.

古代^{고대}는 象形文字^{상형문자}나 甲骨文^{갑골문}을 알면 漢字^{한자}의 語源^{어원}을 해명하여 『성경』의 숨은 뜻을 보다 깊게 理解^{이해}할 수 있었을 것이다.

우리는 히브리語^어, 헬라語^어, 라틴語^어를 알아야 『성경』의 바른 뜻을 알 수 있다고 이날까지 생각하고 있다.

수천 년 동안 漢字文化^{한자문화}의 영향 속에서 길들여지고 형성된 東洋人^{동양인}의 心性^{심성}은 漢字^{한자}의 語義^{어의}를 통해 보다 『성경』의 깊은 뜻을 이해할 수 있을 것이다.

IV. 乾卦^{건괘}로 본 예수 小傳^{소전}*

1. 머리말

『周易^{주역}』이라 하면 대부분의 사람들은 身數占^{신수점}이나 치는 미신으로 오해하고 있다.

미아리 고개에 가면 周易占^{주역점}을 치는 점장이 집들이 성업을 하고 있다. "무슨 道士^{도사}", "무슨 靈通人^{영통인}"으로 자칭하며 周易占^{주역점}을 치는 그들도 易^역의 深遠^{심원}한 진리는 조금도 모르고 부질없이 六爻^{육효}만 뽑는 장난을 치고 있을 뿐이다.

『周易^{주역}』은 인류 최고의 지혜서요 최고로 난해한 문서이기 때문에 이것을 해독하지 못한 소인배들이 占^점을 치는 문서로 타락시켰던 것이다.

기독교인들은 『성경』과 『周易^{주역}』과는 아무런 관계가 없다고 생각하고 있다.

더구나 자기들이 소속한 교파의 틀에 굳어지고 교리의 노예로 전락한 심령일수록 다른 종교의 경전을 이단시하는 독선적 사고방

---

* 玄黎民, "乾卦로 본 예수小傳", 「超教派」 85권(1985. 4.): 46-54; "乾卦로 본 예수小傳", 「종교신문」 (1990.12.12), 6. 변찬린 생전에 게재되었던 전자의 글을 싣는다. 후자는 전자와 비교할 때 본문의 취지를 손상시키지는 않으나 편집자에 의해 일부 내용이 수정되었다.

식에서 벗어나지 못하고 있다.

『성경』은 하나님이 인류를 위해 계시하신 문서이기 때문에 다른 종교의 경전과도 깊은 관계가 있음을 명심해야 한다.

『성경』도 제대로 해석할 줄 모르는 기독교 목회자들은 유교, 불교, 도교, 힌두교 경전에는 너무나 무지함을 솔직히 자인하고 겸손한 마음으로 돌아갈 때 초교파나 초종교 운동은 열매를 거둘 것이다.

지금 서구의 과학자들은 『易經역경』의 비밀을 해독하기 위해 心血심혈을 기울이고 있다. 현대 물리학 중 양자물리학을 파고드는 학자일수록 『周易주역』을 공부하고 있는 사실을 우리들은 깊이 인식해야 한다. 『성경』과 『易經역경』은 무관한 문서가 아니다.

우리는 성경적 입장에서 『易經역경』을 이해할 때 온유한 눈길로 다른 종교의 사람들을 대면할 수 있고, 대화의 통로가 열릴 것이다.

『周易주역』에는 64卦괘가 나온다.

그러나 근본은 乾卦건괘와 坤卦곤괘가 있을 뿐이다. 그러므로 乾坤二卦건곤이괘만 정독하면 『易經역경』에 바르게 입문한 것이 된다.

창세기 1장 27절에 보면 하나님은 자기 형상대로 사람을 창조하시되 남자와 여자를 창조하였다고 했다.

『周易주역』에서는 이것을 乾道成男건도성남, 坤道成女곤도성녀로 표명하고 있다.

최초로 창조된 남자와 여자는 아담과 하와였다. 아담은 乾道成男건도성남한 인격이었고, 하와는 坤道成女곤도성녀한 인격이었는데 이들은 타락했다. 때문에 첫 아담 대신 "마지막 아담"으로 오신 분이 예수였다. 아담이 타락 이후 지구상의 유일한 사람은 아담으로 오신 예수였다.

그러므로 주역의 자리에서 보면 예수는 "乾卦^{건괘}=乾爲天^{건위천}"에 해당하는 존재였다.

때문에 乾爲天^{건위천}에 六爻^{육효}를 풀어보면 사복음에 기록된 예수의 생애가 기록되어 있음을 알 수 있다.

건괘를 육효의 부호로 풀이하면 다음과 같다.

乾爲天^{건위천} ䷀

그런데 乾卦^{건괘}에 六爻^{육효}를 풀이할 때 "龍^용"이라는 술어를 사용한다.

기독교에서는 용은 마귀의 상징으로 사용하지만, 易^역에서 사용하는 "龍^용"의 개념은 서양인들이 생각하는 "드라곤"이라는 악마의 개념과는 전혀 다르게 사용된다는 점을 먼저 이해해야 한다.

『周易^{주역}』에서 비유로 사용하는 龍^용은 악마가 아니라 만물을 생성 변화시키는 능력 있는 존재를 상징하므로 聖人^{성인}이나 聖王^{성왕}을 뜻하고 있다.

그럼 이제부터 乾爲天^{건위천}에 나타나는 六爻^{육효}를 풀어 예수의 小傳^{소전}을 구성해 보자.

2. 潛龍^{잠룡}이신 예수

『周易^{주역}』을 보면 乾爲天^{건위천}의 첫 爻^효를 다음과 같이 기록하고 있다.

初九 潛龍勿用 象曰 潛龍勿用 陽在下也.

(잠복한 龍^용함부로 날뛰지 않고 오직 힘을 기르면서 때를 기다린다. 陽^양의 힘이 충만한 龍^용이지만 지금은 아직 아래의 위치에 있는 것이다.)

이 初九^{초구}에 나타난 潛龍^{잠룡}으로 예수의 생애를 풀어보자.

사복음을 사경해 보면 30세가 될 때까지 예수의 생애는 기록되지 않고 있다. 누가복음을 보면 예수가 복음을 가르치기 시작한 때를 30세로 잡고 있다(눅 3:23).

그럼 예수가 3~30세가 되기까지 무엇을 하였을까?

보병궁 복음을 쓴 '리바이 도링'이나 인도의 구루인 '라즈니쉬'는 예수가 30세가 되기까지 인도와 티베트 등을 순례하면서 불교나 힌두교 성자들에게서 명상법을 배우고, 불교나 힌두교, 자아나교의 진리를 전수 받았다고 제멋대로 기록하고 있다.

예수는 30세가 되도록 인도나 티베트에서 수도한 것이 아니라 그는 나사렛 寒村^{한촌}에서 목수 요셉의 가업을 도우면서 無師自通^{무사자통}의 수도 생활을 남몰래 했다.

그는 하나님의 독생자였으나 아직도 민중 속에 깊이 숨어서 나타나지 않은 潛龍^{잠룡}이었다.

30세가 되도록 예수는 나사렛 寒村^{한촌}에서 목수 일을 하면서 가난하고, 병들고, 억눌림을 받고, 소외당한 민중들과 생활을 같이하며 그들의 荒蕪^{황무}한 마음에 복음의 씨앗을 뿌릴 날을 기다리면서 때를 기다리고 있었다.

예수는 가난한 이웃과 함께하면서 인간들이 경험하는 가난의 의미를 깨달았고, 병든 자들과 함께하면서 병든 자들의 고통이 어떤 것인지를 친히 목격하였다. 그뿐만 아니라 그는 눌림 받는 자들과 슬픔을 함께하였고, 민중의 가슴속에 뿌려질 생명의 복음이 무엇인지를 깊이 체험하기 위해 潛龍^{잠룡}처럼 민중 속에 숨어 30년이란 세월을 기다리고 있었다.

예수를 가르친 스승은 아무도 없다. 예수는 生而知之^{생이지지}로 無師自通^{무사자통}한 분이었다. 그는 이미 12세 때 예루살렘 성전에서 랍비들과 진리를 토론할 정도로 開心^{개심}한 소년 예수였다(눅 2:41-50).

나사렛은 역사의 死角地帶^{사각지대}로서 유대인들도 나사렛 사람이라면 경멸하는 버림받은 고장이었다. 온갖 병자, 가난한 자, 불량자, 거지, 熱血黨員^{열혈당원}과 혁명가들 그리고 억눌림을 당한 자들이 우글거리던 고장이었다. 유대교의 랍비들은 갈릴리나 나사렛 사람이라면 비웃었고, 로마의 당국자들도 그들을 경원시하고 있었다.

이런 버림받은 역사의 死角地帶^{사각지대}, 버림받은 민중 속에서 예수는 인간성의 온갖 죄악을 깊이 통찰했고, 버림받은 인간들을 구원하기 위한 십자가의 길을 명상하면서 남몰래 기도하고 있었다. 그러므로 그는 潛龍^{잠룡}처럼 숨어 있는 예수의 존재를 아무도 몰랐고, 목수의 아들로 평범하게 대해 줄 뿐이었다. 복음을 전파하기 위한 준비기간으로 潛龍^{잠룡}처럼 숨어 있는 기간이기 때문에 사복음서에는 30세까지 예수의 생애가 기록되지 않고 있다.

또 성인들은 30세 이전에 나타난 예가 없다. 모세도 40세 때 이스라엘 백성 앞에 나타나지 않았던가. 공자는 "三十而立^{삼십이립}"이라 했다. 30세가 되어야 뜻을 세워 설 수가 있음을 의미한다. 29세에 출가한 부처도 35세에 成道^{성도}했다.

진리를 찾는 道程도정이 이러하거늘 오늘날 목회자 중에는 20대에 유명해지려고 발버둥 치는 자들이 많으니 한심한 현상이 아닐 수 없다.

예수는 30세까지 潛龍잠룡처럼 민중 속에서 가난을 경험하고 그들과 아픔을 같이했기 때문에 예수가 전한 복음은 관념적인 유희의 말씀이 없고, 사변적인 논리의 말씀이 아닌 민중의 심금을 울리는 살아있는 생명의 말씀이었다.

山上垂訓산상수훈의 마지막 구절을 보면 "이는 그 가르치는 것이 권세 있는 자와 같고 저희 서기관들과 같지 아니함일러라"(마 7:29)고 했다.

예수의 말씀은 직업종교인인 서기관들과 랍비들의 설교하고는 차원이 다르고, 質질이 다른 살아있는 말씀이었다.

3. 見龍현룡이신 예수

乾爲天건위천의 두 번째 효는 다음과 같다.

九二 見龍在田 利見大人 象曰 見龍在田 德施普也.
(밭에 나타난 龍大人용대인을 봄이 利이하다. 그 德덕의 영향이 널리 퍼진다.)

30세까지 민중 속에 숨어 제일 낮은 자리에서 남몰래 때를 기다리던 예수가 세례요한이 세례를 주는 요단강에 나타나서 성령을 받고 복음의 길로 나서서 세상에 알려지기 시작한다. 『周易주역』에서는 이것을 현룡(見龍)이라 한다.

見龍在田현룡재전 — 나타난 용이 밭에 있다. 이 밭은 곡식을 농사하는 땅이 아니라 복음의 씨를 뿌릴 인간들의 마음 밭을 뜻한다. 때문에 見龍在田현룡재전이다.

예수는 인간들의 굳어진 石心석심과 가시가 무성한 荒心황심을 개조하여 옥토를 만들어 복음의 씨를 뿌리기 위해 오셨던 것이다. 예수뿐만 아니라 모든 성인들의 사명도 인간 심령을 개조하여 이 땅에 죄악과 불의가 없는 새 시대를 열기 위함이었다.

이사야 선지자는 일찍이 예수의 사명을 다음과 같이 예언했다.

주의 성령이 내게 임하셨으니 이는 가난한 자에게 복음을 전하게 하시려고 내게 기름을 부으시고 나를 보내사 포로된 자에게 자유를 눈먼 자에게 다시 보게 함을 전파하며 눌린 자에게 자유케 하고 주의 은혜의 해를 전파하게 하려 하심이라(사 61:1-2).

이사야 예언처럼 예수는 가난한 자에게 복음을 전하고, 눌린 자와 포로된 자들에게 자유를 주었고, 눈먼 자를 고쳐주었던 것이다. 예수는 見龍현룡이 되기 위해 요단강에서 세례받고 비둘기 같이 임하는 성령을 받고 복음을 가르치기 위해 인간들의 마음 밭에 나타났던 것이다. 그러므로 見龍현룡이 心田심전 위에 나타날 때 大人대인을 보면 利이함이 있게 된다. 大人대인은 곧 예수를 뜻한다. 예수를 쳐다보는 사람은 다 구원을 받았기 때문에 "利見大人이견대인"이라 했다.

그러나 구약적인 유대교에 고착된 바리새교인, 사두개교인들은 예수를 바라보지 않았기 때문에 그들의 마음 밭은 황무지가 되어

버림받았다.

예수는 복음을 증거하면서 그의 덕을 모든 죄인들에게 베풀었다. 그러므로 눈먼 소경이 개안하고, 문둥병자가 청정해지고, 앉은뱅이가 일어나고, 벙어리가 말하고, 심지어 죽은 자까지 일어났던 것이다. 예수의 공생애는 3년이라는 짧은 기간이었지만, 그는 하늘에서 주신 사명을 완수했다.

요단강에서 세례받고 성령강림을 경험한 후 예수는 인간의 마음에 나타난 見龍^{현룡}이 되어 구약의 황무지를 갈아엎고 옥토를 만들기 위한 복음 파종의 농부가 되어 마을마다 찾아다녔다(눅 4:43-44).

4. 終日乾乾^{종일건건}하신 예수

乾爲天^{건위천}의 세 번째 효는 다음과 같다.

九三 終日乾乾 夕惕若 厲無咎 象曰 終日乾乾 反復道也.
(낮에는 온종일 쉼이 없이 일하고 저녁에 삼가고 조심하면 위태한 일이 있을지라도 허물은 없을 것이다.)

요단강에서 성령강림을 체험하고 광야에 나가서 마귀의 삼대 시험을 이긴 후 예수는 복음 전파에 나서서 이스라엘 동리를 돌아다녔다. 예수는 하루도 쉬지 않고 이 마을 저 동네로 다니면서 복음을 전하고, 병든 자를 고쳐주고, 가난한 자를 위로하고, 눌린 자를 자유케 했다. 낮에는 쉬임 없이 일하다 저녁이 되면 그는 한적한 곳에 혼자 가서 하나님께 기도하는 생활을 했다(눅 5:16, 마 14:23 참조).

왜 예수는 종일 乾乾^{건건}히 일하다가 저녁이 되면 혼자 한적한 곳에서 밤새 기도했는가? 그는 낮에는 각종 병자를 고치기 위해 영력을 다 사용했다.

그러므로 다시 하나님께 기도하여 영력을 충전시키고 능력을 얻기 위해 밤새 기도했고 또 낮에 행한 일에 대해 반성하고 조심하기 위해 한적한 곳에 가서 명상에 잠기곤 했다.

예수의 3년 공생애는 항상 바리새인들의 감시를 받는 위기의 생애였다. 그러기 때문에 예수는 그들에게 책잡히지 않고 허물이 없는 청정한 생활을 하면서 항상 자신을 자성하고 채찍질하는 생애를 보내야 했다. 히브리 가자는 예수의 3년 공생애를 다음과 같이 기록하고 있다.

> 그는 육체에 계실 때에 자기를 죽음에서 능히 구원하실 이에게 심한 통곡과 눈물로 간구와 소원을 올렸고 그 경외하심을 인하여 들으심을 얻었느니라(히 5:7).

예수는 밤에는 하나님께 통곡과 눈물로 간구하고, 낮에는 복음을 증거하고 병든 자를 고쳐주었으니 어찌 그에게 허물이 있을 수 있겠는가. 바리새인들의 殺氣^{살기} 때문에 예수는 위험한 생애를 살았지만 결코 흠이나 점이나 티가 있을 수 없었다. 3년이라는 짧은 공생애를 보내면서 예수는 수도와 복귀의 생활을 반복했다. 수도라 함은 밤에 조용한 곳에 나가 하나님께 기도하고 영력을 충전하고 명상으로 자기를 반성하는 생활을 뜻하고, 복귀라 함은 낮이면 민중과 함께 아픔을 같이하며 五餠二魚^{오병이어}의 기적을 베풀고 병든 자를 고쳐주고 천국 복음을 증거하는 것을 뜻한다.

우리들은 예수를 오해할 때가 많다. 그가 하나님의 독생자로 이 세상에 오셨으니 기도도 하지 않고, 수도도 하지 않고, 명상도 하지 않고도 능력을 행하며, 이적을 행하며, 천국 복음을 증거했다고 생각하기 쉽다.

예수는 낮에는 쉬지 않고 복음을 전하고, 한적한 곳에 물러가 밤이 새도록 기도하고 명상하고 능력을 충전한 다음 새 아침이 오면 새로운 활력을 가지고 민중 앞에 나타나 그들과 아픔을 같이하고 위로했던 것이다.

5. 물을 얻으신 예수

乾爲天건위천의 네 번째 효는 다음과 같다.

九四 或躍在淵 無咎 象曰 或躍在淵 進無咎也.
(비약하는 용이 뛰어 솟았다간 다시 못 속으로 잠겨 힘을 축적한다. 허물이 없다.)

龍용이 물을 얻지 못하면 날 수 없다. 潛龍잠룡은 깊은 못 속에 숨어서 때를 기다리지만 때가 되면 솟아올라 風雲造化풍운조화를 부린다. 예수가 노니는 물과 못(淵)은 민중의 마음 밭이었다.

예수는 로마의 학정에 시달리고 유대교에서 외면한 버림받은 민중의 가슴속에 활화산과 같은 자유의 불길이 타오르게 하기 위하여 3년 동안 온갖 기적으로 행하고 복음을 증거하면서 민중의 의식을 눈뜨게 하는 風雲造化풍운조화를 일으켰다. 이 때문에 로마의 정치 당국에서는 예수의 행동을 주목해서 보았고, 유대교의 종교 당국에서는 예수를 잡아 죽일 위계를 꾸미게 된다.

깊은 못을 얻은 龍용이 하늘 높이 날아올랐다가 다시 물속에 잠기듯 예수는 민중 속에서 높이 뛰어올랐다가 또 민중 속에 잠기는 생활을 했다. 그러므로 민중은 예수를 억지로 임금으로 세우려고 했으나 예수는 거부했다(요 6:15).

예수는 세상 권세를 잡은 임금이 아닌 진리의 왕이었는데 민중은 아직 그 사실을 깨닫지 못하고 있었다. 이것은 아직 민중들의 의식이 진리의 나라로 고양되지 못하고 있음을 뜻한다. 예수는 "진리가 너희를 자유케 하리라" 했는데 민중은 자유의 개념을 잘못 이해하고 로마의 정치적 압정에서 해방되는 정도의 자유만 알고 있었지 그 이상의 자유는 모르고 있었다.

인간의 궁극적인 자유는 사망과 죄로부터의 자유를 뜻하는데 이 근원적인 본질적인 자유는 망각한 채 지엽적인 문제인 정치적 자유에 민중들은 열광하고 있었다. 사망과 죄로부터 자유하면 정치적인 자유는 스스로 해결되기 마련인데 타락한 심령을 개조하지 못한 민중들은 그것을 모르고 예수를 임금으로 삼으려고 했던 것이다. 그러므로 예수는 민중 위에 높이 나는 龍용처럼 風雲造化풍운조화를 부리다가도 임금을 삼으려고 하면 다시 민중 속으로 내려와 그들의 마음밭에 복음의 씨를 심는 작업을 하지 않을 수 없었다.

예수가 마귀에게서 시험을 받을 때도 세상 권력을 다 주겠다는 유혹을 받았다. 인간적인 욕망으로 볼 때 임금의 자리를 거절할 자는 없다. 그러나 예수는 세상 임금의 자리를 단호히 거부하면서 자신은

진리의 왕임을 천명했다(요 18:37-38). 세상 임금의 대표격인 빌라도
는 진리의 왕인 예수에게 "진리란 무엇인가"라고 질문했다. 이것은
세상 나라 임금들은 진리를 모르면서 왕 자리에 있음을 뜻한다. 진리
를 모르는 자들이 권력과 폭력으로 인간을 다스리고 있으니 세상이
어찌 평화할 수 있겠는가.

　예수는 진리의 씨를 민중의 마음 밭 속에 심어주기 위해 민중들과
생사고락을 같이했으나 그는 항상 민중 속에 깊이 잠겨 있으면서도
민중을 넘어서 초월하고 있었다.

　하나님이 만유에 내재하시면서 초월하듯이 예수도 민중 속에 있
으면서 항상 민중을 초월하여 하나님의 道도를 가르치고 하늘나라가
무엇인가를 교훈하면서 사랑을 실천하고 있었다.

6. 飛龍비룡이신 예수

乾爲天건위천의 다섯 번째 효는 다음과 같다.

九五 飛龍在天 利見大人 象曰 飛龍在天 大人造也.
(날으는 용이 하늘에 있다. 대인을 보는 자는 利이하다.)

　3년 동안 낮에는 복음을 전하고 병을 고치며, 밤이면 한가한 곳으
로 나가 기도하던 예수도 십자가로 하나님의 구원 사업을 이루시기
위해 예루살렘을 향해 올라가고 있었다. 가이사랴 빌립보 노상에서
자신이 십자가에 달려 사흘 만에 부활할 것을 말했으나 알아듣는
제자는 한 사람도 없었다.

예수는 고독 속에 홀로 길을 가고 있는 존재였다. 3년 동안 스승과 침식을 같이 한 열두 제자들은 예수의 심정을 모르고 있었다.

예수는 자신이 하나님 품에 돌아가는 승천하는 飛龍^{비룡}임을 보여 주기 위하여 세 제자를 데리고 변화산에 올랐다. 예수는 자신의 용모를 변화시켜 햇빛보다 밝은 영광 속에서 엘리야와 모세를 만나서 별세를 의논하고 있었다(눅 9:28-33).

그러나 베드로와 요한, 야고보는 왜 예수가 변화 속에서 엘리야와 모세를 만나고 있는가를 알지 못하고 있었다. 예수는 십자가의 죽음을 앞에 놓고 변화한 몸으로 부활체를 선험하고 있었는데 부활의 뜻을 모르는 제자들은 변화산에서도 잠에 빠져 있었다. 변화산에서 하산한 후 예수는 기회가 있을 때마다 자기가 십자가에 달린 후 3일 만에 부활할 것을 암시했으나 여전히 알아듣는 제자가 없었다.

예수의 공생애 3년은 쉬지 않고 일한 바쁜 생애였으나 예수는 한없이 고독한 인자였다. 그는 자기가 죽을 때가 된 줄 알고 제자를 시켜 예루살렘에 입성하기 위해 어린 나귀를 탄다. 나귀를 타고 예루살렘에 입성할 때 민중들은 종려나무 가지를 흔들며 "호산나"라고 환호한다.

예수는 진리의 왕, 평화의 왕으로 입성하여 타락한 세상 나라 권력과 종교에 의해 정죄를 받는다. 예수는 자기의 죽음을 상징하는 성만찬을 베푼다. 포도주로 자신이 흘리는 피가 속죄의 피임을 나타내고, 떡으로 자신이 진리의 만나임을 나타낸다.

유대교 제사장과 密約^{밀약}한 가룟 유다는 은 30개로 스승을 팔아넘긴다. 오리브산에서 밤새 기도할 때도 세 제자인 베드로, 요한, 야고보는 수마에 빠져 있다. 오직 혼자인 예수는 피 같은 땀을 흘리면서 "이 죽음의 잔을 내게서 옮기시옵소서. 그러나 내원대로 마옵시고 아버지의 원대로 하소서"라고 피눈물로 간구한다.

이때 가롯 유다의 인도를 받은 대제사장이 보낸 깡패들이 예수를 잡아 로마의 법정에 넘겨준다. 예나 지금이나 정치와 종교가 유착될 때 항상 악을 행하게 된다. 예수는 로마의 법에 따라 재판을 받았으나 죽일 만한 죄목이 없었다. 그러므로 빌라도는 예수를 석방하려 했으나 대제사장과 바리새인들과 어리석은 민중들의 고함 소리에 굴복되어 예수를 십자가에 못 박으라고 판결하고 빌라도도 자기는 죄 없다고 손을 씻는다.

유대교의 대제사장과 바리새인들은 예수의 피 값을 자기들과 자기 후손이 담당하겠다고 큰소리치면서 로마 군병을 시켜 골고다에 끌고 나가 십자가에 못을 박아 죽였다.

아리마대 요셉이 파놓은 무덤 속에 예수의 시신을 옮겨놓고 로마 군병들과 바리새인들이 지켰으나 3일 만에 예수는 부활하여 갈릴리에서 제자들에게 나타났다. 예수는 부활 후 40일 동안 이 땅 위에 머물면서 제자들에게 복음 전파를 부탁하고 구름 타고 승천한다.

구름 타고 승천하는 예수를 易^역에서는 登天^{등천}하는 飛龍^{비룡}으로 상징하고 있다.

潛龍^{잠룡}으로 시작한 예수는 飛龍^{비룡}으로 登天^{등천}하여 지금 하나님 우편에 앉아 계시는 구세주가 되었다. 그러므로 飛天^{비천}이신 예수를 보면 구원받기 때문에 利見大人^{이견대인}이 된다.

7. 맺는말

乾爲天^{건위천}의 여섯 번째 爻^효는 "亢龍有悔^{항룡유회}"인데 이것은 마귀와 가룟유다에게 해당되는 것이므로 생략하기로 한다.

走馬看山格^{주마간산격}으로 乾爲天卦^{건위천괘}를 풀어 예수의 생애를 小考^{소고}했다.

건괘를 가지고 사복음을 풀어보면 책 한 권의 분량이 될 것이다.

筆者^{필자}가 이런 류의 글을 쓰는 까닭은 겸손한 기독교 목회자들은 좀 더 다른 종교에 대하여 따뜻한 사랑을 품고 그들의 경전을 한 번쯤 읽어보라고 권고하고 싶었기 때문이다.

기독교인이 독선과 아집이 강하고, 이기심이 많고, 이중인격자들이 많다고 비난받고 있는데 그 원인은 예수만 믿으면 다른 종교를 이단시하고 배격하는 잘못된 교리 때문이다.

유교, 불교, 도교는 한국 심성을 수천 년 지배해 온 사상이었다.

우리 기독교인의 핏속에도 선조들이 믿어온 유불선 삼교의 맥이 흐르고 있음을 인식해야 한다.

한국인의 종교 심성은 서구인처럼 기독교 단색으로 구성된 심성이 아니고 세계의 모든 종교가 혼합된 복합 심성임을 인식해야 한다.

그러므로 한국인들에게 예수를 바르게 증거하기 위해서는 유불선의 이해가 없이는 불가능함을 알아야 한다.

이제는 서양 선교사들이 고정시켜 준 교파와 교리의 視力^{시력}에서 벗어나 한국 심성으로 복음을 증거해야 하지 않겠는가.

V. 아니마와 아니머스*

  정신분석학의 창시자 지그문트 프로이드는 인간의 性慾^{성욕}은 두
가지 콤플렉스가 있다고 설파했다.

  오이디푸스 콤플렉스는 親母相姦^{친모상간}의 성욕이고, 엘렉트라
콤플렉스는 親父相姦^{친부상간}의 성욕을 뜻한다.

  칼융은 인간 심성의 심층을 분석하여 아니마(anima)와 아니머스
(animus)를 말하였다. 남성은 그 영혼과 정신 속에 약간의 여성적인
요소를 지니고 있는데 이것을 아니마라 했고, 여성은 그 본성 속에
약간의 남성적인 요소를 지니고 이것을 아니머스라고 한다.

  오이디푸스 콤플렉스와 아니마, 엘렉트라 콤플렉스와 아니머스
가 어떤 관계가 있는지 정신분석학의 문외한으로서 알 수 없지만
한 번 생각해 볼 가치가 있다.

  『周易^{주역}』을 보면 陰^음 속에는 陽^양이 내포되어 있고, 陽^양 속에 陰^음
이 내포되어 있다고 설명하고 있다.

  『성경』창세기 一章^{일장}에는 하나님이 자기 형상을 따라 남자와
여자를 지었다고 기록하고 있다.

  아니마와 아니머스는 하나님이 남녀 안에 부여한 가장 근본적인

---

* 玄黎民, "아니마와 아미머스," 「종교신문」(1982. 4. 21.).

사람의 心性심성이다. 마르틴 부버가 말한 너와 나(I·Thou)의 관계도 그 근본이 남녀 간의 사랑에서 비롯된 인격적인 공동체를 뜻한다.

그러므로 아니마와 아니머스의 관계로서의 사랑은 가정이며, 거룩하고 깨끗한 가정은 하나님을 예배하고 萬有만유의 理法이법을 실천하는 성전이요 교회가 된다.

萬有만유 안에는 순수한 陽양과 순수한 陰음은 존재하지 않는다. 陰음 속에는 陽양이 있고, 陽양 속에는 陰음이 내재되어 있다.

요새 明洞명동에 나가보면 남자들이 여자처럼 長髮장발에 목걸이, 팔찌를 하고, 엷은 화장까지 한 친구들을 볼 수 있다. 손톱에는 투명한 매니큐어까지 칠하고, 향수 냄새를 풍기면서 활보하고 있다.

남자가 여성화되고, 여성이 남성화되는 이 세태를 프로이드나 칼융은 어떻게 분석할까?

여성 상위 시대라 해서 여성이 남성화되는 타락한 현상을 『周易주역』의 地天泰運지천태운으로 해석해서는 안 된다. 남자는 남자답고 여자는 여자다운 자리에서 사랑하는 것이 하나님의 뜻이요 天地천지의 正法정법이 아니겠는가.

일전 남녀공학을 하는 고등학교에서 교편을 잡고 있는 옛친구를 만났더니 남녀공학의 좋은 점도 있으니 나쁜 점도 있다고 털어놓고 있었다. 남학생은 온순해지고 얌전해지는데 반대로 여학생은 대담하고 거칠어지는 면이 없지 않다고 했다.

남자가 남자다워지고 여자가 여자다워질 때 거룩하고 깨끗한 가정이 생기고, 사회와 국가가 건설될 것이다.

7장

종교비평

I. 靈室日記^{영실일기}*

x월 x일

空間子宮^{공간자궁}

時間男根^{시간남근}의 올가즘

現象^{현상}의 밭, 存在^{존재}의 얼굴들

연쇄된 유기체, 統一場^{통일장}, 宇宙的^{우주적} 그리스도.

x월 x일

前方^{전방}에서 올 者^자, 오고 있는 者^자의 挑戰^{도전}을 받아야 한다.

前方^{전방}에서 올 예수, 오고 있는 예수의 靈^영을 받아야 한다.

前方^{전방}에서 올 하나님, 오고 있는 하나님의 啓示^{계시}를 받아야 한다.

뒤를 돌아보지 말자.

기독교와 諸宗敎^{제종교}의 殘骸^{잔해}가 뒹굴고 있는 저 埃及^{애급}을 돌아
보지 말자.

高揚^{고양}된 場^장, 飛翔^{비상}한 次元^{차원}에서 열리는 새 地平^{지평}을 바라
보면서 靈^영의 時代^{시대}의 여명을 조망하자.

---

* 변찬린, "靈室日記," 「씨올의 소리」 제29호(1973): 28-32.

기독교에서 脫出^{탈출}한 신령한 空白^{공백}의 자리에 앉아 虛無^{허무}의 寒氣^{한기}에 떨면서 올 하나님, 오고 있는 하나님을 기다리는 求道者^{구도자}의 孤單^{고단}한 意志^{의지}는 얼마나 고통스러운 것인가.

모세의 40年^년 曠野^{광야}와도 같은, 예수의 40日^일 曠野^{광야}와도 같은, 現代^{현대}의 曠野^{광야}에서 나는 고행하며 고뇌하고 있다.

긴 겨울, 먼 旅路^{여로}, 모진 獨行^{독행}, 어두운 洞窟^{동굴} 그리고 無^무에 메아리치는 기침 소리.

나는 지금 기독교라는 남루한 衣裳^{의상}을 누더기처럼 걸치고 앉아 無^무의 寒氣^{한기}에 떨고 있다.

아, 정녕 무섭고도 거룩한 이 무덤 같은 空白^{공백}의 자리.

이 자리에 復活^{부활}의 새 消息^{소식}은 있으리라.

x월 x일

기독교라는 이름의 多神教^{다신교}

유일신을 믿는 기독교가 다신교로 전락한 사실은 얼마나 아이로니칼한 모순인가?

그리스도教的^{교적} 多神教^{다신교}

이것이 現代^{현대} 기독교의 증세요 병리다.

희랍인들이 자유분방한 상상력의 힘을 빌려 저 오림포스의 諸神^{제신}들과 神族譜^{신족보}를 만들어 낸 것처럼 역사와 상황 속에서 온갖 神學^{신학}의 亞流^{아류}들과 教派^{교파}를 鑄造^{주조}해 낸 기독교도, 드디어 多神教^{다신교}로 전락했다.

무수한 教理神^{교리신}, 理性^{이성}이라는 이름의 神學神^{신학신}. 그리고 圖書館^{도서관}에 山積^{산적}한 圖書神^{도서신}들, 또 아메바의 分裂^{분열}처럼 늘

어나는 敎派神^{교파신}과 僞覺者^{위각자}와 敵^적그리스도들을 보라.

오늘도 그리스도敎的^{교적} 多神^{다신}숭배자들이 스스로를 기만하면서 자칭 유일신을 믿고 있다고 착각하고 있다.

성직자 당국은 기독교라는 密室^{밀실} 속에서 성도들을 밀봉교육을 시키는 영적 간첩들이며 아편을 밀조하고 있는 정신적인 마약상습범이며 거짓靈^영들과 野合 야합한 마음의 淫女^{음녀}들이 아닌가.

무수한 기독교인들이 현대의 광야에서 방황하며 아론的^적 우상숭배를 하면서 대량으로 학살되어가고 있다.

x월 x일

기독교는 예수의 靈感^{영감}을 훔친 오른편 강도이며 공산주의는 예수의 思想^{사상}을 훔친 왼편 강도이다.

기독교와 공산주의

이 두 놈은 다 함께 하나님에게 심판을 받아야 할 역사적인 강도이다.

참사람 至人^{지인}의 길은 오른편도 왼편도 아닌 中超^{중초}한 中道^{중도}이며 가운데 十字架^{십자가}이다.

저 골고다 언덕을 조망하면서 세 개의 십자가의 暗號^{암호}를 解讀^{해독}하자.

骸骨^{해골}의 언덕에는 세 개의 十字架^{십자가}가 暗號^{암호}처럼 빛나고 있다.

예수가 戰死^{전사}한 십자가는 中道^{중도}의 가운데 자리였고, 오른편 강도 右翼^{우익}은 有神論者^{유신론자} 등과 資本主義^{자본주의}의 자리였고, 왼편 강도 左翼^{좌익}은 無神論者^{무신론자}들과 共産主義^{공산주의}의 자리가 아니었던가.

얼마나 많은 聖職者성직자 當局者당국자들이 예수의 靈영과 자본주의의 侍女시녀로 전락한 기독교들을 혼돈하였고 얼마나 많은 黨員당원들과 공산주의자들이 예수의 思想사상을 훔쳐 하나님 나라를 변질시켰던가.

기독교와 공산주의라는 이름의 두 종교 그리고 이것이 政治化정치화된 두 이데올로기의 강도는 역사의 종말에 死滅사멸될 것이다.

기독교는 거짓 先知者선지자로 전락했고, 공산당은 敵적그리스도로 타락했다.

새날의 前方전방에서 열려오고 있는 새 地平지평은 가운데 十字架십자가인 예수의 자리가 새롭게 게시되는 中道중도의 자리가 아니면 안된다.

x월 x일

기독교의 神신은 訃告부고를 내고 發靷발인한지 오래다. 喪主상주와 嗣子사자는 기독교와 공산주의이며 그 護喪호상꾼들은 예수의 정신을 변경시킨 現代현대의 神學者신학자들과 黨員당원들이다.

니체 以後이후 내가 神신의 訃音부음을 듣고 山산 밑에 와서 보니 아직도 僞神위신과 假神가신들이 졸개를 거느리면서 개판을 치고 있다.

나는 지금 거룩한 空白공백의 場장에 서 있다.

새 神신은 오고 있으나 아직 나타나지 않았다. 낡은 神신은 죽었으나 아직 그 亡靈망령이 없어지지 않았다.

나의 途上도상의 後方후방에서는 야웨神신이 소리 없이 흐느끼고 있으며 나의 前方전방의 희미한 여명 속에는 참 神신의 노래가 먼 메아리처럼 울려오고 있다.

이 空白^{공백}의 場^장

허통 빈 이 마당이야말로 많은 僞神^{위신}들이 나타날 可能性^{가능성}이 있으며 거짓 靈感^{영감}이 무수하게 挑戰^{도전}할 수 있는 자리가 아닌가. 참 하나님의 靈^영이 아닌 空中^{공중}의 流離^{유리}하는 靈^영과 邪鬼^{사귀}와 怨鬼^{원귀}들이 하나님의 假面^{가면}을 쓰고 도전해 오고 있다.

이 可恐^{가공}할 종교적 사기, 교묘한 靈的^{영적} 야바위에 기만당한 현상이 기독교를 표방한 신령운동이며 신흥종교의 발생이다.

참 覺者^{각자}는 이 靈的^{영적} 혼돈, 정신적 암흑의 심연 속에서 참 속 및 內的^{내적} 光明^{광명}을 찾아 現代^{현대}의 無明^{무명}을 깨트려야 한다.

거짓 先知者^{선지자}와 敵^적그리스도의 궤휼을 훼파하자.

새 啓示^{계시}가 오기 전에, 참 神^신이 顯現^{현현}하기 전에 거짓 靈感^{영감}과 假神^{가신}을 도전해야 한다.

x월 x일

肉^육의 種^종으로서의 나는 靈^영의 種^종으로 돌연변이를 일으켜야 한다.

다시 한번 거룩한 번갯불은 내 腦核^{뇌핵}을 때려 나를 超人^{초인}의 新品種^{신품종}으로 改良^{개량}시켜야 한다. 이것이 重生^{중생}이며 이것이 復活^{부활}이다. 하나님은 거룩한 農夫^{농부}.

얼마나 열심과 성의를 다해 人間^{인간}의 品種^{품종}을 개량하셨던가.

創造^{창조}와 進化^{진화}의 秘義^{비의}는 "씨改良^{개량}"의 역사이며 이것을 文書化^{문서화}한 것이 종교의 경전이다.

방사선 농학으로 농부가 볍씨를 개량하듯 인간의 魂^혼과 정신과 마음을 진화시키는 "靈的^{영적} 불"이 곧 聖靈^{성령}이었다.

聖靈성령의 불에 照射조사되어 모든 낡은 관념이 洗腦세뇌되고 마음은 開發개발되어야 한다.

옛날 果木과목에 달린 원숭이가 신령한 번갯불을 맞고 나무에서 떨어져 地上지상에서 直立직립하듯 善惡선악나무에서 善惡선악의 열매를 따 먹고 있는 "理性이성의 원숭이"인 나도 거룩한 성령의 번갯불을 맞고 善惡선악나무에서 떨어져 至人지인으로 而立이립해야 하며 生命생명나무 밑에서 고요히 安息안식해야 한다.

그러므로 나는 創造창조된 존재가 아니라 지금 창조되고 있는 존재이며 하나님은 安息안식하고 있는 존재가 아니고 아직도 일을 하고 계시는 존재이다.

열려오고 있는 靈영의 時代시대를 향해 번갯불은 내 暗核암핵을 때려 至人지인으로 特化특화해야 한다.

지진은 터지고 화산은 폭발해야 한다.

x월 x일

내가 逍遙소요할 영원의 場장과 次元차원이 있음을 알고 있다.

現存현존한 나는 途上도상의 존재이며 벗어버려야 할 假面가면임을 알고 있다.

잠시 후 곡식을 익게 하는 聖靈성령의 불이 가을의 陽光양광처럼 고독한 나의 腦核뇌핵을 照射조사하여 靈영으로 收斂수렴할 것이다.

바위에서 生命생명이 脫出탈출하고 生命생명에서 意識의식이 脫出탈출하고 意識의식에서 정신이 脫出탈출하고 정신에서 靈영과 黨당이 탈출할 때, 나의 創造창조의 脫出記탈출기는 끝나고 나는 오메가 點점에서 하나님과 만날 것이다.

創造的進化^{창조적진화}는 존재의 脫出記^{탈출기}임을 깊이 깨닫고 있다.

나는 지금 動的^{동적} 進化^{진화}의 尖端^{첨단}에 서서 고독히 血行^{혈행}하며 길을 가고 있다.

잠시 후 生命^{생명}나무 맨 윗가지에서 靈^영이 번갯불 속에 分化^{분화} 될 것을 나는 알고 있다.

x월 x일

時間^{시간}이 썩는 늪에 천둥 번갯불이 挑戰^{도전}했을 때 최초의 생명 이 발생했다.

이후 시간의 長江^{장강}이 굽이쳐 영원한 바다가에 사람의 形像^{형상} 을 한 남녀가 부동켜 안고 海潮音^{해조음}을 듣고 있었다.

늪에서 썩은 시간의 내음!

나는 그 악취를 지금도 무의식의 심층에서 기억하고 있다.

그리고 굽이쳐 흘러간 시간의 여울 소리를 의식의 흐름에서 듣고 있다.

시간이 썩는 늪에서 방황하며 고뇌하던 나의 피 묻은 太初^{태초}의 나날들.

저 아메바와 兩棲類^{양서류}와 爬蟲類^{파충류}와 척추동물의 연쇄하는 의미를 명상하고 있다.

다시 한번 내 머릿골 속에 번갯불은 울려야 한다.

마지막 進化^{진화}의 頂上^{정상}에서 내 魂^혼은 날개가 돋쳐 飛翔^{비상}해 야 한다.

아! 얼마나 무수한 假面^{가면}을 깨면서 나는 進化^{진화}해 왔던가?

나는 지금 진화의 맨끝가지에 앉아 있는 한 마리의 새(鳥)이다.

최초의 飛存^{비존}이다.

聖空間^{성공간}, 靈次元^{영차원}을 향해 날개야 돋쳐라.

x월 x일

神學^{신학}의 公害^{공해} 속에서 병든 심령들에게 新風^{신풍}은 불어와야 한다.

觀念飛行^{관념비행}을 하고있는 자들이 空中^{공중}의 曲藝^{곡예}를 즐기면서 타조처럼 날개가 退化^{퇴화}한 기독교인들을 量産^{양산}해내며 "타조의 飛術^{비술}"을 가르치고 있다.

타조에게 새 地平^{지평}이란 없으며 神學^{신학}의 참새들에게 새 飛翔^{비상}의 次元^{차원}이란 없다.

기독교에서 脫出^{탈출}하라

지금은 영원한 자리, 하나님의 마당에서 깃을 칠 때이며 창조적 진화의 힘은 인간을 거룩한 共同體^{공동체}인 超人^{초인}으로 高揚^{고양}하여 特化^{특화}할 것이다.

x월 x일

德^덕은 터럭보다 가비야운 것

飛翔^{비상}하는 혼은 이 말씀의 참뜻을 깨달아야 한다.

나는 얼마나 많은 重量^{중량}에 의해 飛翔^{비상}아닌 추락을 맛보았던가?

肉慾^{육욕}의 重量^{중량}, 知識^{지식}의 重量^{중량}, 觀念^{관념}의 重量^{중량}, 思想^{사상}의 重量^{중량}이 날개를 압도하여 나의 飛翔^{비상}을 방해하였던가?

II. 다시, 山_산에 부치는 글*

시내山_산으로 入山_{입산}한 모세여

하나님을 對面_{대면}하고 거룩한 불을 받으려고 붉山_산으로 退修_{퇴수}한 모세여,

그대 四十日_{사십일}이 다되도록 왜 消息_{소식}이 없는가?

이 時代_{시대}의 苦惱_{고뇌}를 짊어지고 解答_{해답}을 얻으려고 入山_{입산}한 빛나는 영혼이여!

마음 그릇에 재(灰)를 담아가지고 하나님의 불꽃을 얻어 世界心田_{세계심전}의 荒蕪地_{황무지}를 개간하려고 變化山_{변화산}으로 避靜_{피정}한 정신이여!

그대 四十日_{사십일}이 다 되도록 왜 消息_{소식}이 없는가?

山_산 밑을 보라.

저 아스라이 보이는 山_산 밑 現代_{현대}의 曠野_{광야}를 보라.

애굽을 脫出_{탈출}한 무리들이 生命_{생명}의 물을 찾아 방황하며 영혼의 갈증을 해갈하려고 몸부림치는 心靈_{심령}의 荒地_{황지}를 보아라.

山_산 밑에서는 지금 금송아지 偶像_{우상}을 鑄造_{주조}하고 있다.

無名_{무명}과 혼돈의 深淵_{심연}

---

* 변찬린, "다시 산에게 부치는 글," 「씨올의 소리」 제16호(1977): 16-21.

이데올로기의 괴뢰들이 아우성치는 빈들에서 지금 아론은 출애굽한 무리들과 더불어 금송아지 偶像^{우상}을 부어만들고 있다.

現代^{현대}의 曠野^{광야}에서 영혼은 商品^{상품}으로 전락하고 참自由^{자유}를 喪失^{상실}하고 사이비 自由^{자유}를 누리는 어릿광대들이 비계낀 면상을 번들거리면서 타락의 毒酒^{독주}에 大醉^{대취}하면서 괴뢰의 탈춤을 추고 있지 않느냐.

白晝^{백주}의 어둠 속에서 도깨비들의 哄笑^{홍소}소리가 들리지 않느냐?

그뿐인가? 壁^벽을 보라, 出口^{출구}없는 壁^벽을 보라.

무수한 假面^{가면}들이 어릿광대 表情^{표정}으로 씨올들을 희죽희죽 비웃고 있지 않느냐.

또 공갈하고 호령하고 선전하는 소리들이 들리지 않느냐.

出口^{출구} 없는 壁^벽 속에서 핏발선 카인의 後裔^{후예}들이 殺氣^{살기}를 발하면서 이빨을 갈고 있지 않느냐.

붉山^산에 올라간 모세여,

그대는 지금 무엇을 하고 있는가?

여호수와와 더불어 어느 岩穴^{암혈} 속에서 기도를 하고 있는가?

황금 송아지를 鑄造^{주조}한 바알의 神^신들이 은밀하게 씨올들에게 혼음을 강요하는데 그대는 어찌하여 더디 下山^{하산}하려 하는가?

보라, 저 무궁한 창공에 飛跡^{비적}을 그리며 날아가는 自由^{자유}의 독수리를…

그 독수리가 날아오르기까지 얼마나 많은 날 忍苦^{인고}의 세월을 反芻^{반추}하면서 알(卵)을 품고 있었던가?

살(煞)이 낀 뱀의 狀況^{상황}.

巫氣^{무기}와 鬼氣^{귀기}가 인광처럼 번뜩이는 창살 없는 감옥 속에서 노리고 공갈하고 감시하고 비웃고 건들거리는 저 蛇類^{사류}들을 보라.

내가 이사야의 입을 빌려 豫言^{예언}하랴.

아니면 예레미야의 입을 빌려 豫言^{예언}하랴.

"내가 왔어도 사람이 없었으며 내가 불러도 대답하는 자가 없었음은 어쩜이뇨"(사 50).

"내가 본즉 사람이 없으며"(렘 4).

光化門^{광화문} 네거리에서 보라.

흔의 心靈^{심령}들이 그 머리로부터 온몸에 사무쳐 오는 빛을 마침 내 보선코에서까지 떠받들어 온 하늘에 光明^{광명}이 넘실거리던 光化 門^{광화문} 네거리. 世界史^{세계사}의 네거리.

그 빛의 거리에서 보라.

텅 빈 서울 長安^{장안} 世界市場^{세계시장} 그 어느 골목에 참 사람이 있 더냐?

거리마다 골목마다 넘실거리는 人波^{인파}는 한결같이 假人^{가인}이 아 니더냐.

아벨을 살해한 가인이 아니더냐?

영혼을 商品^{상품}처럼 팔아버리고 사람의 값어치를 몇 푼 지폐로 바꾼 自由^{자유}없는 헛개비들이 골목마다 쏟아져 나오고 있지 않더냐?

정신과 영혼과 마음을 아론이 鑄造^{주조}한 금송아지 偶像^{우상}에게 팔아넘긴 대가로 기름진 비개덩이들이 명개질 한 이마를 번들거리 면서 花蛇^{화사}의 넥타이를 旗^기빨처럼 날리면서 금송아지에게 예배하고 있지 않더냐?

참 사람이 없는 世界心세계심.

디오게네스처럼 누더기 옷을 걸치고 달빛 찬란한 거리에서 등불을 들고 사람을 찾아보자.

얼굴마다 娼妓창기의 웃음을 흩날리면서 生存생존을 구걸하고 있는 수갑 없는 生생의 노예들이 아닌가.

倭小化왜소화한 小人소인들의 거리.

숱한 假人가인들이 스스로 "사람"인 체 착각하면서 살고 있는 패역한 世代세대.

아, 깊이 뚫어보면 모두가 落葉魂낙엽혼인 것을⋯

흔바람 聖靈성령의 新風신풍이 불면 光化門광화문 네거리에 뒹구는 銀杏은행잎 같은 허망한 落葉魂낙엽혼인 것을⋯

예수의 打作타작마당에서면 다 겨같이 흩어질 가라지들이 아닌가?

모세여

漢拏山한라산에 올라간 모세여.

그대는 지금 돌碑비를 받고 있는가?

역사에 물음에 대답하기 위하여 이 시대의 고뇌를 풀기 위하여 그대는 지금 하나님의 啓示계시를 받고 있는가? 죄악의 이 민족, 반신불수의 이 나라를 건지기 위하여 하나님의 密旨밀지를 받고 있는가?

잠시 기도를 멈추고 저 山산 밑 世界曠野세계광야를 보라.

소련에서 체코에서 東歐동구에서 극동에서 지금 무수한 재판들이 벌어지고 있다.

非眞理비진리가 眞理진리를 定罪정죄하고 폭력이 自由자유를 억압하고 蛇心사심이 良心양심에게 침을 뱉고 盜頭도두들이 義人의인들을 향해 돌을 던지며 심판의 칼을 휘두르는 우수광스러운 재판이 벌어지고 있다.

빌라도는 예수에게 이렇게 물었다.

"眞理^{진리}가 무엇이냐?"

이 新版^{신판} 빌라도의 무리들이, 진리도 모르는 로마 軍兵^{군병}들이, 진리의 化身^{화신}인 예수를 재판하고 있지 않느냐.

이것이 세상나라 역사가 아닌가.

지금 羊^양들은 늑대의 아가리에서 떨고,

오직 良心^{양심}과 自由^{자유}와 正義^{정의}와 人權^{인권}을 위한 떳떳한 罪目^{죄목} 때문에 우리들의 兄弟^{형제}들을 世界心田^{세계심전}의 도처에서 재판을 받고 있다.

권력과 정치폭력과 금송아지.

이 세상나라 三個神^{삼개신}을 거부함으로서 이 時代^{시대} 깬 良心^{양심}들이 지금 정치재판을 받고 있는 것이다.

역사의 혹한 속에서 自由^{자유}의 알을 37度^도의 희미한 체온으로 품고 있는 獅子魂^{사자혼}들이 아닌가.

감옥에서 정신병원에서 世界^{세계}의 良心^{양심}들은 지금 재판을 받고 있다.

邪^사된 蛇心^{사심}들이 羊心^{양심}을 심판하는 우수광스러운 재판을 씨울들은 깊이 지켜보자.

모세여,

붉山^산에 올라간 모세여,

漢拏山^{한라산}에 올라간 모세여,

빨리 石版^{석판}을 들고 역사의 네거리 世界史^{세계사}의 廣場^{광장}인 光

化門^{광화문} 네거리로 돌아오라.

아론의 마른 지팡이에서 살구꽃이 피듯, 죽은 枯木^{고목}에서 自由^{자유}의 꽃은 피고 예수를 復活^{부활}할 것이다.

우리는 저 무서운 凍土帶^{동토대}에서 외치는 샤하로프와 솔제니친의 절규에 박수하자. 그리고 이 나라의 늙은이에게 박수를 보내자.

백발을 惺惺^{성성}하게 바람에 날리면서 오직 사람의 값어치를 하기 위하여 "죽을 때까지 이 걸음으로" 道行^{도행}하고 있는 외로운 늙은이에게 따뜻하고 사랑의 키스를 보내자.

부끄럽구나!

이 나라의 知性^{지성}은 어디 있으며 젊은 野性^{야성}들은 지금 어느 蛇穴^{사혈} 속에서 冬眠^{동면}을 하고 있느냐.

슬프다. 예레미야의 哀歌^{애가}를 부를지어다.

"밤새도록 哀哭^{애곡}하니 눈물이 뺨에 흐르고 사랑하던 者^자 中^중에 위로하는 자가 없고 친구도 다 배신하여 원수가 되었도다"(애 1:2).

어리석도다

平土葬^{평토장}한 무덤 같은 이 나라 宗敎界^{종교계}의 여우들이여.

더러운 저들은 日本時代^{일본시대}에는 神社參拜^{신사참배}의 괴뢰노릇을 하더니 오늘은 샤마니즘과 폭력의 갈보로 전락하였다.

깨고 깰지어다. 또 깰지어다.

잠자는 世界心田^{세계심전}의 良心^{양심}들이여.

예수의 十字架^{십자가}를 지고 우리 다 같이 골고다를 향하여 가자.

피 흘림이 없으면 속죄함이 없다(히 9:22).

예수의 피가 세계사의 네거리에 낭자하거늘 어찌하여 구속받은 사람들의 數^수가 이다지도 없느냐

사람의 값어치를 깨닫지 못하고 짐승의 次元^{차원}에서 우상에게 절하는 假人^{가인}들아,

깨고 깨고 또 깰지어다.

世界心田^{세계심전}에서 자유가 얼어붙고 인권이 凍破^{동파}되고 言論^{언론}이 凍死^{동사}한 이 네거리에 진리의 횃불을 들고 예수는 올 것이다.

보라 날이 이를지라. 내가 기근을 땅에 보내리니 양식이 없어 주림이 아니며 물이 없어 갈함이 아니요 하나님의 말씀을 듣지못한 기갈이라(암 8:11).

지금이 바로 그때가 아닌가.

까마귀 같은 신전의 잡음이 홍수처럼 범람하고 있지만 참 하나님의 말씀이 없어 기갈을 당하고 있는 씨올들이 아닌가.

하나님과 씨올 사이의 言路^{언로}를 막고 있는 누시엘 사단아.

네가 어느 때까지 世界心田^{세계심전}을 황폐시키겠느뇨.

지금은 어두움의 권세니라.

허나 이 凍土帶^{동토대}에도 解氷^{해빙}의 바람이 불어오시리.

씨올들아!

우리를 향하여 春風^{춘풍}처럼 예수는 오고 있다.

잠시 후 聖靈^{성령}의 바람이 불어오시리.

우리는 몸을 씻고 금송아지에게서 받은 귀고리를 버리고 신부의 단장을 하자.

신랑이신 예수가 지금 역사의 네거리에 오고 있는데 언제까지 금송아지 품에 누워 단잠에 겨워 있겠느뇨.

들판에 나가 古木^{고목}을 보라.

自由^{자유}를 겨냥하는 砲手^{포수}의 魔彈^{마탄}에 참새떼들은 다 날아가고 빈 空中^{공중}에는 몇 마리 까마귀가 吊歌^{적가}를 부르고 사라지지만 오래지 않아서 늙은 古木^{고목}에는 鳳凰^{봉황}이 깃들 것이다.

五色^{오색} 무늬의 새.

저 바람새 봉황이 나래칠 것이다.

自由^{자유}는 새이다.

自由^{자유}는 불새이다.

죽은 잿더미 속에서 날아오르는 不死鳥^{불사조}이다.

추위에 떠는 씨올들아

로마 軍兵^{군병}들이 自由^{자유}의 屍神^{시신}인 예수를 무덤 속에 굳게 印封^{인봉}하고 把守^{파수}하여도 3日後^{일후}면 예수는 무덤의 권세를 깨고 승리할 것이다.

예수=自由^{자유}는 復活^{부활}할 것이다.

믿음이란 무엇인가.

復活^{부활}을 믿는 것이 믿음 아닌가

福音^{복음}이란 무언가, 우리를 자유케 하는 消息^{소식}아닌가.

스탈린 같은 독재자가 무쇠무덤을 만들어 그 속에 '예수=自由^{자유}'를 넣고 전기용접으로 무덤 入口^{입구}를 封^봉하여도 예수=자유는 그 무쇠무덤을 깨뜨리고 다시 復活^{부활}할 것을 우리는 굳게 믿자.

"믿음이 너를 구원하였다"

이것이 예수의 말씀 아닌가.

모세여,

씨을들은 出埃及^{출애굽}을 하였으나 途上^{도상}에서 바알神^신에 미혹되어 애굽을 뒤돌아보며 금송아지 우상을 만들고 精力劑^{정력제}인 메추라기를 먹다 멸망당하는 낡은 종교의 영역에서 헤메이고 있다.

이 낡은 무리는 역사의 曠野^{광야}에서 다 사멸돼 가도 새로운 세대가 여호수아로 더불어 가나안으로 進軍^{진군}할 것이다.

이 시대의 여호수아는 나다. 너다. 우리다.

모세가 불을 가지고 下山^{하산}하여도 그대는 패역한 이스라엘 때문에 자유의 땅 가나안 복지로 復歸^{복귀}하지 못하였다.

모세는 므리바盤石^{반석}을 두 번 친 실수로 인하여 가나안으로 들어가지 못하고 바스가山^산에서 約束^{약속}의 땅 가나안을 眺望^{조망}하면서 그 영혼과 정신은 가나안에 들어갔으나 늙은 몸은 60萬^만 出埃及^{출애굽}한 낡은 무리와 더불어 曠野^{광야}에 묻혔다.

하나, 그 道脈^{도맥}은 여호수아가 있지 않았던가.

約束^{약속}의 땅으로 향한 自由^{자유}의 旗手^{기수} 여호수아!

여호수아는 새 무리를 이끌고 自由^{자유}의 新天地^{신천지} 가나안으로 힘차게 進軍^{진군}하였다.

씨을들이여

여리고城^성을 멸망시킨 하나님의 羊角^{양각} 나팔소리가 들리지 않느냐

진군의 호령소리가 들리지 않느냐

어느 때까지 무서워 떨면서 애굽을 뒤돌아보겠느냐

어느 때까지 바알神신들과 密通밀통하겠느냐

어느 때까지 두 사이에서 머뭇머뭇 하겠느냐

가자! 저 가나안으로!

約束약속의 땅 자유의 새천지 가나안으로 힘차게 진군하자.

하나님의 法櫃법궤 자유의 聖筆성필을 메고 광야에서 쓸어진 낡은 무리들의 屍身시신을 밟으면서 羊角양각 나팔소리에 발맞추어 앞으로 나가자.

우리 앞에서는 새 시대의 신랑 예수가 오고 있다.

우리들의 신랑 예수를 맞이하기 위하여 우리는 신부의 단장으로 가나안 땅을 향해 앞으로 나가자.

主주의 영이 계신 곳에는 자유함이 있느니라(고후 3:17).

진리가 너희를 자유케 하리라(요 8:22).

III. 敎派^{교파}의 鑄型^{주형}*

하나님의 말씀과 예수의 福音^{복음} 속에는 무슨 교파, 무슨 교회, 무슨 이데올로기가 없다. 종교가 타락되어 본래 모습을 상실할 때 교파의 간판이 나붙기 시작한다.

예수 당시에도 사두개파와 바리새파와 에세네파가 있어 구약 유대교는 삼분되어 있었다.

[토라]□ 모세 5경을 똑같이 읽으면서 사두개파는 부활도 믿지 않고 천사와 심판과 내세도 믿지 않았고, 반대로 바리새파는 부활과 천사와 심판과 내세를 믿었다. 에세네파의 신앙생활은 엄격한 규범과 경건한 求道^{구도} 속에서 사두개파와 바리새파를 타락한 제사장, 예루살렘 宗敎商人^{종교상인}으로 매도하면서 그들은 사회 부근의 동굴 속에서 은둔생활을 하면서 하나님의 나라를 기다리고 있었다.

사두개파와 바리새파, 에세네파는 저마다 자기들의 교파만이 하나님을 제일 잘 믿는다고 착각하고 있었지만 예수가 전한 福音^{복음}의 입장에서 볼 때 그들은 한결같이 교파의 鑄型^{주형}에 굳어진 죽은 심령들이었다. 우리들은 수많은 교파가 양산된 현대적인 상황 속에 살고 있다.

---

* 한박산, "敎派의 鑄型," 「종교신문」(1982. 9. 8.).

순수한『성경』의 자리에서 하나님을 믿는 것이 아니라 교파의 鑄型^{주형}에 찍혀 변질되고 塗裝^{도장}되고 미화되어 정형수술을 받은 非福音的^{비복음적}인 교파의 예수를 참 예수로 오해하고 있다.

초신자가 교회에 출석할 때 그들은『성경』속에 기록된 진리에 접하기 전에 교파의 鑄型^{주형}에 찍혀 교회의 노예로 전락하고 만다. 순수한『성경』의 말씀을 믿는 것이 아니라 교회화된 비복음의 神學^{신학}을 믿으면서 참 하나님을 믿는다고 착각하고 있다.

무수한 교파와 교리의 밀봉교육을 받으면서 그 鑄型^{주형} 속에 囚人^{수인}처럼 갇혀 교회 상품처럼 찍혀 나오는 것이 현대 신앙인들의 모습이다.

참믿음의 자리란 교파의 주형에서 자유하고, 교리의 질곡 속에서 해방된 자리이다. 예수는 우리를 자유케 하려고 왔지만 어리석은 인간들은 또다시 교파와 교리의 주형을 만들어 우리를 종교적으로 노예화하고 있다.

현존하는 우리들은 자신도 모르는 사이에 교파의 노예로 전락되고 교리의 꼭두가 되어 자기 교파만이 정통이고 그 밖에는 다 이단이라는 독선과 아집에 사로잡혀 죽은 교리에 춤을 추고 교회를 앵무새처럼 노래하고 있다.

우리들은 이러한 교파의 鑄型^{주형}에서 자유하고 교회에서 해방될 때 다시 오시는 예수와 邂逅^{해후}하게 될 것이다.

교파의 鑄型^{주형}을 부셔버리고 교회의 소라 껍질을 깨뜨릴 때 절대 자유한 영혼과 정신은 독수리같이 飛翔^{비상}하여 영원하신 하나님과 만날 것이다.

IV. 바다의 心性^{심성}*

老子^{노자}는 水質^{수질}의 겸손함을 가장 찬양한 聖人^{성인}이다.

上善若水/水善利萬物而不爭/處衆人之所惡/故幾於道
(지극히 착한 것은 물과 같다. 물은 만물을 이롭게 하고서도 다투지
않고 뭇사람이 꺼리는 곳에 있나니 그러므로 도에 가깝다 할 수 있다.)

물은 낮은 데로 흐르는 德^덕이 있고 이 성질은 道人^{도인}의 겸손을
상징한다. 물은 낮은 데로 흘러 드디어 바다에 이른다. 그러므로 老
子^{노자}는 다음과 같이 말한다.

江海所以能爲百谷王者/以其善下之/故能爲百谷王/是以聖人/欲上人/
以基言下之/欲先人/以基身後之
(강과 바다가 모든 골짜기의 왕이 되는 것은 그 몸을 낮은 곳에 두기
때문에 모든 골짜기의 왕이 된다. 그러므로 성인이 남의 위에 서려
고 하면 그 말씀을 낮추어 하고 남의 앞에 서려고 한다면 그 몸을
뒤로 돌린다.)

---

* 한박산, "바다의 心性", 「종교신문」(1982. 9. 29.).

老子노자는 聖人성인의 心性심성은 모든 江강이 흘러든 바다 자리가 되어야 한다고 力說역설하고 있다. 예수처럼 겸손한 사람은 다시 없다. 『성경』은 예수의 겸손을 다음과 같이 표현하고 있다.

너희 안에 이 마음을 품으라 곧 그리스도 예수의 마음이니 그는 근본 하나님의 本體본체시나 하나님과 동등됨을 취할 것으로 여기지 아니하시고 오히려 자기를 비어 종의 형상을 가져 사람들과 같이 되었고 사람의 모양으로 나타나셨으며 자기를 낮추시고 죽기까지 服從복종하였으니 곧 십자가에 죽으심이라(빌 2:5).

이 성구는 예수의 겸손을 가장 잘 표현한 성구이다. 모든 求道者구도자와 종교인과 道人도인들은 겸손해야 한다.

교만은 마귀의 시임을 自證자증하는 악덕 중의 악덕이다. 그런데 요즘 종교 지도자들과 求道者구도자들은 왜 毒蛇독사처럼 교만한지 알수가 없다. 虛名허명을 좋아하고, 자기 선전 자기과시를 일삼고, 黨당을 짓고, 남을 定罪정죄하고, 돈을 좋아하니 종교의 탈을 쓴 거짓 선지자 삵군 牧者목자가 아닐 수 없다.

물처럼 그들은 낮은 데로 臨임하는 것이 아니라 높은 자리와 감투와 虛名허명을 탐하고 있으니 종교의 탈을 쓴 장사꾼이 아닐 수 없다. 요즘 교회는 企業化기업화되어 가고 있다. 절도 마찬가지로….

물처럼 낮은 데로 臨임하여 드디어 바다 자리에 이르는 大人대인의 心性심성을 소유한 참 종교인들이 있어야 할 때가 현대이다.

종교적인 도선, 아집, 편견을 버리고 물처럼 겸손하게 흘러 바다로 가자.

V. 巫^무의 食性^{식성}＊

샤마니즘은 어떤 高等宗敎^{고등종교}도 가리지 않고 먹어 치우는 왕성한 식성이 있다. 샤마니즘의 위장은 모든 종교를 消和^{소화}하고도 배가 고파 무저항 같은 아가리를 벌리고 있다.

인간의 무의식 속에 출렁거리는 巫^무의 心性^{심성}은 가장 원시적인 종교의식이다. 現意識^{현의식}이 無意識^{무의식}의 터 위에 자리하듯 모든 高等宗敎^{고등종교}도 그 뿌리는 샤마니즘의 心情^{심정}에서 움트고 있다.

한국인의 무의식 속에 녹아든 原初的^{원초적}인 心性^{심성}도 애니미즘과 샤마니즘이었다.

불교가 이 나라에 수입된 이래 샤마니즘의 위액 속에 녹아 한국불교는 巫堂佛敎^{무당불교} 祈福佛敎^{기복불교}로 변신되고 轉落^{전락}되었다. 山神閣^{산신각}과 七星閣^{칠성각}은 샤마니즘의 變形^{변형}이다. 道敎^{도교}도 儒敎^{유교}도 샤마니즘의 왕성한 食慾^{식욕}에 먹혀 변질되었다.

기독교는 어떤가? 기독교도 예외는 아니다. 부흥회에서 일어나고 있는 降靈方言^{강령방언}, 治癒^{치유}, 按手^{안수}, 축복 등의 종교 현상은 기독교도 샤마니즘의 원액 속에 용해되고 있음을 보여주고 있다.

기독교 샤마니즘! 이것이 한국 기독교의 現住所^{현주소}이다. "물질

＊ 玄黎民, "巫의 食性," 「종교신문」 (1982. 4. 14.).

축복", "사업 축복", "영혼 축복"을 남발하는 復興師^{부흥사}들의 공언은 무당들의 말과 하등 다를 바 없다.

샤마니즘의 食性^{식성}은 모든 高等宗敎^{고등종교}를 집어삼키고 변질시키는 위장을 소유하고 있기 때문에 무수히 발생하는 신흥종교는 混合主義^{혼합주의}(Syncretism)에 떨어진다.

요즘 무당들은 굿할 때 단군, 석가, 공자 노자의 이름과 더불어 예수와 마호메트의 이름까지 부르고 있는데 이것은 巫^무의 食性^{식성}이 신크리티즘을 즐기고 있음을 나타내고 있다.

본래 한국인은 비빔밥을 즐긴다. 그런데 종교까지 비빔밥 宗敎^{종교}를 즐긴다면 어떻게 되겠는가?

崔致遠^{최치원}의 「鸞郎碑序^{난랑비서}」에 보면 이 나라에 玄妙^{현묘}한 道^도가 있으니 곧 風流^{풍류}라고 했다. 風流道^{풍류도}는 샤마니즘처럼 儒佛仙^{유불선}을 混合^{혼합}한 종교가 아니라 본래부터 風流道^{풍류도}는 三敎^{삼교}의 진리를 그 안에 內包^{내포}하고 있다고 설명하고 있다. 그러므로 샤마니즘과 風流道^{풍류도}를 혼돈하지 말아야 한다.

우리는 風流道^{풍류도}의 淵源^{심연}과 道脈^{도맥}을 발굴하여 샤마니즘의 食性^{식성}에 먹혀버린 儒佛仙^{유불선}과 기독교를 그 본래의 모습대로 回復^{회복}하여 風流道^{풍류도}의 心器^{심기}에 담을 줄 아는 大智^{대지}의 소유자가 되어야 한다.

이 나라에 본래부터 있는 風流道^{풍류도}의 정신이야말로 核分裂^{핵분열}처럼 裂敎化^{열교화}한 모든 고등종교를 하나로 統一^{통일}하고 調和^{조화}할 수 있는 神器^{신기}임을 깊이 자각해야 한다.

風流^{풍류}의 정신으로서 平和^{평화}의 聖代^{성대}를 開明^{개명}하고 자유의 聖國^{성국}을 열자.

VI. 『鏡虛法語경허법어』를 읽고*

    기독교에 몸을 담고 있는 내가 佛經불경을 즐겨 읽는 것을 본 어떤 친구들은 곱지 않은 눈매로 나를 흘겨본다.

    바리새적 소심한 자들의 따거운 눈을 의식하면서 나는 『鏡虛法語경허법어』를 읽고 있다.

    鏡虛惺牛禪師경허성우선사에 대해서는 십여 년 전부터 알고 있었으나 禪師선사의 시와 書簡서간과 行狀행장이 빠짐없이 기록된 『鏡虛法語경허법어』를 대하고 보니 鏡虛惺牛경허성우를 직접 대면한듯하여 여간 기쁘지 않다.

    절대 자유인으로서 無碍行무애행을 하면서 살다간 鏡虛경허의 □風을 보며 나는 잠시 한국불교의 현주소가 어데 있는가를 생각해 본다.

    老師노사는 銀山鐵壁은산철벽에 그 참된 가틀을 감추시고도 或혹 흐르는 물 磐石반석 위에서 며칠이고 等像佛등상불과 같이 靜坐정좌하시다가 때로는 漁村어촌 저자거리에서 잔을 들어 노래하시며, 或혹 芳草岸頭방초안두에 춤을 추시되, 오히려 그 說法설법이 더욱 명철하였으며, 짐짓 執著집저에서 無碍무애를 부수고, 無碍무애에서 집착을 부수니, 嬰兒行영아행과 逆行역행을

---

* 玄黎民, "鏡虛法語를 읽고," 「종교신문」(1982. 6. 16.).

겸하신 **大實踐菩薩**^{대실천보살}이시다.

이 간행사의 구절은 공해에 찌든 내 영혼이 심산유곡에서 생수를
마신 듯 청량감을 느끼게 한다.

鏡虛^{경허}는 大人^{대인}이었다.

오늘날 종교인들은 점점 卑小化^{비소화}되고 있다. 기독교나 불교를
막론하고 小人輩^{소인배}들이 교권을 잡고 정치와 결탁하여 羊^양과 衆生
^{중생}을 오도하고 있다.

한 가지 우스운 현상은 더럽고 추한 破戒僧^{파계승}들이 가지들의
行狀^{행장}이 마치 鏡虛^{경허}의 견지에 이른 모양 거짓 선전하고 있는 사
실을 생각하면 통탄하지 않을 수 없다.

되먹지도 않은 수필집 한 권을 신문에 선전하면서 마치 불교의
진리를 다 깨달은 것처럼 선전하는 破戒僧^{파계승}들이 얼마나 많은가.
그뿐인가. 되먹지도 않은 붓글씨를 써놓고 禪筆展^{선필전}을 한다고 떠
드는 중들의 꼬락서니는 市井雜輩^{시정잡배}들도 흉내 내기 어려운 虛名
^{허명}을 탐하고 있다.

서투른 솜씨로 達磨像^{달마상}을 그려놓고 □□展을 한다고 떠드는
미친 중도 자칭 無碍行^{무애행}을 한다고 선전하고 있으니 이것도 末法
時代^{말법시대}의 종교 현상이 아닐 수 없다. 鏡虛^{경허}를 함부로 흉내 내거
나 그 이름을 더럽혀서는 안 된다.

□□僧들이 元曉^{원효}를 흉내 내는 자 많더니 禪僧^{선승}들의 破戒^{파계}
한 후 곧잘 鏡虛^{경허}의 흉내를 내고 있으니 구역질이 나는 현상이 아닐
수 없다.

인간이 규격화되고 비소화되는 현대사회에서 鏡虛脈^{경허맥}의 大

人^{대인}들이 일어날 때 한국의 불교는 中興^{중흥}될 것이다.

기독교나 불교를 살펴보아도 인물이 없는 때다. 어느 宗團^{종단}이나 小人輩^{소인배}들은 우글거리고 있으나 赤子之心^{적자지심}을 가진 大人^{대인}들은 없다.

鏡虛惺牛^{경허성우}. 그는 赤子^{적자}같은 大人^{대인}이었다.

VII. 말의 洪水^{홍수}*

여름 長□이 길어지면 곳곳에 물난리가 일어난다. 연일 계속되는 豪雨^{호우}와 □□는 강을 범람하게 하고 도도한 홍수는 人命^{인명}을 앗아가고 막대한 재물의 손실을 가져온다.

水魔^{수마}가 할키고 간 자욱은 폐허처럼 황량하다. 홍수가 나면 식수는 귀해진다. 천하에 濁流^{탁류}는 범람하지만 우물마다 客水^{객수}가 침범하여 淸淨^{청정}한 음료수는 찾아보기 힘들다.

물난리 속에 食水難^{식수난}! 이 얼마나 아이러니칼한 현상인가.

현대는 말의 홍수 시대이다. 각종 정치적인 선전과 선동이 전파와 매스컴을 타고 亂飛^{난비}하고 있다.

종교의 流言蜚語^{유언비어}는 또 어떤가?

수십만 수백만의 광신자들이 부흥 집회에서 열광하지만 신앙의 열매는 찾아볼 수 없는 황무지와 같은 心田^{심전} 상태를 보라.

유사 이래 현대처럼 말의 성찬이 난무한 때는 없었다.

노아 때는 물의 홍수가 죄인들을 멸망시켰지만 현대인은 말의 홍수 속에서 死滅^{사멸}해 갈 것이다.

세계를 보라, 정치적인 선전과 경제적인 구호와 종교적인 異說^{이설}

---

* 玄黎民, "말의 洪水,"「종교신문」(1982. 2. 24.).

VII. 말의 洪水홍수*

여름 長□이 길어지면 곳곳에 물난리가 일어난다. 연일 계속되는 豪雨호우와 □□는 강을 범람하게 하고 도도한 홍수는 人命인명을 앗아가고 막대한 재물의 손실을 가져온다.

水魔수마가 할키고 간 자욱은 폐허처럼 황량하다. 홍수가 나면 식수는 귀해진다. 천하에 濁流탁류는 범람하지만 우물마다 客水객수가 침범하여 淸淨청정한 음료수는 찾아보기 힘들다.

물난리 속에 食水難식수난! 이 얼마나 아이러니칼한 현상인가.

현대는 말의 홍수 시대이다. 각종 정치적인 선전과 선동이 전파와 매스컴을 타고 亂飛난비하고 있다.

종교의 流言蜚語유언비어는 또 어떤가?

수십만 수백만의 광신자들이 부흥 집회에서 열광하지만 신앙의 열매는 찾아볼 수 없는 황무지와 같은 心田심전 상태를 보라.

유사 이래 현대처럼 말의 성찬이 난무한 때는 없었다.

노아 때는 물의 홍수가 죄인들을 멸망시켰지만 현대인은 말의 홍수 속에서 死滅사멸해 갈 것이다.

세계를 보라, 정치적인 선전과 경제적인 구호와 종교적인 異說이설

---

* 玄黎民, "말의 洪水,"「종교신문」(1982. 2. 24.).

과 과학적인 정보 홍수가 쏟아져 나오지만 참 말씀은 들을 길이 없다.

물난리 속의 食水難^{식수난}처럼 말의 홍수 속에 참 말씀이 없는 시대가 현대이다.

BC 9세기경 이스라엘의 예언자 아모스는 다음과 같이 외쳤다.

하나님께서 가라사대 보라 날이 이를지라. 내가 기근을 땅에 보내리니 양식이 없어 주림이 아니며 물이 없어 갈함이 아니요 하나님의 말씀을 듣지 못한 기갈이라

이 얼마나 무서운 예언인가.

서점에서 매일 쏟아져 나오는 수백 종의 신간 속에 참 良書^{양서}는 몇 권쯤 될까?

정치적인 食言^{식언}과 空約^{공약}, 종교적인 巧言^{교언}과 □□, 과학적인 □□과 情報^{정보}는 무수하게 범람하지만 참 神言^{신언}과 佛音^{불음}은 들을 길이 없다. 우후죽순처럼 세워지는 교회와 寺刹^{사찰} 속에서도 진리의 참 말씀을 들을 길이 없다.

악질이 양질을 逐出^{축출}하는 그레샴법칙처럼 온갖 사이비 말의 홍수가 인간을 침몰시켜 병든 현대인들을 양산해 내고 있다.

홍수 속에 청정한 食水^{식수}를 찾는 지혜가 있어야 하듯 말의 홍수속에서 神言^{신언}과 佛音^{불음}을 듣는 귀가 있어야 한다. 하나님의 소리는 양심을 통해 미세한 소리로 들려온다.

자기 내면을 향해 귀를 기울이자. 그리고 우주의 충만한 소식을 듣자.

8장

현대문명의 전망

I. 大夢歌^{대몽가}＊

1. 길을 비킵시다

길을 비킵시다.
내 뒤에서 빛나는 흔사람이 오고 있습니다.
우리들은 聖殿^{성전}에 오르는 大理石層階^{대리석층계}
우리들의 굳어버린 石頭^{석두}를 밟으면서
지금 그분은 至聖所^{지성소}에 오르고 있습니다.
새날 平和^{평화}의 門^문을 열기 위하여

길을 비킵시다
내 뒤에서 위대한 흔사람이 오고 있습니다.
우리들은 黨^당의 催眠術^{최면술}에 걸린 씨알
우리들의 無知^{무지}와 無力^{무력}을 꾸짖으며
지금 그분은 空中^{공중}의 권세와 싸우고 있습니다.
自由^{자유}의 깃발을 게양하기 위하여

＊ 변찬린, "大夢歌,"「씨올의 소리」제31호(1974): 66-69.

길을 비킵시다
내 뒤에서 거룩한 흔사람이 오고 있습니다.
우리들은 낡은 地層^{지층}에 묻칠 化石^{화석}
우리들의 髑髏^{촉루}와 墓地^{묘지}를 디디고
지금 그분은 大地^{대지}위에 서 계십니다.
靈^영의 時代^{시대}를 開明^{개명}하기 위하여

길을 비킵시다
내 뒤에서 영원한 흔사람이 오고 있습니다.
우리들은 善惡果^{선악과}를 따먹은 罪人^{죄인}
우리들의 神話^{신화}와 宗敎^{종교}를 불사르고
지금 그분은 生命^{생명}나무 아래 앉아 계십니다.
영생의 열매를 따주기 위하여

科學^{과학}과 만나 靈^영을 불어 넣으시려고
自由^{자유}와 만나 自律^{자율}을 얻게 하시려고
人間^{인간}과 만나 世界心田^{세계심전}을 개발하시려는
하나님과 만나 온전한 예배를 드리시려고
進化^{진화}의 法輪^{법륜}에 높이 앉아서
소리없이 조용히 오고 있습니다.

모리아山^산에서 먼 血代^{혈대}를 바라보고
아브라함의 믿음으로 나는 제사합니다
비스가山^산에서 約束^{약속}의 땅을 眺望^{조망}하던

모세의 심정으로 나는 기도합니다
시온山^산에서 임마누엘을 고대하던
이사야의 열심히 나는 豫言^{예언}합니다
거친 빈들에서 외치던 마지막 사람
세례 요한의 성난 음성으로 나는 증언합니다.

길을 비킵시다
내 뒤에서 한 떼의 씨알이 오고 있습니다.
내 뒤에서 새날의 新民^{신민}이 到來^{도래}하고 있습니다.
내 뒤에서 거룩한 全體^{전체}가 回歸^{회귀}하고 있습니다.
내 앞에서 영원한 하나님이 오고 있습니다.

2. 新房^{신방}의 한 몸

白山^{백산}과 마주앉아 寒痛^{한통}한 落落長松^{낙낙장송}
허리에 雲靄^{운애}를 감고 구름밖에 서면
神韻^{신운} 피리부는 松籟^{송뢰}의 파도소리
이끼 푸르고 비늘이 붉은 뿌리에
함뿍 山精^{산정}을 머금고 버섯이 돋는다.

東海^{동해}를 향해 濫觴^{남상}한 隱溪^{은계}
幽玄^{유현}한 水脈^{수맥}에 曉霧^{효무}가 걷치면
허퉁 빈 골, 淸風^{청풍} 가득찬 神器^{신기}
芝蘭^{지란}이 暗香^{암향}을 토하는 紫岩^{자암} 사이로

산그리메 잠긴 玉水^{옥수}가 솟는다

부처(佛)여, 부처(夫妻)여.
武陵^{무릉}이여, 桃園^{도원}이여,
山水^{산수}여, 新房^{신방}이여.
절로 제자리에 있는 자연이여.

이 道場^{도장}에 길한 大夢^{대몽}이 있어
三昧^{삼매}속 넘실거리는 파도를 타고
내일과 모래
글피와 그글피를 넘으면
만다라꽃 마하 만다라꽃 꽃비를 맞으며
한떼의 위대한 靈^영들이 回歸^{회귀}하고 있다.
만수사꽃 마하 만수사꽃 꽃비를 뿌리며
새 무리 빛나는 씨알들이 凱旋^{개선}하고 있다.

윤회의 수레바퀴 멈춰 쉬는 곳
낡고 헌 新約^{신약}의 두루마리가 말리면
저승의 문이 열리는 은밀한 天動^{천동}소리
이승의 무덤들이 터지는 크낙한 地動^{지동}소리

한세월 百萬年^{백만년}의 큰 잠을 깨며
호령과 나팔소리에 부활한 靈^영들이
赤子^{적자}와 햇병아리의 無垢^{무구}한 눈동자로

열려오는 새하늘과 새땅을 바라보며
환호하며 합창하는 벅찬 海潮音해조음이여

아, 이 吉夢길몽을 犯범치 못하리
新疆省신강성에 피어난 버섯구름의 轟音굉음도
太平洋태평양을 오염한 廢油폐유의 怒濤노도도
씨알을 감시하는 毒心鬼독심귀의 눈깔도
아, 이 大夢대몽을 깨뜨리지 못하리.

II. 가을을 思索^{사색}한다*
— 秋^추-穗^수-種^종의 신앙적 意味^{의미}

가을은 결실의 계절이면서 동시에 凋落^{조락}의 계절이다. 結實^{결실}과 凋落^{조락}의 이중성은 가을을 맞이하는 인간의 감정에도 이중성을 投射^{투사}한다.

열매를 따는 사람들은 자연이 주는 풍요함에 감사하지만, 낙엽이 지는 山野^{산야}에서 비애의 감정에 사로잡히기도 한다.

황금물결이 넘실대던 저 들녘의 나락들도 부지런한 농부의 손에 추수되어 알곡으로 거두어 창고 속에 收藏^{수장}된다.

라이나 마리아 릴케가 〈가을날〉에서 노래하듯 지난 여름은 참으로 위대했고 마지막 열매를 무르익도록 이틀만 더 남국의 햇살을 기도하는 농부의 심정에서 우리들은 무엇을 깨달아야 할까.

山野^{산야}에 무르익는 오곡백과는 모두가 "빛의 열매"이다.

모든 식물은 뿌리에서는 수분을 빨아 올리고 잎으로는 빛을 합성하여 탄소동화작용을 함으로 꽃을 피우고 열매를 결실한다.

또 모든 동물은 빛의 열매를 먹고 생존한다. 식물과 동물의 먹이살이의 근본은 빛이다. 인간은 자연의 태양광선을 받아 결실된 오곡

---

* 玄黎民, "가을을 思索한다,"「超敎派」80권(1984. 10.): 57-59.

백과의 열매를 먹고 생존해가며 동시에 진리의 빛에 照射^{조사}되어 고귀한 정신과 영혼의 소유자가 된다. 漢文^{한문}의 가을 秋^추자와 이삭 穗^수자와 종자 種^종자는 우리들에게 깊은 종교적 암시를 주고 있다.

먼저 秋^추자를 분석해 보자. 秋^추는 벼(禾)와 불화(火)의 합성어이다. 나락, 곧 벼에 불이 내려 결실시키는 것이 가을이다. 다습하던 여름날의 기온이 가을이 되면서 대기는 건조해지고 뙤약볕이 내려 쬐여야만 모든 오곡백과가 알차고 오지게 무르익는다. 릴케가 기도 한 "이틀만의 남국의 햇살…"도 가을의 포도 열매를 달게 무르익게 하는 뙤약볕을 뜻하고 있다.

불, 곧 뙤약볕이 없으면 결실할 수 없다. 그럼 인간은 어떤가. 지금은 역사의 가을인데 오곡백과처럼 알차게 익은 인간이 몇 사람이나 될까.

『성경』은 증언하고 있다. 말세에는 성령의 불을 받지 않으면 구원이 없다고….

인간 열매를 익게 하는 뙤약볕은 神靈^{신령}한 성령의 불이다. 그런데 이 성령의 불장난이 지금 기독교에서 한창 유행하고 있다.

부흥회를 가보면 수 없는 降靈現象^{강령현상} 속에서 신유, 방언, 축복의 무당굿이 연출되고 있는데 미혹에 빠진 양들은 자기들의 하찮은 체험을 성령의 은사로 착각하고 오해하고 있다.

말세에는 많은 미혹의 영들이 발동한다고『성경』에는 예언되어 있는데 이 미혹의 영들의 장난에 놀아나면서 성령의 불을 받았다고 착각하는 저급한 종교 현상 속에서 한국의 기독교는 巫堂化^{무당화}되고 있다.

역사의 가을, 우리는 참 성령의 불을 받아 알곡으로 收斂^{수렴}되는 인간 낱알이 되어야 한다.

미혹의 영을 받으면 가라지가 될 것이다. 미혹의 靈^영을 받은 자들은 도덕적으로 윤리적으로 열매가 없는 不實敎人^{부실교인}들이며 성령의 아홉 가지 열매가 없는 쭉정이들이다.

穗^수자를 보자. 은혜(惠)를 받은 나락(禾)이 곧 이삭이 된다.

벼이삭은 알차게 익을수록 머리를 숙이고 겸손해지며 자기를 뿌리내리게 한 大地^{대지}를 향해 감사할 줄 안다. 인간은 神^신의 은총 속에 익어야만 알곡이 된다. 자기 개인의 힘으로 完德^{완덕}에 이르고 聖性^{성성}을 회복할 수 있다고 착각하는 교만한 求道者^{구도자}들이 있는데 스스로 속이는 自欺者^{자기자}임을 잊지 말아야 한다.

기독교를 무당화시킨 부흥사들 치고 교만하지 않은 자 없다. 그들은 하나님의 대리자로 자처하며 십자가의 商標^{상표}를 내걸고 가짜 비둘기를 날리고 있다.

참 깬 자들이라면 이런 야바위꾼들에게 속지 말아야 한다.

種^종자는 어떠한가. 이는 벼이삭이 무겁(重)게 익은 상태를 뜻한다. 무겁게 익은 낱알이 아니면 다음 해 뿌려질 종자가 될 수 없다. 가볍게 익은 벼 이삭은 키질이나 풍구질을 하는 타작마당에서는 다 가라지와 쭉정이가 되어 날아가 버릴 것이다.

무겁게 익은 낱알만이 神^신이 부활시켜 천국 곳간에 거두어 들일 것이다.

요즘 종교계의 인사들을 보면 경솔하고 이기적이고 얼마나 천박한지 쉽게 알 수 있다.

實存的^{실존적}인 인간의 중량감이란 찾아볼 수 없다. 왜 종교인들에게서 不惑^{불혹}과 不動心^{부동심}의 무게를 찾아볼 수 없는가. 그들은 神^신

을 믿으면서도 신음하지 않고 고뇌하지 않고 모색하지 않기 때문이다.

신음하면서 신을 찾는 자만이 반석같이 무겁게 무르익는 人間種子인간종자가 될 것이다.

보다 쉽게 神신을 믿는 풍조가 황금 우상을 섬기는 교회에서 전염병처럼 번지고 있다.

神신을 쉽게 보다 편하게 믿겠다는 자들은 새 種子종자가 될 수 없는 가라지로 인간 쓰레기 쭉정임을 명심해야 한다.

"秋추"와"穗수"와"種종"자를 음미하면서 秘色비색으로 물든 가을하늘을 본다.

낙엽 지는 오솔길을 산책하면서 구루몽이 읊은 낙엽보다는 人間落葉魂인간낙엽혼을 밟고 가는 實存的실존적인 아픔과 고뇌 속에서 몸부림쳐 본다.

인간은 낙엽처럼 조락하는 존재가 되어서는 안 된다. 저 山野산야에 익은 나락처럼 그리고 붉게 물든 감처럼 알곡과 열매로 무르익어 神신의 향연을 풍성케 해야 할 존재들이다.

신음하며 고뇌하면서 이 가을을 보내자.

III. 노스트라다무스의 豫言^{예언}과 後天開闢^{후천개벽}*

1

這間^{저간}에 노스트라다무스의 豫言書^{예언서}인 『여러 世紀^{세기}』가 몇몇 出版社^{출판사}에 의해 單行本^{간행본}으로 출간되어 話題^{화제}가 되고 있다. 노스트라다무스는 1999년 7월에 人類^{인류}가 종말을 고하는 멸망이 있을 것을 豫言^{예언}하여 화제를 모으고 있다. 이 책이 출판되자 心靈^{심령}이 어린 자들은 허무주의와 염세주의에 사로잡혀 퇴폐적인 생활을 하기 시작했고, 어떤 자들은 세계의 종말이 다가오고 있으니 되는 대로 살아가는 悲觀主義者^{비관주의자}로 轉落^{전락}하는 일이 비일비재하게 일어나고 있다.

더욱 가증스러운 일은 似而非宗教^{사이비종교}의 教主^{교주}들은 노스트라다무스의 豫言^{예언}을 마치 자기들이 깨달은 양 僞造^{위조}하여 무지몽매한 신도들에게 "시한부 종말"을 예언하면서 危機意識^{위기의식}을 조성하여 혹세무민하고 있는 일이 많으므로 노스트라다무스의 豫言^{예언}과 後天開闢^{후천개벽}에 대하여 一考^{일고}하므로 無明^{무명}과 迷妄^{미망} 속

* 변찬린, "노스트라다무스의 豫言과 天地開闢," 「甑山思想研究」 7輯(1981): 197-213.

에서 헤매는 사람들에게 반딧불 같은 적은 빛이나마 주기 위한 노파심으로 이 原稿원고를 쓰게 되었다.

어느 시대를 막론하고 종교를 믿는 자들 중에 惑世誣民혹세무민하는 자들이 毒草독초처럼 돋아나게 마련이다. 사회가 불안하고 가치관이 정립되지 못한 시대에는 더욱 似而非宗教사이비종교의 豫言者예언자들이 일어나 제멋대로 무책임한 豫言예언을 하면서 民衆민중을 誘導유도하며 外道외도로 몰고 가고 있으니 안타까운 일이 아닐 수 없다. 거짓 예언자들이 무책임한 방언으로 人心인심을 교란시킬 때 惺惺성성하게 깨어있는 覺者각자들은 正道정도로 正行정행하는 道理도리를 제시하여 破邪顯正파사현정하는 진리의 횃불을 높이 쳐들어야 한다.

모든 豫言예언이 그러하듯 노스트라다무스의 『諸世紀제세기』 豫言書예언서도 好事家호사가들에 의해 我田引水格아전인수격으로 解釋해석되어졌다. 무릇 豫言예언이란 現在현존의 자리에서 未來미래의 時間시간을 앞당겨 "未來미래를 現在현재 속에서 透視투시"하는 超自然的초자연적 정신 체험을 말한다. 그러므로 預言家예언가가 체험한 未來미래의 事件사건은 現在현재의 자리에서 表現표현될 때 반드시 象徵化상징화되고 暗號化암호화되어 難澁난삽한 詩句시구로 나타나게 된다. 그러므로 豫言者예언자의 豫言書예언서를 後代후대의 사람들이 읽고 解讀해독하려 할 때 解讀者해독자의 종교, 지식, 그 시대의 배경에 따라 百家爭鳴백가쟁명 百花齊放백화제방하는 多樣다양한 解釋해석이 나오지 않을 수 없다. 더구나 豫言者예언자는 환난이 닥친 그 당시에는 모르고 있다가 事件사건이 지나간 다음 역사적인 사건을 豫言書예언서에 뜯어 맞추어 死後藥方文格사후약방문격으로 提示제시되는 것이 대부분이다.

한 例예를 들어보자. 『정감록』에는 다음과 같은 豫言예언이 있다.

殺我者誰 女人載禾 人不知

活我者誰 十八加公

이 豫言^{예언}을 좋아하는 자들은 임진왜란에 대한 豫言^{예언}으로 보고 다음과 같이 解釋^{해석}하고 있다.

나를 죽이는 자는 누구인가? 계집(女) 사람(人) 벼(禾)를 인 것을 알지 못한다 하였다. 이는 倭字^{왜자}를 破字^{파자}한 것으로 女人禾^{여인화}는 곧 倭^왜로서 일본이 침략하여 禍^화를 당할 豫言^{예언}으로 풀이하고 있다. 十八^{십팔}에 公^공을 加^가했다 했으니 이는 곧 소나무(松)로 명나라의 李如松^{이여송}을 의미한다고 한다. 또 소나무 밑에 피난한 사람은 다 살았다고 한다.

다음은 병자호란에 대한 예언이다.

殺我者誰 雨下橫山 天不知

活我者誰 浮土溫土從土

비우(雨) 아래 뫼산(山)을 가로(橫)했는데 그것이 하늘에서 오는 것인 줄 모른다(天不知)하였다. 이는 눈설(雪)자를 破字^{파자}한 것이므로 병자호란 때 산으로 피난 간 사람은 엄동설한에 눈 때문에 다 죽었다 한다. 그러나 떠 있는 흙은(浮土) 따뜻한 흙이니(溫土) 그 흙을 쫓으면(從土) 산다 하였으니 이는 곧 온돌房^방에 있는 자는 다 살았다 한다. 그리하여 임진왜란 때는 利在松松^{이재송송}, 병자호란 때는 利在家家^{이재가가}라고 풀이하고 있다.

우리들이 여기에서 깊이 깨달아야 할 사실은 『정감록』에 기록된 이 예언을 당시 임진왜란과 병자호란을 당한 사람들은 풀지 못했고, 後代^{후대}에 와서 인간들이 그 당시의 상황에 맞추어 『정감록』을 풀었다는 사실이다. 死後藥方文格^{사후약방문격}으로 푼 것이 비결과 예언서를 푸는 자들이 느끼는 한계성임을 알아야 한다.

다음 豫言^{예언}을 또 보자.

殺我者誰 小頭無足 神不知

活我者誰 浮金 泡金 從金

奄宅曲阜三人一夕 利在田田 道下止

이 豫言^{예언}은 앞으로 닥쳐올 환란을 피하는 方法^{방법}이라 한다.

그런데 한 가지 놀라운 사실은 利在田田 道下止^{이재전전도하지}는 解釋^{해석}하는 사람에 따라 다르게 풀이되고 있다는 사실에 주목해야 한다. 각 사람이 믿는 종교에 따라 利在田田 道下止^{이재전전도하지}를 다르게 풀이하고 있다. 심지어 기독교를 믿는 사람들까지 이 豫言^{예언}을 狂信^{광신}하여 田田道下止^{전전도하지}를 재림예수의 道^도 밑에 머물면 구원받는다고 풀이하고 있는 것이다. 무수하게 亂立^{난립}한 新興宗教^{신흥종교}에서도 我田引水格^{아전인수격}으로 자기들에게 유리하게 푸는 것이 豫言書^{예언서}임을 잊지 말아야 한다.

노스트라다무스의 豫言^{예언}도 마찬가지이다. 한 例^예를 들어보자.

노스트라다무스가 시골 의사로 있을 때 黑死病^{흑사병}을 고친 기행으로 소문이 나서 프랑스王^왕 앙리 2세의 부름을 받고 왕의 고문이 되었다. 앙리王^왕은 노스트라다무스에게 자기 앞날에 대하여 豫言^{예언}할 것을 부탁했다. 노스트라다무스는 『諸世紀^{제세기}』豫言書^{예언서}의 제1권 35편째에 앙리 2세에 대하여 다음과 같이 예언해 놓고 있다.

젊은 사자가 늙은이를 쓰러트리리라.
일대일 시합승부의 마당에서
황금상자 속의 눈을 그는 찌르리라
두 개의 상처는 하나가 되고
이윽고 광기의 죽음이 그리로 찾아 들리라.

　　노스트라다무스에게서 『諸世紀제세기』 豫言書예언서를 기증받은
앙리 2세는 자기에게 대한 예언을 읽으면서도 그것이 무슨 뜻인지를
알지 못했다. 그로부터 일 년 뒤 앙리 2세는 울적한 기분을 달래기
위해 왕궁 뜰에서 르 리우(Le Liou[사자라는 뜻])라는 別名별명이 붙은
백작 청년하고 權術試合권술시합을 하다가 창에 눈이 찔려 9일째 되는
날 밤에 죽고 말았다. 앙리 2세 왕이 죽는 날이 바로 노스트라다무스
가 예언한 죽음의 기간이 끝나는 마지막 밤이었다고 한다. 이 예언이
的中적중하였지만 예언된 당사자인 앙리 2세는 그 예언을 읽으면서
도 자기 자신에게 예언된 것인 줄도 모르고 죽었고, 앙리 2세가 죽은
다음 後世후세의 好事家호사가들이 앙리 2세의 죽음과 노스트라다무스
의 豫言예언을 뜯어 맞추어 보니 豫言예언이 들어맞았다는 사실이다.
　　死後藥方文格사후약방문격으로 지나간 다음에 알게 되는 豫言예언을
참다운 豫言예언이라 할 수 있을까? 참다운 豫言예언이란 닥쳐올 재난
을 미리 알고 피할 길을 대비할 때 그 豫言書예언서는 참 豫言書예언서가
되는 것이다. 지나간 다음에 알아맞추는 豫言書예언서는 魔書마서이지
참 의미의 豫言書예언서는 아니다.

『周易주역』이 經書경서가 되는 원인은 周易주역의 점괘는 닥쳐올 吉凶事길흉사를 점쳐 미리 알고 지혜로운 聖人성인이 吉凶事길흉사에 대비하여 백성들을 바른길로 인도하게 할 수 있는 靈力영력과 靈感영감이 함축된 책이기 때문에 經書경서가 되어 다른 豫言書예언서와 구별되는 것이다.

아무리 위대한 豫言예언이라 할지어도 吉凶事길흉사를 미리 알고 대비할 知慧지혜를 주지 않고 사건이 지나간 후에야 알게 되는 豫言書예언서라면 마땅히 쓰레기통에 폐기해야 할 것이다. 노스트라다무스의 豫言예언이나 『정감록』의 豫言예언은 한 사람도 吉凶事길흉사를 알아맞추지 못하고 지나간 다음에야 일없는 好事家호사가들이 이리저리 뜯어 맞추어 豫言예언이 的中적중하였음을 감탄하고 있으니 실로 가소로운 일이 아닐 수 없다.

또 한 가지 例예를 들어보자.

그날은 비너스 근처로 와야 하리
아시아와 아프리카의 가장 거대한 것
그들은 라인과 히스터에서 온 자로 불리어지리라.
절규와 눈물은 발타를 뒤덮고
이윽고 리큐스의 해변까지 뒤엎으리라.

이상의 豫言예언을 노스트라다무스의 研究家연구가들은 히틀러가 2次大戰차대전을 일으킬 것을 豫言예언한 詩句시구라 해석하고 있다.

이 첫머리의 "그날"이라는 말은 세계적인 大戰대전의 날을 말한다. 전쟁의 神신인 마르스(火星)는 천문학상 비너스(金星) 옆에 위치하기 때문이다. 따라서 "아시아 아프리카의 거대한 것"이란 두 대륙에서 치루어질 처참한 大戰^{대전}을 가리킨다. 그리고 셋째 줄 "라인"은 라인 江^강을 말하는 것으로 독일의 상징이다. 또 히스터(Hyster)는 히틀러 (Hitler)의 이름을 상징한 것으로 풀이하고 있다. 이 豫言^{예언}도 2次代 戰^{차대전} 前^전까지는 아무도 풀지 못하다가 2次大戰^{차대전}이 끝난 다음 노스트라다무스의 硏究家^{연구가}들이 뜯어 맞추어 풀이한 解釋^{해석}이 다. 무수한 인명을 살해하고 더구나 無罪^{무죄}한 600만의 유대인을 까스로 毒殺^{독살}한 나찌黨^당과 히틀러의 죄악을 事前^{사전}에는 전혀 모르다가 二次大戰^{이차대전}이 지나간 후 노스트라다무스의 豫言^{예언}이 여합부절로 的中^{적중}했다고 찬탄하고 있으니 한심한 일이 아닐 수 없다.

이미 밝혔지만 옛 聖人^{성인}들은 周易^{주역}의 卦^괘를 보고 미리 백성들의 吉凶事^{길흉사}를 事前^{사전}에 알아 대비케 했으니 『易經^{역경}』이 다른 民間^{민간}들에게 전파된 豫言書^{예언서}와 다른 까닭은 聖人^{성인}이 내신 經書^{경서}요, 노스트라다무스나 『정감록』은 우매무지한 民間信仰^{민간신앙}으로 전해져 오는 문서이므로 믿을만한 가치가 없는 大書^{대서}이다.

노스트라다무스나 鄭堪^{정감}은 聖人^{성인}이 아닌 기인들이었다. 聖人^{성인}의 말씀을 文書化^{문서화}한 經書^{경서} 속의 豫言^{예언}은 우리들이 믿고 解讀^{해독}해야 되지만, 기인들의 私見^{사견}을 기록한 豫言書^{예언서}는 惑世 誣民^{혹세무민}하는 文書^{문서}이므로 이것을 믿는 자들은 어느 시대를 막론하고 敗家亡身^{패가망신}하지 않는 자 없다.

經書^{경서} 속에 기록된 豫言^{예언}은 깊은 祈禱^{기도}와 修道^{수도}를 하면 하나님의 聖靈^{성령}이 강림하여 해답을 계시해 줌으로 정답을 얻어 백성들을 구원할 方法^{방법}이 提示^{제시}되지만, 기인들의 豫言書^{예언서}를 狂信^{광신}하는 자들은 언제든지 자기들이 소속한 小數集團^{소수집단}만이 구원하고자 豫言^{예언}을 제멋대로 풀어 惑世誣民^{혹세무민}하고 있음을 깊이 깨달아야 한다. 聖人^{성인}의 豫言^{예언}은 廣濟蒼生^{광제창생}하기 위한 것이지 몇몇 小數集團^{소수집단}만을 구원하기 위한 문서가 아니다.

어느 시대를 막론하고 하나님을 正信^{정신}하는 자들은 正覺^{정각}하여 경서 속에 豫言^{예언}된 難解^{난해}한 文句^{문구}들을 正解^{정해}하여 正行^{정행}할 수 있지만, 私心^{사심}과 虛慾^{허욕}에 치우친 무리들은 기인들의 豫言書^{예언서}를 誤覺^{오각}하고 錯角^{착각}하여 外道^{외도}와 邪道^{사도}를 가다가 스스로 멸망받은 역사적인 사실을 명심해야 한다.

『정감록』의 十勝地^{십승지}를 믿고 深山幽谷^{심산유곡}으로 찾아간 자들의 말로와 그 후손들이 어떠한 처지에 놓였는가는 밝히지 않더라도 우리들이 환히 알고 있는 사실이 아닌가. 기인들의 豫言書^{예언서}나 비결을 믿어서는 안 된다. 믿자면 正信^{정신}해야지 狂信^{광신}이나 盲信^{맹신}이나 迷信者^{미신자}가 되면 반드시 敗家亡身^{패가망신}할 것이다.

2

노스트라다무스가 豫言^{예언}한 人類終末^{인류종말}의 詩句^{시구}를 보자.

1999년 7월의 달
하늘에서 공포의 대왕이 내려오리라.
앙골모와의 대왕을 부활시키기 위해
그 전후 기간, 마르스는 행복의 이름으로 지배하려 하리라.

이 한 구절의 詩句^{시구} 때문에 노스트라다무스의 信奉者^{신봉자}들은

1999년 7월에 人類^{인류}에게 멸망이 온다고 굳게 믿고 있다. 인류 멸망의 날짜가 뚜렷이 명시된 이 詩句^{시구}는 과연 믿을만한 것인가?

『성경』의 말씀을 査經^{사경}해보자.

예수의 제자들이 인류 종말의 날을 물었을 때 이 예수는 다음과 같이 대답하였다.

그러나 그 날과 그 때는 아무도 모르나니 하늘의 천사들도 아들도 모르고, 오직 아버지만 아시느니라 (마 24:36).

그러므로 깨어있으라. 어느 날에 너희 주가 입할는지 너희가 알지 못함이니라. 너희도 아는 바니 만약 집주인이 도적이 어느 更點^{경점}에 올 줄을 알았다면 깨어 있어 그 집을 뚫지 못하게 하였으리라. 이러므로 너희도 예비하고 있으라. 생각지 않은 때에 인자가 오리라 (마 24:42-43).

그런즉 깨어 있으라. 그 날과 그 시는 알지 못하느니라 (마 25:13).

이 聖句^{성구}들을 보면 先天^{선천}이 지나가고 後天^{후천}이 개벽되는 날은 아무도 알지 못하는 一般^{일반} 秘密^{비밀}이요 天機^{천기}인데 노스트라다무스가 누구인데 1999년 7월에 인류 종말이 온다고 豫言^{예언}할 수 있겠는가?

夜半^{야반}의 도적같이 後天^{후천}은 開闢^{개벽}될 것이다.

『周易^{주역}』 繫辭下^{계사하}에도 『성경』과 같이 豫言^{예언}되어 있다. "重門擊柝 以待暴客^{중문격탁 이대폭객}"이라 하여 캄캄한 漆夜^{칠야} 重陰中^{중음중}에 홀연 夜半一聲雷^{야반일성뢰}와 같이 뜻 아니한 때 갑자기 나타나는

도적 같이 日月^{일월}의 코페루닉스的^적인 大變化^{대변화}가 있을 것을 豫言^{예언}하고 있다. 『성경』도 『周易^{주역}』도 그날과 그 시는 알지 못한다고 잘라서 말하고 있는데 말세의 期限^{기한}을 豫言^{예언}한 자들은 다 惑世誣民^{혹세무민}하는 사이비 道賊^{도적}들임을 잊지 말아야 한다.

宗敎的^{종교적} 詐欺^{사기}꾼들이 道的^{도적} 야바위꾼들이 末世^{말세}에는 세계 지도자가 되어 危機意識^{위기의식}을 造成^{조성}하여 시한부 종말을 예언하여 어리석은 백성들의 제물을 갈취해 먹고 敗家亡身^{패가망신}시킴을 잊지 말아야 한다.

這間^{저간}에 일어난 기독교의 例^예를 들어보자.

여호와의 증인의 경우 1975년 10월 1일에 지구의 종말이 오고 아마겟돈 전쟁이 일어나 모든 인류는 멸망하고 여호와의 증인만 살아남는다고 주장했다. 기독교 개혁장로회와 밀알전도복음선교회라는 두 가지 단체를 문공부에 재단법인으로 등록했다가 기독교 개혁장로회만 정부로부터 등록 취소를 당한 東方敎會^{동방교회}의 심판 날짜는 1965년 8월 15일이었으나 다시 1968년 8월 15일로 연기했다가 다시 1970년에 이 세상은 파멸하고 東方敎會^{동방교회} 교인들만 살아남는다고 주장했다. 대한기독교장막성전 敎主^{교주} 유재열은 1969년 10월 1일 세상의 끝날이 와서 모두 불바다가 되고 경기도 시흥군 과천면 막계리 청계산 근처 30리 외에는 모두 멸망한다고 예언하여 신도들을 끌어들여 새로운 신앙촌을 형성하기도 했다. 천국복음전도회 교주 具仁會^{구인회}는 1973년 11월 10일 오전 9시에 하늘에서 1만6천도 유황불이 내려서 피난처인 천계산을 제외하고 모두 파멸하게 된다고 예언하였다가 빗나갔고 자신은 죽고 말았다. 경북 영양의 일월산기도원 교주 전병도는 1972년 6월 25일로 심판의 시한을 정했으나 그 예언 역시 빗나가고 말았다. 구원파로 알려진 전신찬 목사는 1982년에 전쟁이 일어나 세상 끝날이 도래한다는 危機意識위기의식을 조장하고 있다. 이처럼 허무맹랑한 시한부 종말론은 宗教的종교적인 流言蜚語유언비어가 되어 민심을 교란시키고 있다. 이런 宗教現象종교현상은 기독교에 한한 것이 아니고 여러 종교에서 야기되고 있다.

왜 이 같은 惑世誣民혹세무민하는 시한부 종말론이 流行유행하는가? 그들은 經書경서의 깊은 진리를 모르고 私心사심과 虛慾허욕에 들떠 제 눈의 안경을 쓰고 聖人성인의 文書문서를 제멋대로 가위질하기 때문에 "시한부 말세" 現象현상이 생기게 된다.

이것은 宋송나라 哲人철인이었던 『周易주역』에 나오는 數理수리에 근거하고 있다. 소강절은 宇宙우주의 一年일년을 129,600년으로 보았다. 소강절은 천지가 만물을 化生화생시켜 놓고 한 번 生長成收생장성수의 운동을 종결지어 개벽하기까지 129,600년이 걸린다는 元會運世원회운세의 象數상수 논리를 發表발표했었다. 소강절은 자연의 운동 원리를 분열과 통일의 반복 운동으로 본다. 우주에도 春夏秋冬춘하추동 四季사계가 있다고 보고 四時中사시중 봄, 여름에 해당하는 64,800년을 先天선천으로 보고, 가을, 겨울에 해당하는 64,800년을 후천으로 보고, 만물은 先後天선후천 각기 64,800년씩 생존하면서 성장과 통일을 한다고 주장하고 있다.

宇宙우주의 一年일년을 129,600년으로 보는 소강절의 思辨的사변적인 생각이 과연 現代科學的현대과학적 入場입장에서 보면 근거가 있는 것인가? 한마디로 말해 넌센스가 아닐 수가 없다. 소강절은 『周易주역』에 미쳐 그 數理수리를 제 나름대로 계산하다 보니 129,600년이라는

元會運世원회운세의 數理수리를 발표했던 것이다. 이 소강절의 元會運世원회운세의 象數상수를 믿고 있는 迷信者미신자들이 地質學지질학이나 古生物學고생물학이나 人數學인수학에 대한 現代科學的현대과학적인 지식이 조금이라도 있었더라면 129,600년이 宇宙우주의 一年일년이라고 믿는 어리석은 無知무지와 迷信미신의 행위는 加가하지 않았을 것이다.

지구가 생긴 지 40億年억년이 되었고, 인간의 原人원인이 發生발생한 지 100만 년이란 세월이 흘러갔다. 先史時代선사시대가 지나고 歷史時代역사시대가 開明개명된 지 이제 겨우 6,000년이 흘러갔다. 中國중국이나 바빌로니아나 에집트 文明문명도 6,000년 이상을 소급해 올라갈 수 없다. 6,000년 이상 소급해 올라가면 그것은 이미 歷史時代역사시대가 아닌 先史時代선사시대가 된다. 돌을 道具도구로 사용한 최초의 人間인간과 돌로 石斧석부나 石鏃석족을 만든 최초의 人間인간과의 사이에는 50만 년의 세월이 경과했다고 보는 것이 現代科學현대과학의 증거이다. 최초의 대장장이와 최초의 機關士기관사 사이에는 5,000년의 세월이 흘렀고, 機關士기관사와 音速음속보다 빠른 제트 戰鬪機전투기의 사이에는 130년의 세월이 필요했다. 이 進步진보는 몇 世代세대에 걸친 것이었다. 그러나 우리는 우리 當代당대에 오토 한이 우라늄의 원자핵 분열의 연쇄 반응을 1938년에 발견하고 겨우 7년 후에 原子彈원자탄을 히로시마에 投下투하하는 것을 체험했다. 인간이 文明문명에 눈뜬 이후 그 시간은 가속화 되어 발전하고 있다. 原始人원시인들이 自然狀態자연상태의 돌을 다듬지 않고 사용하다가 돌도끼나 돌화살로 사용하는데 50만 년이 경과하였다. 人間進化인간진화는 유구한 세월이 걸려 "호모사피엔스"가 結實결실되었다. 우리와 같은 現代人현대인이 생기기까지 自然자연은 10萬만 년이라는 시간을 소비했다. 그런데 宇宙우주의 一年^{일년}을 126,900년으로 보고 있으니 이 迷信^{미신}을 어찌할 것인가?

현대 물리학에서나 천문학에서는 宇宙^{우주}의 기원을 150억 년으로 보고 있다. 그런데 주역에 미친 소강절의 126,900년을 우주의 일 년으로 보는 元會運世^{원회운세}의 수리는 현대과학의 자리에서 보면 어린아이의 잠꼬대 같은 論理^{논리}인데 그것을 아직 믿고 있는 어리석은 者^자들이 있으니 그 迷信^{미신}이 한심하고 답답할 뿐이다.

미국의 코넬대학 교수인 칼 세건이 작성한 宇宙歷^{우주력}을 참고삼아 보자. 칼 세건은 우주의 대폭발(Big Bang)이 일어나 宇宙^{우주}가 形成^{형성}된 날로부터 現代^{현대} 우리가 살고 있는 시간까지를 宇宙^{우주}의 一年^{일년}으로 잡고 다음과 같은 宇宙歷^{우주력}을 계산하고 있다. 참고삼아 보도록 하자.

우주의 대폭발이 일어난 날을 1월 1일로 생각할 때 銀河水^{은하수}의 기원은 5월 1일에 해당된다. 태양계의 기원은 9월 9일이고, 지구의 形成^{형성}은 9월 14일에 해당한다. 지구에서의 생명의 기원은 9월 25일에 해당하고, 지구에서 알려진 오래된 돌의 生成^{생성}은 10월 2일에 해당된다. 장 오래된 화석의 날짜(박테리아와 청록색 해조류)가 10월 9일에 해당하고, 미생물이 생긴 것이 11월 1일이고, 광합성으로 식물의 가장 오래된 화석이 11월 12일, 유핵세포의 번성이 11월 15일에 해당된다. 宇宙歷^{우주력}의 12월에도 아직 人類^{인류}는 등장조차 하지 않는다. 宇宙^{우주}의 12月^월을 살펴보자. 宇宙歷^{우주력} 12월 1일에 지구에 산소가 나타나 대기권을 형성한다. 12월 18일에 최초의 바다 플랑크톤과 三葉蟲^{삼엽충}이 나타나고, 12월 31일에 鮮新期^{선신기}(제3期最新世)의 종말 제4기(빙하기와 현세통)에 최초의 인간이 나타난다. 宇宙歷^{우주력}의 12월 31일이 지나도록 우리와 같은"호모 사피엔스"는 모습조차 나타나지 않고 있다. 남자와 여자가 出現^{출현}한 것은 12월 31일 밤 10시 30분의 事件^{사건}이었다. 인류 역사 6,000년의 東西洋^{동서양} 文明^{문명}은 宇宙歷^{우주력}으로 볼 때 12월 31일 마지막 10秒^초 사이에 이루어진 事件^{사건}들이다. 중세기의 쇠퇴로부터 現在^{현재}까지의 시간 이란 단 1秒人^{초인} 정도밖에는 안 된다. 人間^{인간}이 宇宙^{우주}에서 차지 한 자리란 단 1秒^초 정도밖에는 되지 않는 刹那^{찰나}에 살고 있음을 깊이 명심해야 한다. 그런데 126,900년을 宇宙^{우주}의 一年^{일년}으로 계 산하여 그 절반을 先天^{선천}과 後天^{후천}으로 나누어 生長斂藏^{생장감장}을 반복하고 있다니 이 迷信^{미신}을 어찌할 것인가?

『周易^{주역}』에 미친 소강절의 말을 무슨 聖人^{성인}의 말씀보다 더 믿어 元會運世^{원회운세}의 象數理論^{상수이론}에 젖어 後天開闢^{후천개벽}의 날짜를 제멋대로 계산하고 있는 어리석은 자들이 아직도 남아 있으니 안타까운 일이 아닐 수가 없다. 宋^송나라의 소강절이 육감을 짚으면서 元會運世^{원회운세}의 象數^{상수}를 계산하고 있을 때는 아직도 宇宙^{우주}의 구조와 지구의 구조조차 밝혀지지 않은 無明^{무명}의 시대였다. 소강절은 地球^{지구}는 평면으로 되어 있고 지구를 中心^{중심}해서 모든 天體^{천체}들이 돌고 있다고 믿고 있었다. 소강절도 地球^{지구}는 宇宙^{우주}의 中心^{중심}이라고 믿던 天動說時代^{천동설시대}의 아들이었기 때문에 地球^{지구}의 24時間^{시간}을 척도로 하여 地球時間^{지구시간}을 곧 宇宙時間^{우주시간}으로 착각하여 126,900년 元會運世說^{원회운세설}을 주장했으니 현대과학의 자리에서 보면 一考^{일고}의 가치도 없는 錯角^{착각}임을 잊어서는 안 된다.

백보 양보하여 소강절이 주장한 126,900년이 宇宙^{우주}의 一年^{일년}이라고 하자. 그럼 後天開闢^{후천개벽} 6만 년 후에는 지구에는 또 氷河期^{빙하기}가 오고, 그 후 또 다른 先天^{선천}이 열려 또 상극투쟁의 죄악에

6만 년이 지난 다음에 새로운 後天^{후천}이 개벽되고, 그 후 또 氷河期^빙^{하기}가 온 다음 또 先天^{선천}이 열리고 後天^{후천}이 개벽하는 機械論的^{기계}^{론적}인 時間^{시간}이 地球^{지구}에 反復^{반복}된단 말인가?

先天^{선천}과 後天^{후천}의 二元論的^{이원론적}인 思考方式^{사고방식}은 時間槪^{시간개}^념으로 이해하면 잘못이다. 先天^{선천}과 後天^{후천}은 뜻으로 이해해야 한다. 타락된 세상, 無明^{무명}과 迷妄^{미망}이 덮인 세상이 선천의 낡은 하늘이었고, 인류가 구원받아 지혜 속에 모두가 聖人^{성인}이 되어 사는 것이 후천인데 이런 뜻을 모르고 機械論的^{기계론적}으로 64,800년이 先天^{선천}이고, 64,800년이 後天^{후천}이 된다는 運數說^{운수설}은 迷信^미^신인 것이다. 광막한 宇宙^{우주}의 자리에서 보는 지구는 모래알보다도 더 작은 한 점이며, 刹那^{찰나}의 반짝이는 별이다. 그러므로 地球^{지구}의 24時間^{시간}을 尺度^{척도}로 宇宙^{우주}를 생각하는 어리석은 思考^{사고}에서 脫出^{탈출}하여 先天^{선천} 64,800년, 後天^{후천} 64,800년으로 兩分^{양분}하는 二分法^{이분법}의 乳臭^{유취}한 사고방식을 버려야 한다.

3

노스트라다무스는 1999년 7월에 지구 종말이 도래하여 모든 人類^{인류}는 멸망하고 地球^{지구}는 巨大^{거대}한 무덤이 된다고 豫言^{예언}하였다. 그는 先天^{선천}의 종말까지 보았을 뿐 後天^{후천}이 개벽되어 새로운 新天新地^{신천신지}가 열린다는 사실을 전혀 알지 못하고 있었다.

또 내가 새 하늘과 새 땅을 보니 처음 하늘과 처음 땅이 없어졌고 바다도 다시 있지 않더라(계 21:1).

이 『성경』의 예언을 보아도 後天開闢^{후천개벽}의 새 하늘과 새 땅이 열려옴을 알 수 있다. 처음 하늘과 처음 땅은 낡은 先天^{선천}의 天地^{천지}를 의미하고 있다.

先後天^{선후천}이 뒤바뀔 때는 地球^{지구}에 큰 변동이 있을 것이다. 甑山^{증산}이 위대한 점은 그가 스스로 後天^{후천}을 여는 開闢^{개벽}쟁이로 자처했다는 점이다. 그는 낡은 하늘을 닫고 새 하늘을 열기 위해 天地公事^{천지공사}라는 萬古^{만고}에 없는 奇行^{기행}을 했다. 相克^{상극}의 세계였던 先天^{선천}의 모든 것을 解怨^{해원}하고 後天仙境^{후천선경}을 開明^{개명}하려는 그의 宗敎的^{종교적}인 道行^{도행}은 참으로 위대한 道跡^{도적}을 남겼는데도 甑山敎^{증산교}의 後學^{후학}들 中^중 一部^{일부}에서는 "시한부 말세"를 論^논하고 있으니 안타까운 일이 아닐 수가 없다.

甑山^{증산}은 後天開闢^{후천개벽}을 위해 天地公事^{천지공사}를 했을 뿐 그가 後天開闢^{후천개벽}의 時日^{시일}을 어느 날, 어느 時^시라고 못 박아 豫言^{예언}하지 않았는데도 왜 甑山敎^{증산교}의 後學^{후학}들 中^중 一部^{일부}에서는 쓸데없이 육갑을 짚는 손노름으로 "시한부 예언"을 하여 甑山思想^{증산사상}의 眞面目^{진면목}을 가리고 있는 것일까.

어느 시대를 막론하고 危機意識^{위기의식}과 終末思想^{종말사상}은 있었다. 사회가 혼란할수록, 가치관이 정립되지 않는 불안한 시대일수록 危機意識^{위기의식}을 조성하고 "시한부 종말"을 예고하여 宗敎的^{종교적} 流言蜚語^{유언비어}를 조작하여 어리석은 민중의 財物^{재물}을 훔쳐 자기의 私腹^{사복}을 채운 似而非敎主^{사이비교주}들은 있기 마련이다.

甑山^{증산}이 大覺^{대각}한 진리는 本人^{본인}이 아니면 깨달을 수 없는 위대한 思想^{사상}인데 小人雜輩^{소인잡배}들이 甑山^{증산}의 진리를 迷信化^{미신화}시켜 제멋대로 開闢日^{개벽일}을 예언하고 있으니 大覺^{대각}한 자라면

마땅히 甑山^{증산}이 大覺^{대각}한 진리를 小人輩^{소인배}들의 "宗敎^{종교}노름"에서 구원해야 한다.

甑山敎^{증산교}를 高等宗敎^{고등종교}로 高揚^{고양}시켜 後天開闢^{후천개벽}의 올바른 旗手^{기수}와 喇叭手^{나팔수}가 되게 해야 한다.

아무리 위대한 聖人^{성인}이라도 後學^{후학}을 잘못 만나면 빛을 보지 못하고 迷信化^{미신화}되는 법이다. 甑山^{증산}이 아무리 훌륭한 天地公事^{천지공사}를 하고, 後天開闢^{후천개벽}의 大言^{대언}을 말씀했다 하여도 그 道統^{도통}과 道脈^{도맥}을 이어받을 後學^{후학}들을 잘못 만나면 甑山敎^{증산교}는 올바르게 開花^{개화}할 수 없다. 그러므로 모든 甑山敎界^{증산교계}는 깊이 反省^{반성}하여 甑山^{증산}의 眞法^{진법}을 이 亂世^{난세}에 바르게 펼 수 있는 正覺者^{정각자}가 나와야 한다.

亂世^{난세}에 眞法^{진법}이 나오기 힘들지만 後天開闢^{후천개벽}의 大夢^{대몽}을 꾼 甑山^{증산}의 道統^{도통}과 道脈^{도맥}을 이어받은 後者^{후자}들이 나와 亂道^{난도}와 亂法^{난법}의 영역에서 잠들고 있었던 甑山敎^{증산교}의 낡은 옷을 벗기고 現代的^{현대적}인 衣裳^{의상}을 입힘과 동시에 正道^{정도} 眞法^{진법}을 드러내야 한다.

우리는 後天開闢^{후천개벽}의 時日^{시일}이 언제인지 모른다. 그러나 現代的^{현대적}인 兆朕^{조짐}으로 보아 이 惡^악한 세상은 홀연히 변하며 새 하늘과 새 땅이 開明^{개명}될 것이다.

亂世^{난세}에 살아가는 信者^{신자}들은 허황된 私心^{사심}을 버리고 惺惺^{성성}하게 갠 자가 되고 明澄^{명징}한 理性^{이성}과 悟性^{오성}의 소유자가 되어 歷史的^{역사적} 事件^{사건}들을 깊이 천착하고 뜻으로 해석하여 民衆^{민중}을 正道^{정도}로 正行^{정행}시키는 眞法^{진법}의 자세를 가다듬어야 한다. 졸지 않고 깨어있는 惺惺^{성성}한 자리란 마음에 떠 오르는 샛별을 보는 자리이다.

"惺성"字자는 心星심성, 곧 마음에 떠 오르는 새벽별을 보는 一心處일심처의 자리이다.

釋迦석가는 보리수나무 아래에서 六年苦行육년고행하고 마음에 오르는 明星명성을 보고 大覺대각하였다. 마음의 無明무명이 사라지고 진리의 太陽태양이 돋아 오르기 전에 샛별은 떠오른다. 샛별은 낡은 宗教종교의 어둠이 물러가고 새 宗教종교의 밝음이 올 때 잠시 마음에 떠오르는 별이다.

先天선천이 물러가고 後天후천이 올 때에도 반드시 覺者각자들의 마음에는 샛별이 떠올라야 한다.

혼란한 이 시대 속에서 살면서 그 마음속에 샛별을 본 자 누구인가? 『성경』에도 다음과 같은 기록이 있다.

또 우리에게 확실한 예언이 있어 어두운데 비치는 燈등불 같으니 날이 새어 샛별이 너희 마음에 떠 오르기까지 너희가 이것을 주의하는 것이 가하니라. 먼저 할 것은 經경의 모든 豫言예언은 私私사사로이 풀 것이 아니니 언제든지 사람의 뜻으로 낸 것이 아니요, 오직 聖靈성령의 감동하심을 입은 사람들이 하나님께 받아 말한 것이니라(벧후 1:19-21).

이 聖句성구에서 보듯 聖人성인들의 豫言예언은 私私사사롭게 풀지 못하고 반드시 마음에 샛별이 떠오른 正覺者정각자만이 풀 수 있음을 알 수 있다.

甑山증산이 남기신 大言中대언중에는 難解난해한 것이 많다. 甑山증산의 遺言유언도 私私사사롭게 풀면 안 된다. 반드시 마음속에 明星명성이 떠오른 後學후학들이 正覺정각하여 풀 때 甑山증산의 思想사상은 큰 빛을 發발할 것이다.

先天선천의 낡은 밤이 지나가고, 後天후천의 새벽이 올 때면 반드시 샛별이 마음속에 떠올라야 한다. 地球지구의 開闢개벽이 있기 전에 人間心性인간심성의 開闢개벽이 먼저 있어야 함을 깊이 명심해야 한다. 마음이 개벽된 깨끗한 자만이 後天仙境후천선경에 살 수 있을 것이다. 地球지구에 종말이 온다 해도 우리들은 두려워할 것 없다. 先天선천이 물러갈 때 惡악한 자들은 다 消滅소멸되지만 善선한 자들은 남아 後天開闢후천개벽의 아름다운 아침을 맞이할 수 있는 것이다.

노스트라다무스가 1999년 7월에 지구 종말이 온다고 예언했고 그밖에 似而非宗敎사이비종교에서 "시한부 말세"를 예고하고 있지만 참된 眞法진법을 그 마음속에 간직한 자라면 不動心부동심의 所有者소유자가 되어야 한다. 末世말세에는 온갖 虛言허언과 巧言교언과 詭辯궤변들이 인심을 소란하게 만드는 법이다. 이런 때일수록 不動心부동심의 君子군자들은 惺惺성성하게 깬 눈으로 天機천기를 살펴야 한다. 東西古今동서고금을 막론하고 "시한부 말세"를 豫言예언한 邪說異端사설이단의 말은 한 번도 的中적중한 일이 없다. 1999년 7월의 노스트라다무스의 "시한부 종말" 예언도 한마디로 말해 虛言허언임을 잊지 말아야 한다.

기독교의 "시한부 예언"도 다 虛言허언이 아니었던가. 甑山증산 자신이 "시한부 말세"를 예언한 일이 없는데 왜 後學후학들이 迷惑미혹의 靈영에 사로잡혀 함부로 後天開闢후천개벽을 豫言예언하는가.

先天선천은 九天구천의 하늘이었다. 玉皇上帝옥황상제는 九天구천에서 죄와 타락 속에 헤매는 人間인간들의 예배를 받았지만 後天후천의 하늘은 땅, 곧 十地십지가 仙境선경이 되므로 하느님도 後天후천에서는 인간과 함께 땅 위에서 살게 된다.

『성경』도 같은 豫言^{예언}이 기록되어 있다.

> 내가 들으니 보좌에서 큰 음성이 나서 가로되 보라 하나님의 帳幕^{장막}이
> 사람들과 함께 있으매 하나님이 저희와 함께 居^거하시리니 저희는 하나
> 님의 백성이 되고 하나님은 親^친히 저희와 함께 계셔서 모든 눈물을 그
> 눈에서 씻기시매 다시 死亡^{사망}이 없고 哀痛^{애통}하는 자들이나 哭^곡하는
> 것이나 아픈 것이 다시 있지 아니하리니 처음것들(先天을 말함)이 다 지
> 나 갔음이러라(계 21:3-4).

이 聖句^{성구}에 나타난 바와 같이 앞으로 人類^{인류} 앞에는 새로운
後天仙境^{후천선경}이 約束^{약속}되어 있다.

하나님이 人間^{인간} 속에 居^거하고 人間^{인간}이 하나님 속에 居^거하여
神人一體^{신인일체} 神人合發^{신인합발}하는 신비롭고 거룩한 時代^{시대}가 開
闢^{개벽}되어 오고 있으며 우리들은 역사적 대전환기에 살고 있는 實存
^{실존}들이다. 하나님의 뜻이 땅 위에 이루어질 때 後天仙境^{후천선경}에 살
수 있는 人間種子^{인간종자}는 聖靈^{성령}으로 거듭난 新實在^{신실재}가 되어야
하며, 罪^죄와 死亡^{사망}의 권세에서 解脫^{해탈}한 完成人^{완성인}이 아니면 살
수 없음을 명심해야 한다.

이 시대가 혼란할수록 眞法^{진법}을 自覺^{자각}한 자라면 所望^{소망} 속에
서 살아야 한다. 내일 당장 地球^{지구}의 종말이 온다 해도 참 깨달은
覺者^{각자}라면 오늘 사과나무를 심는 여유의 不動心^{부동심}의 君子^{군자}가
되어야 한다. 西洋^{서양}의 한 奇人^{기인}인 노스트라다무스의 豫言^{예언} 정
도에 動心^{동심}이 되는 자라면 그 믿음의 자리와 그 사람의 人格^{인격}을

짐작할 수 있다.

甑山^{증산}의 위대한 思想^{사상}을 이 時代^{시대}에 開花^{개화}해야 할 사명이 이 시대를 살아가는 韓國人^{한국인}에게 있음을 自覺^{자각}해야 한다. 『周易^{주역}』과 正易^{정역}의 이치도 모르는 亂道亂法^{난도난법}의 무리들이 함부로 度數^{도수}를 짚는 愚行^{우행}에서 甑山思想^{증산사상}을 구원해 내어 現代化^{현대화}시켜야 한다.

甑山思想研究會^{증산사상연구회}는 迷信^{미신}과 巫俗^{무속}에 머문 甑山思想^{증산사상}을 近代化^{근대화}하는 데 획기적인 공로를 한 研究會^{연구회}이다. 금년으로 論文集^{논문집} 第七輯^{제칠집}이 나오는 사실만 보아도 甑山教^{증산교}의 어느 누구도 하지 못한 大業^{대업}을 이룩한 사실에 대하여 치하하지 않을 수 없다.

잠시 후면 鷄鳴佛^{계명불}의 道鷄^{도계}가 홰쳐 올 것이다. 先天^{선천}의 낡은 하늘 아래 百鬼^{백귀}가 夜行^{야행}하던 相克^{상극}의 시운은 끝나고 後天^{후천}의 새날이 동터 올 것이다.

빛은 東方^{동방}으로부터 비쳐올 것이다.

迷信^{미신}과 盲信^{맹신}과 狂信^{광신}의 無明^{무명} 자리에서 先天時代^{선천시대}에 걸친 누더기 宗教^{종교}의 衣裳^{의상}을 훌훌 벗어던지고 赤子之心^{적자지심} 벌거숭이 어린아이의 心情^{심정}으로 後天^{후천}의 새 아침을 맞이하자. 大人^{대인}의 마음은 赤子之心^{적자지심}이다. 百鬼^{백귀}가 날뛰던 先天^{선천}의 낡은 心田^{심전}을 뒤엎고, 後天^{후천}의 處女地^{처녀지} 텃밭을 갈자. 自由^{자유}와 解脫^{해탈}의 聖旗^{성기}를 게양하자. 玄妙^{현묘}한 風流^{풍류}의 道^도가 쌍닫이 法門^{법문}을 열고 있다. 天地^{천지}에 나부끼는 太極^{태극}의 깃발 아래 無窮^{무궁}한 生命^{생명}의 꽃들을 피우자.

마지막으로 甑山^{증산}의 遺詩一篇^{유시일편}을 소개한다.

虛傳妄說 誤幾度

一意有終 乃是功

IV. 종교의 交響樂^{교향악} *

교향악을 연주하는 교향악단의 악기들은 실로 다양하다.

현악기, 관악기, 타악기로 대별되는데 현악기도 바이올린, 비올라, 첼로, 베이스, 하프 등이 조화를 이루어야 하고, 관악기도 금관악기, 목관악기가 다양하게 和音^{화음}을 이루어야 한다.

현악기, 관악기, 타악기가 서로 다른 個性^{개성}과 音色^{음색}을 소유하고 있지만 이 악기들이 제 독특한 소리를 發^발하여 조화를 이룰 때 감미롭고 장엄한 교향악이 연주된다.

그리스의 哲人^{철인}들은 우주를 이해할 때 하모니 곧 調和^{조화}로 이해하였다.

교향악단의 질서와 조화처럼 우주의 운행도 질서와 조화 속에서 이룩되고 있다.

현악기가 관악기를 거부하고, 타악기가 현악기를 同類^{동류}가 아니라고 거부할 때 교향악은 연주될 수 없다.

서로 다른 개성과 음색을 가진 악기들이 서로를 존중하고 이해할 때 교향악은 연주된다.

세계 속에는 다양한 종교가 있다.

---

* 한박산, "종교의 交響樂," 「종교신문」(1982. 9. 15.).

기독교, 불교, 유교, 마호멧교, 힌두교, 조로아스타교 등등.

이들 종교들은 민족과 풍속과 지정학적 여건에 따라 서로 개성이 다르고 빛깔이 다른 문화권을 형성하고 있다.

어떤 종교를 막론하고 그 궁극적인 자리는 하나의 진리 속에 통일된다.

다시 말하면 한 진리가 그 민족과 풍속과 지리적인 여건에 따라 다양하게 표현될 때 기독교가 되고, 불교가 되고, 유교, 도교, 힌두교 등등으로 표현되게 된다. 모든 종교는 교향악을 연주하는 악기와 같다.

하나님은 모든 악기를 조화 통일하여 교향악을 연주하는 지휘자이다. 世界心田세계심전 속에서 기독교, 불교, 유교, 도교, 마호멧교, 힌두교의 交響樂교향악이 장엄하게 연주될 때 世界平和세계평화는 이룩되고 자유의 聖國성국은 열릴 것이다. 만약 40억의 인류가 다 기독교인이라고 상상해 보라.

이 세상은 어디를 여행하나 유일사상이 지배하는 단조로운 세계가 되어 개성이 없고, 빛깔이 없고, 생기가 없는 회색의 세계가 될 것이다.

인류가 저지른 戰爭전쟁의 대부분은 종교전쟁이었다. 이스라엘과 아랍의 전쟁, 에이레와 英國영국의 전쟁, 파키스탄과 인도의 전쟁, 이란과 이라크의 전쟁은 다른 종교를 말살하려는 더럽고 추한 싸움이다.

종교의 교향악을 연주하자. 하나님은 모든 종교를 있게 한 교향악단의 지휘자임을 깨닫고 서로 다른 음색으로 조화로운 和音화음을 발하여 하나님을 찬양하자.

V. 宗教地圖^{종교지도}를 그려보며*

세계 지도를 펴놓고 잠시 사색의 날개를 펴보자. 먼저 정치적인 판도에 따라 세계 지도에 물감을 칠해보면 세 가지 색깔로 구별될 것이다.

자본주의의 이데올로기를 신봉하는 나라들은 白色主義^{백색주의}로서 흰 물감을 칠할 수 있고, 공산주의를 신봉하는 나라들은 赤色主義^{적색주의}로 붉은 물감을 칠 할 수 있고, 자본주의도 공산주의도 아닌 제3세력의 나라들은 黃色^{황색} 혹은 黑色主義^{흑색주의}로 노랑과 검은 물감을 칠할 수 있을 것이다.

세계의 정치지도는 지금 천하를 三分^{삼분}하고 있다.

그다음 경제지도를 그려보자. 북쪽에 위치한 나라들은 대개가 선진국인데 남쪽에 있는 대부분의 나라들은 개발후진국에 속해 있다.

미국을 위시하여 카나다, 영국, 서독, 불란서, 일본 등 선진제국은 거의가 북쪽에 있고, 후진개발국은 남쪽에 위치하고 있다. 그러므로 경제지도로 세계를 물감칠한다면 북쪽 선진국과 남쪽 후진개발국으로 크게 二分^{이분}할 수 있다.

세 번째로 종교지도를 그려볼 수 있는데 종교지도의 판도는 아주

---

* 玄黎民, "宗敎地圖를 그려보며,"「超敎派」 82권(1984. 12.): 4-6.

복잡하고 이 종교지도를 그려나가다 보면 정치지도와 경제지도와도 밀접한 관계에 놓여 있음을 알 수 있다.

기독교 문화권, 불교 문화권, 유교 문화권, 회회교 문화권, 힌두교 문화권, 공산주의 문화권 등으로 大別^{분별}할 수 있는데 이들 종교 문화권들이 정치 판도와 경제 판도를 어떻게 형성하고 있는지 살펴보도록 하자.

먼저 기독교 문화권부터 점검해 보자. 기독교 문화권도 가톨릭과 동방교와 개신교의 세 가지 종교권으로 大別^{분별}할 수 있다.

그리스正敎^{정교}인 동방 문화권에 속했던 모든 나라들은 지금 다 공산주의의 이데올로기에 점령당했다.

러시아에 중심한 슬라브 민족은 거의 전부가 동방교 신자였고 유고슬라비아, 체코슬라바키아, 항가리 등이 다 같이 그리스正敎^{정교}의 신자였는데 지금은 맑스레닌주의에 세뇌당해 겨우 명맥만 유지할 뿐 전멸당했다. 그다음은 가톨릭을 믿는 나라인데 이태리, 불란서, 스페인, 포르투갈, 그 밖에 스페인語圈^{어권}인 중미와 남미와 필리핀이다. 가톨릭을 믿는 국가들이다.

가톨릭을 믿는 국가 중 불란서, 이태리, 스페인을 제외한 나라들은 다 지금 후진 국가로 낙오되고 있다. 중남미의 모든 가톨릭 국가들은 지금 낙후된 후진성 속에서 거의가 군사독재에 시달리고 있는데 해방신학이 이곳에서 발생된 것도 우연한 일이 아니다.

비록 불란서와 이태리와 스페인 등이 가톨릭을 믿는 선진국이지만 이들 나라들은 이미 좌경한 사회주의 정권이 들어선 나라들이다. 불란서, 스페인도 사회주의 정당이 정권을 장악했고, 이태리 공산당은 유로커뮤니즘을 이끄는 旗手^{기수}로서 이태리도 공산주의 정당이 정권을 노리고 있다. 이렇게 보면 가톨릭을 믿는 국가들은 좌경화한 국가가 아니면 후진국으로 전락되어 있음을 알 수 있다.

기독교 문화권 속에서도 개신교를 믿는 나라를 보자. 미국을 위시하여 카나다, 서독, 네덜란드, 영국, 스위스와 오스트리아, 덴마크, 노르웨이, 스웨덴 등 선진국 대부분이 신교를 믿는 나라들임을 알 수 있다.

남아공과 호주도 신교의 나라들이다. 신교를 믿는 나라들이 자유가 있는 선진 경제국이 되고, 가톨릭을 믿는 나라들은 좌경화 아니면 후진 군사독재국으로 전락되고, 그리스正敎정교를 믿는 대부분의 국가(그리스만 제외)들이 공산화된 것이 우연한 일일까? 역사를 뚫어보는 炯眼형안이 있는 자라면 한번 깊이 생각해 볼 문제이다.

그다음 불교 문화권에 속한 국가들을 보자. 태국, 스리랑카, 버마, 네팔, 월남들도 다 후진국이다. 이중 월남은 이미 공산화되었고, 버마는 사회주의 정권이 집권하고 있다. 불교 문화의 영향을 받은 중국, 한국, 일본 중 일본만이 선진국이 되었고, 중국은 공산정권이 되었고, 한국도 절반은 공산화되었다. 불교를 신봉하는 나라들도 다같이 후진국 아니면 공산화되었다.

그다음 유교 문화권을 보자. 유교의 종주국인 중국은 공산화되었고, 한국도 절반 공산화되었고, 일본은 유일하게 선진화되었다. 그 밖에 동남아 나라들도 후진국을 면치 못하고 있으며, 자유중국인 대만만이 남아 있을 뿐 유교를 신봉하던 나라들도 다 후진국이 되었음을 알 수 있다.

그다음 말썽 많은 회회교 문화권을 보자. 한결같이 후진국들이다. 아라비아, 이란, 이라크, 이집트, 리비아, 아프가니스탄, 파키스탄,

알제리, 모로코, 인도네시아 등인데 다 같이 후진 국가들이다.

중동의 몇몇 나라들이 오일 달라 덕분으로 세계에서 GNP가 높을 뿐 그 의식 수준은 열등하여 항상 세계 분쟁에 앞장서고 있다.

그다음이 힌두교 문화권인데, 인도가 대표적인 나라인데 항상 종교분쟁이 가실 날이 없다. 얼마 전 간디 女首相여수상이 테러犯범들에게 살해당한 데 분노한 힌두교도들은 시크교도 수천 명을 살해했다.

聖者성자 간디도 힌두교 광신자에 의해 살해되었고 인도와 파키스탄이 분리된 것도 힌두교와 회회교의 싸움 때문이었다.

그밖에 조로아스터교 문화권은 그 신자가 인도에 겨우 몇십만이 잔존할 뿐 그 발생지인 페르시아에서도 명맥이 끊어진 지 오래다.

이렇게 세계 지도를 놓고 종교지도를 그려보면 기독교의 개신교 문화권이 아닌 모든 종교권 국가들이 후진국으로 전락되었거나 좌경화 아니면 공산화되었음을 알 수 있다. 지금 자유민주 세계를 주도하고 있는 국가들은 한결같이 개신교 국가들이며, 이들 국가들이 세계의 경제권을 쥐고 있음을 알 수 있다.

유일한 예외는 일본이다. 일본은 개신교 국가가 아니다. 일본은 불교와 유교의 영향 밑에서 서양의 기독교가 낸 물질문명을 받아들여 선진국이 된 유일한 나라이다.

또 세계의 종교지도를 보면 한 민족 속에 종교가 복합된 나라들은 지금 다 같이 종교전쟁 속에서 수많은 인명들이 죽어가고 있다.

레바논의 기독교 민병대와 회회교 민병대의 내전, 이스라엘과 아랍의 종교전쟁, 이란과 이라크의 전쟁, 영국과 에이러의 테러, 인도와 파키스탄의 대립 등 어느 것 하나 종교전쟁이 아닌 것이 없다. 한국은 불교, 유교, 기독교가 혼합된 나라이면서 아직 한 번도 종교

전쟁이 없는 나라이다. 86, 88올림픽을 앞두고 들떠있다. 그러나 종교지도에서 살펴본 것처럼 참다운 자유와 경제가 있는 선진조국이 되려면 그 기층에 기독교 문화 특히 개신교의 개혁정신, 자유정신, 자본축적의 정신이 있지 않으면 안 된다. 이점을 깊이 명심하여 한국의 개신교 신자들은 선교 2세기를 맞이하여 대오각성하여 민족과 국가를 올바르게 지도할 수 있는 "예수의 증인"이 되어야 한다.

VI. 乙丑年을축년 頌詩송시*

소야, 날개 돋쳐라.
소야, 날개 돋쳐라.
乙丑年을축년의 소야, 날개 돋혀 훨훨 날아 올라라.

옛 祖師조사들의 話頭화두모양
玄牝현빈의 쇠 뿔에 꽃이 피고
칼날 같은 무쇠뿔에 화사한 복사꽃이 피면
이 땅의 道人도인들이 悟道頌오도송을 읊으리라.

날개 돋힌 쇠 뿔에 복사꽃 핀
乙丑年을축년의 公案공안을 깨달은 자마다
새 날의 聖人성인이 되고 道通君子도통군자가 되거라
牛德頌우덕송을 읊조리는 착한 사람마다
後天仙境후천선경에 노닐 神仙신선이 되거라.

서로가 미워하며 불신하고

---

* 玄黎民, "乙丑年 頌詩," 「大巡會報」(1985. 7. 27.), 7.

동족끼리 원수가 되어 척을 짓고
北傀^{북괴} 南傀^{남괴} 비난 하면서 싸우는
三冬^{삼동}같이 얼어붙은 스산한 이 凍土 동토에

소야, 乙丑年^{을축년}의 누른 암소야.
네 무쇠뿔에 복사꽃 피고
네 등에 丹頂鶴^{단정학} 모양 날개가 돋혀 날아 오르면
百鬼夜行^{백귀야행}하는 어둠속을 방황하던 겨레들이
새롭게 變身^{변신}하여 모두가 和平^{화평}의 道人^{도인}이 되리.

先天^{선천}의 어지러운 마지막 道版^{도판}에서
저마다 아집과 독선으로 으시대던
亂道^{난도} 亂法^{난법}의 暗夜^{암야}는 지나가고
낡은 종교의 허물과 남루한 옷을 벗어 던지고
赤子之心^{적자지심}의 허통 빈 벌거숭이가 되어
乙丑年^{을축년}의 悟道頌^{오도송}을 읊게 하여라.

南^남과 北^북은 圓卓^{원탁}에 마주 앉아 도란 도란 대화하고
척진 사람들은 서로가 和解^{화해}하고
나보다 남이 잘 되기를 合掌^{합장}해 빌며
統一^{통일}의 그 날을 소리 높이 合唱^{합창}하게 하여라.

소야, 날개 돋힌 소야
乙丑年^{을축년} 新春^{신춘}에 복사꽃 핀 소야.

이 땅위에 송아지처럼 태어난 사람마다
어미소를 찾아 음메 음메 우는
吽哆呪^{우치주}를 心通^{심통}케 하여
하루 속히 後天仙境^{후천선경}을 열게 하여라.

찾 아 보 기